BURT FRANKLIN: RESEARCH & SOURCE WORKS SERIES 593
Theatre & Drama Series 15

LES

THÉATRES DE LA FOIRE

LES

THÉATRES DE LA FOIRE

(1660-1789)

PAR

MAURICE ALBERT

BURT FRANKLIN
NEW YORK

Published by LENOX HILL Pub. & Dist. Co. (Burt Franklin)
235 East 44th St., New York, N.Y. 10017
Originally Published: 1900
Reprinted: 1970
Printed in the U.S.A.

S.B.N.: 8337-00308
Library of Congress Card Catalog No.: 78-135169
Burt Franklin: Research and Source Works Series 593
Theatre and Drama Series 15

Reprinted from the original edition in the Princeton University
Library.

AVANT-PROPOS

———

Ce n'est pas aux Foires des Invalides et de Neuilly que je voudrais conduire le lecteur, mais à celles où se pressaient si joyeusement, au préau Saint-Germain, au faubourg Saint-Laurent et au boulevard du Temple, nos pères du XVIIe et du XVIIIe siècle. Le spectacle vaut le voyage.

Tous les directeurs de théâtres forains, depuis les Alard jusqu'à Nicolet, et leurs fournisseurs ordinaires, les Lesage, les Piron, les Favart, les Vadé et les Sedaine, ont déployé, pour divertir les Parisiens, tant de courage et de ténacité, tant d'ingéniosité et d'esprit, que nous pouvons sans crainte risquer cette expédition.

Si d'aventure nous revenons bredouille et désappointés, ce sera ma faute.

M A.

LES

THÉATRES DE LA FOIRE

CHAPITRE PREMIER

FOIRES PARISIENNES ET ACTEURS FORAINS

(1660-1689)

La Foire Saint-Germain et la Foire Saint-Laurent. — Les troupes d'Alard et de Maurice Vondrebeck.— *Les Forces de l'Amour et de la Magie*. — Le privilège de la Comédie Française et les franchises de la Foire.

Il ne semble pas que la place du Marché Saint-Germain, et les vieilles rues tristes dont elle est environnée, rues des Quatre-Vents et de Buci, rue Saint-Sulpice (autrefois rue des Aveugles), rue Guisarde, rue Princesse et rue Grégoire-de-Tours (ancienne rue des Mauvais-Garçons) soient aujourd'hui l'ordinaire rendez-vous des flâneurs en quête de distractions variées. Au XVIIe et au XVIIIe siècle, aucun quartier ne réservait, à la fin de l'hiver et dans les premières semaines du printemps, plus de plaisirs aux Parisiens. C'est là, en effet, que chaque année, du 3 février au dimanche de la Passion, se tenait, sous le nom de Foire Saint-Germain, une véritable exposition, aussi universelle par les divertissements

offerts aux visiteurs que par les produits de toute
espèce et de toute provenance dont on y faisait éta-
lage. Dès que l'ordonnance du lieutenant général de
police, publiée à son de trompe et affichée dans tous
les carrefours, avait annoncé l'ouverture de la Foire,
le beau monde désertait la place Royale, sa prome-
nade favorite, le centre de ses intrigues amoureuses,
et le populaire n'allait plus sur le Pont-Neuf tendre
les oreilles aux boniments des vendeurs de drogues,
des chanteurs de chansons nouvelles, des joueurs de
farces et de gobelets, des arracheurs de dents et des
poseurs d'yeux de cristal.

Il y avait alors dans les neuf rues qui partageaient
la Foire en vingt-quatre petites îles, et qui se distinguaient par le nom des diverses corporations d'expo-
sants, une multitude de promeneurs de toutes classes
et de tous pays. Mais c'est le soir surtout qu'on s'y
amusait. Toutes les boutiques s'éclairaient de grandes
illuminations, les salles de danse, les cabarets et les
cafés se remplissaient, les maisons de jeu et les maisons de joie s'ouvraient aux négociants enrichis, aux
jeunes seigneurs, même aux princes du sang, et la
foule courait aux loges des danseurs de corde, des
acrobates, des montreurs de bêtes savantes, des
joueurs de marionnettes, et des comédiens[1].

1. « Que si vous êtes difficiles à émouvoir, allez-vous-en à
pied ou en carrosse à la Foire Saint-Germain; et là vous
verrez des joueurs de torniquets, de goblets, de marionnettes, de farces, danceurs de corde, preneurs de tabac,
charlatans, joueurs de passe-passe, et mille autres apanages
de la Folie. Surtout, ne vous laissez pas piper aux dés, ou
tromper à la blanche, car cela troublerait la joie et vous
empescherait de rire. » *Ouverture des jours gras*, 1634.

Car, depuis le bon roi Henri IV, on jouait la comédie à la Foire Saint-Germain. Les Confrères de la Passion, jaloux de leurs anciennes prérogatives, avaient bien protesté en 1595, lorsqu'une troupe d'acteurs ambulants était venue y dresser ses tréteaux; mais les nouveaux venus avaient opposé aux privilèges de l'Hôtel de Bourgogne les privilèges de la Foire, qui était lieu de franchise, et une sentence du lieutenant général civil leur avait donné gain de cause. Pour l'humble somme de deux écus, qui devait être payée chaque année aux Maîtres de la Passion, ces braves fondateurs inconnus du premier théâtre forain avaient conquis le droit de divertir les Parisiens. Il y a des conquêtes plus faciles à faire qu'à conserver : celle-là sera du nombre.

Les théâtres du préau Saint-Germain fermaient, comme la Foire elle-même, le dimanche des Rameaux; mais ils ne tardaient pas à se rouvrir ailleurs. Le 27 juin, M. le lieutenant général venait tenir audience de grande police dans la maison Saint-Lazare, et le lendemain il inaugurait la Foire Saint-Laurent, établie entre les faubourgs Saint-Denis et Saint-Martin. C'était alors, pendant trois mois, jusqu'à la fin de septembre, de nouvelles et ininterrompues réjouissances.

> « Le temps qui nous l'a destinée
> Est le plus beau temps de l'année,
> Dedans le plein cœur de l'été.
> Temps de joie et de volupté,
> Où l'on aime à faire gambade,
> Où l'on cherche la promenade,
> Aux champs, à la ville, partout,

A cause que c'est le mois d'août.
Enfin, l'on peut avec escorte
S'y divertir de bonne sorte ».

Ainsi chantait, au début du règne de Louis XIV,
le poète Colletet, qui n'était pas toujours crotté jusqu'à l'échine, puisque c'est en carrosse qu'il allait à
la Foire; et au lendemain de la mort du grand roi,
en 1716, un étranger, ébloui de ces fêtes si parisiennes, écrivait à son tour: « Rien ne manque à
cette Foire pour goûter le plaisir qu'on souhaite. Spectacles agréables, bons cabarets, liqueurs excellentes,
riches ameublements et belles femmes, tout cela y
attire une grande affluence de peuple de toute sorte
d'états. C'est un lieu fertile en bonnes aventures, où
les coquettes triomphent aux dépens de leurs amants,
qui en sont le plus souvent les dupes [1]. »

Désireux en effet de stimuler le public et de remplir leur caisse, les religieux de Saint-Lazare et les
prêtres de la Mission, possesseurs du droit de cette
Foire, suivaient l'exemple de l'abbé et des prêtres de
Saint-Germain-des-Prés, propriétaires de la Foire
Saint-Germain : ils ne cessaient de multiplier et de
renouveler, avec une ingéniosité médiocrement ecclé-
siastique, les divertissements les moins orthodoxes.
Comme ils autorisaient les danses, le jeu, les grandes

---

1. Dans la *Grande querelle des filles du faubourg Saint-Germain avec celles du faubourg Montmartre*, une courtisane
explique pourquoi elle a quitté la butte et s'est venue installer près de Saint-Sulpice. « Nous avions beau coudre et filer,
à peine gagnions-nous le louage de nos chambres. C'est la
cause pourquoi je me suis reléguée en ce quartier, pour
voir si la fortune ne me sera pas plus favorable pendant la
Foire. » — « Le temps des foires, reprend une autre, c'est
le temps des vendanges. »

beuveries dans les cafés, et les débauches chez les
traiteurs, ils ne pouvaient, à l'instar d'un Nicole ou
d'un Bossuet, se montrer hostiles aux spectacles.
Aussi les comédiens avaient-ils, dans un des principaux quartiers de la Foire, en haut et à gauche du
faubourg Saint-Martin, des *loges* réservées. Ces loges
deviendront avec le temps des salles magnifiques,
mais elles ne furent d'abord que d'humbles baraques
fermées avec des planches, sans ornements ni décoration, où l'on disposait des bancs pour le public et
des échafaudages pour les spectacles ou *jeux*.

Toujours aussi on y trouvait une corde tendue pour
les danseurs et un tremplin pour les sauteurs. Ces
deux accessoires étaient là, comme la thymélè des
théâtres antiques, pour rappeler à ces comédiens populaires leur modeste origine. Ils ne songeront d'ailleurs pas à la renier jamais. Les premiers et les plus
célèbres de leurs acteurs seront toujours en même
temps de très agiles sauteurs ou danseurs de corde,
et dans leurs pièces les plus littéraires il y aura
presque toujours place pour des exercices de force
et d'adresse. Comme le drame antique est sorti des
danses de vignerons grecs, la comédie foraine est
née des danses d'acrobates français; et la première
pièce qui mérite de n'être pas oubliée montre bien la
transition.

Parmi les troupes foraines qui, dans les premières
années du règne de Louis XIV, allaient et venaient
de Saint-Germain à Saint-Laurent, une surtout pos-
sédait la faveur des Parisiens. Dirigée par le Français
Alard et par l'Allemand Maurice Vondrebeck, elle se

composait de vingt-quatre baladins qui s'étaient fait admirer d'abord par leurs danses et leurs sauts, leurs postures à l'italienne, leurs tours, leurs voltiges et leurs équilibres périlleux. Mais, depuis quelque temps, on leur faisait fête aussi parce qu'ils avaient eu l'ingénieuse idée d'encadrer leurs exercices dans de petites scènes dialoguées, qui servaient aux sauts et aux danses d'introduction et de commentaires. Les Parisiens, les personnes de qualité, le jeune roi lui-même, qui plusieurs fois manda ces Forains à Versailles [1], s'étaient si fort divertis à ces représentations, qu'elles avaient fini par être, non plus seulement tolérées en vertu des franchises de la Foire, mais officiellement autorisées et encouragées. « Sa Majesté, écrit Colbert à la Reynie, le 4 février 1679, m'ordonne de vous faire savoir qu'Elle veut que vous donniez à Alard la permission de représenter en public à la Foire Saint-Germain les sauts, *accompagnés de quelques discours*, qu'il a joués devant Sa Majesté. » Une seule réserve, qu'expliquaient les droits acquis par l'Académie de Musique [2], limitaient ce modeste privilège : il était interdit à la troupe foraine de chanter, et de danser ailleurs que sur la corde.

C'est ainsi que pour consoler le public de la mort de Molière et de la retraite de Racine, il y avait à Paris une troupe de comédiens populaires, bien vus

1. Ces visites sont signalées par Dangeau et dans le *Mercure galant*.
2 Lettres patentes de juin 1669 et mars 1672. Lulli tenait si fort à son privilège que, le 5 février 1677, il avait fait défendre aux marionnettes elles-mêmes de mêler de la musique à leurs humbles représentations.

de Sa Majesté et de la police, qui donnaient aux Foires Saint-Germain et Saint-Laurent des divertissements en action et en paroles. Et, comme il arrive le plus souvent en pareil cas, les Alard avaient interprété avec grande largeur et tout à leur avantage la permission donnée. On les avait autorisés à accompagner leurs sauts de quelques discours ; il en fut bientôt des sauts comme des chœurs antiques : ils devinrent de simples intermèdes, très adroitement mêlés à des pièces complètes, écrites par le bel esprit de la troupe. Elles étaient sans doute bien grossières, ces pièces, et, selon le mot d'un contemporain, d'un goût bien « brut » ; mais l'une d'elles, *les Forces de l'Amour et de la Magie*, est, historiquement au moins, très curieuse. C'est le premier type littéraire des comédies foraines[1], le premier de ces divertissements dramatiques et populaires dont le succès va faire dresser l'oreille aux Comédiens Français, et provoquer bientôt d'ardentes réclamations, une guerre sans pitié ni merci. Elle est donc bonne à connaître.

La décoration du théâtre représente une grande forêt, où, çà et là, des personnages longs et

---

1. On peut négliger sans regret la *Comédie des chansons* (1640) et *l'Inconstant vaincu* (1661). La première, faite de pièces rapportées, est une espèce de mosaïque composée de vaudevilles populaires ; la seconde, histoire d'un goinfre et d'un amoureux transi, toujours cloués au cabaret, est du plus bas comique et sans aucun sel. — Nous connaissons aussi les titres, mais les titres seulement, de quelques autres pièces du même genre, telles que *Circé en postures* (1678) et *l'Ane de Lucien*, ou *le Voyageur ridicule*, jouée par la *troupe de tous les plaisirs*, que dirigeait le sieur Languicher.

maigres, costumés en démons et en polichinelles, se
tiennent immobiles sur des piédestaux, pareils à des
statues. Après que quelques hautbois, modestes
comme les six violons auxquels Lulli jadis avait
réduit Molière, ont joué une ouverture, un homme
apparaît qui se plaint en ces termes :

« Amour, amour, chien d'amour, coquin d'amour,
maraud d'amour! Quoi? Jamais de repos! Dieux! Faut-il
être né sous une planète si malheureuse, pour être né
valet, et valet d'un maître plus diable que le diable,
qui ne passe sa vie et son temps qu'à lire des gram-
maires, qui n'a pour divertissements que des sorciers,
pour son manger force vipères, crapauds et crocodiles!
Ce ne serait que demi-mal, mais il est, par-dessus
ces belles qualités, amoureux. Il aime une bergère,
mais il n'a pu jusqu'ici percer le cœur de cette pauvre
brebis ».

Cette pauvre brebis, c'est la jeune Grésinde, et ce
maître farouche, c'est Zoroastre, le grand magicien.
Sa vie avait été entourée de tant de prodiges et de
mystères, qu'il pouvait bien faire un miracle de plus,
et ressusciter à la Foire Saint-Germain, en l'an de
grâce 1678, pour aimer une bergère et divertir les
Parisiens.

Tandis que le valet Merlin fait l'exposition de la
pièce et déplore sa destinée, les statues sautent de
leurs piédestaux et font autour du malheureux effaré
d'extraordinaires tours d'acrobates....

Mais quelle imprudence ou quelle inquiétude
amène dans un lieu pareil, peuplé d'êtres si bizarres, l'aimable Grésinde? C'est la peur du magicien
qui la poursuit, et c'est l'aide du serviteur qu'elle
vient implorer contre le maître. Comme le miséri-

cordieux Merlin répond que ses épaules, si souvent
régalées de coups de bâton, sont toujours à son
service, quatre sauteurs vêtus en démons se mettent à le battre en faisant des pas mesurés. Et les
coups pleuvent, et Grésinde se sauve, et Merlin
gémit :

« Ah! démons impitoyables! Si jamais je fais le voyage
d'Enfer, je vous ferai tous enrager. Je romprai les
serrures des portes, j'abattrai les murs des Champs-
Élysées, je brûlerai tous vos lauriers; j'ouvrirai tous
les tombeaux, afin que les morts vous donnent cinq
cents croquignoles; je barbouillerai Pluton, je ferai la
grimace à Rhadamante, je prendrai la place de Minos;
j'insulterai Charon; je briserai toutes ses rames; je
ferai que la mer engloutisse tous les passants, et que
Charon s'y engloutisse lui-même ».

Ces menaces ramènent les démons, et Merlin pour
les éviter, bondit sur un piédestal. On l'en expulse,
il y remonte, et le premier acte finit par une mêlée
générale de sauts périlleux.

Voici, au début du deuxième, Zoroastre entouré
de livres mystérieux, de flacons aux formes étranges,
de poteries fleuries d'arabesques et de réchauds aux
flammes multicolores. Le magicien prépare un
charme qui doit rendre Grésinde docile à son amour,
et la conduire vers lui à travers la forêt profonde.
Attirée en effet par la puissance de la magie, peut-
être aussi par la curiosité, la jeune fille, qu'on nous
donnerait aujourd'hui comme un excellent sujet
pour les hypnotiseurs, apparaît accompagnée de
quatre bergers. On lui a promis un divertissement :
elle vient le chercher, et l'attend avec impatience,
comme les spectateurs eux-mêmes.

Après une danse excentrique de bergers sauteurs, une table est apportée, et des scènes de prestidigitation, ingénieusement amenées, comme on voit, se succèdent. Zoroastre fait des conjurations et des cercles. Il lève trois gobelets posés sur la table, les remet, les relève, et trois singes en sortent qui font quantité de sauts étonnants. Il reprend le gobelet du milieu, le pose, le relève, et l'on aperçoit un pâté d'où s'échappent des serpents ailés. Puis la table disparaît, enlevée par des démons qui mêlent leurs sauts aux gambades des singes.

Ces singes, ces démons, ces serpents ailés, ces tours de passe-passe et de voltige ont épouvanté la bergère. Elle sollicite un petit congé de deux heures pour aller dans sa cabane se remettre de son émoi et se préparer à la noce. Elle sort, et quatre sauteurs en polichinelles célèbrent par leurs danses la victoire prochaine de leur maître.

Entre le second et le troisième acte, ce n'est pas dans sa cabane que Grésinde s'est réfugiée. Plus décidée que jamais à ne pas être la femme d'un homme qui trouve tant de choses sous des gobelets, elle est allée implorer le secours de Junon. Pourquoi Junon? On ne nous le dit pas; mais à la seule annonce de cette visite inattendue, les spectateurs instruits devaient être rassurés sur la destinée future de l'aimable bergère. Assurément Grésinde serait bien accueillie. L'épouse si souvent trahie de Jupiter pouvait-elle avoir du goût pour la magie qui avait permis à son infidèle tant de scandaleuses métamorphoses? Ne devait-elle pas détester Zoroastre, le dis-

ciple peut-être, ou le complice de son mari déver-
gondé? Oui, certes, Grésinde avait bien choisi sa
protectrice; et c'est d'un pas tranquille que, fidèle à
sa parole, elle retourne auprès du magicien. Quand
celui-ci, ivre d'amour, veut la serrer dans ses bras,
ce n'est pas la bergère qu'il embrasse, mais un démon
tombé des frises.

La moralité de cette histoire, c'est Merlin qui se
charge de la donner. « Tout par amitié, rien par
force », telle doit être la devise des amoureux. Lui
aussi, le pauvre valet, il avait songé à faire appel à la
magie pour gagner un cœur de bergère. La mésa-
venture de son maître lui servira de leçon; c'est par
la douceur, préférable à la violence, qu'il conquerra
sa bien-aimée. Au diable les sortilèges! Il ne char-
mera sa maîtresse que par sa beauté, sa grâce et sa
gentillesse. Et si vous voulez savoir à quel point il
est gracieux, élégant et gentil, voyez comme il danse
bien cette sarabande en neuf parties, sur laquelle le
rideau se ferme.

Tel était le genre de pièces qu'on représentait aux
foires parisiennes dans les environs de l'année 1678.
Il s'y trouvait, on le voit, un ingénieux mélange de
gymnastique, d'escamotage et de comédie naïve.
Comme le chœur antique, les polichinelles et les
bergers sauteurs rappelaient l'origine, la première
raison d'être de la troupe; Zoroastre, avec ses tours
de passe-passe, montrait que les baladins des foires
étaient toujours capables de rivaliser avec les maîtres
de la magie populaire, les joueurs de gobelets du
Pont-Neuf; enfin les scènes soigneusement en-

chaînées, le dialogue assez bien conduit, et le jeu
étudié des acteurs laissaient deviner les ambitions
grandissantes de ces audacieux.

C'est sur ces entrefaites que fut publiée la fameuse
ordonnance royale du 21 octobre 1680, qui réunissait
les acteurs de l'Hôtel de Bourgogne à ceux du théâtre
Guénégaud, et donnait à la troupe nouvelle le privilège exclusif de représenter des pièces à Paris. Interdiction était faite à tous autres comédiens français
de s'établir dans ladite ville et dans le faubourg sans
ordre exprès de Sa Majesté.

Ces inhibitions et défenses n'atteignaient ni la
Comédie italienne, où jouaient alors des acteurs
étrangers, ni l'Opéra, dont les représentations avaient
été, par décret, précisément distinguées des « pièces
ou comédies récitées », et que protégeaient d'ailleurs
le tout-puissant crédit de son chef, Lulli, et le goût
du roi pour ces sortes de spectacles. Qui donc mena-
çaient-elles? Louis XIV et Colbert ne voulaient-ils
que prévenir les tentatives possibles d'entrepreneurs,
à qui la suppression d'une troupe, — celle de l'Hôtel
de Bourgogne, — donnerait peut-être l'idée d'ouvrir
un nouveau théâtre, ou bien entendaient-ils « révoquer, casser, annuler de façon expresse » certains
privilèges particuliers précédemment accordés ? Et,
dans ce dernier cas, quels pouvaient être ces privilèges, sinon ceux des Alard ? Cette supposition était
d'autant plus vraisemblable, que la liberté, naguère
donnée, avait été manifestement outrepassée. Un
divertissement scénique comme *les Forces de l'A-
mour et de la Magie* ne pouvait être considéré comme

quelques discours accompagnés de sauts. C'était une
pièce, représentée par des *comédiens français*, établis
à la fois dans *la ville* et dans *le faubourg*, dans la
ville quand ils jouaient au préau Saint-Germain,
dans le faubourg quand ils se transportaient à la
Foire Saint-Laurent. Les nouvelles lettres patentes,
révoquant toutes les autorisations antérieures, semblaient donc bien viser les spectacles d'Alard. Ne pas
y renoncer, c'était violer l'ordonnance royale, et risquer un conflit avec les nouveaux privilégiés.

Cependant, à regarder les choses avec calme, le
danger n'était pas si menaçant qu'il en avait l'air.
Les Forains n'avaient pas été directement prévenus
d'avoir à supprimer leurs jeux, et ils pouvaient bien
attendre une inhibition expresse et particulière,
puisqu'ils avaient eu l'honneur de s'attirer expressément et particulièrement l'attention et la bienveillance de Sa Majesté. D'autre part, au moment où
s'ouvrit la Foire Saint-Germain de 1681, aucune
injonction ne leur était venue de la Comédie Française. Occupés de leur nouvelle installation, réunis-
sant, grâce à la fusion des deux troupes, un ensemble merveilleux d'acteurs et d'actrices incompa-
rables, comptant à leur répertoire les pièces sans
cesse redemandées et toujours applaudies de Corneille, Racine et Molière, les Grands Comédiens pouvaient avoir indulgence et dédain pour de misérables
artistes de foires, qui jouaient pendant quelques
semaines seulement chaque année, à des intervalles
éloignés, dans des hangars et jeux de paume mal
aménagés, des pièces grossières d'auteurs inconnus.

D'ailleurs, les personnages mis en scène dans ces divertissements n'étaient des Zoroastre que par exception rare ; on les empruntait d'ordinaire à la comédie italienne ; et des deux Alard, l'aîné paraissait presque toujours sous l'habit de Scaramouche, le cadet sous celui d'Arlequin. Or, la Comédie Française qui, en 1680, ne songeait pas à s'inquiéter de la concurrence des acteurs italiens avec lesquels elle avait, pendant de longues années, fraternellement partagé les scènes du Palais-Royal et de la rue Guénégaud, devait montrer bien plus d'indifférence encore à l'égard de leurs naïfs imitateurs forains[1].

Ceux-ci pouvaient donc, sans avoir trop à redouter les réclamations des seigneurs et maîtres du théâtre comique, poursuivre le cours de leurs exercices mêlés de scènes dialoguées. L'osèrent-ils ? On les verra, dans la suite, prendre de telles libertés, ils seront si peu retenus par les avertissements, les procès-verbaux, les amendes, les dommages-intérêts et la démolition de leurs tréteaux, qu'il est permis de leur prêter cette audace. Mais comme les titres des pièces qu'ils donnèrent peut-être entre 1680 et 1690 ne sont pas connus, on peut supposer aussi qu'ils furent intimidés par les défenses formelles des nouvelles

---

1. Elle se montra moins tolérante pour le sieur Languicher et pour la *grande troupe royale* de Juliano Scotto. Pourtant, si, dès le mois de mars 1681, elle adressa une plainte au lieutenant de police, ce n'est pas précisément parce que le *grand Scot romain* mêlait à ses tours de passe-passe de petites farces italiennes, mais bien plutôt parce que, établi dans le voisinage, rue Mazarine, il encombrait d'un nombreux public, bruyant et querelleur, les abords de l'Hôtel **Guénégaud.**

ordonnances. Quelle nécessité, d'ailleurs, pour les
Alard de s'exposer à des tribulations, quand l'extrême
variété de leurs exercices, leurs tours de force et
d'adresse, le concours précieux des gagistes habiles
dont ils étaient entourés, les Jacobal, les Languichard,
les Tiphaine, et surtout le Basque Du Broc, qui faisait
le saut du tremplin en tenant deux flambeaux allumés,
leur assuraient une clientèle, qui de tout temps se
montra très friande de ces sortes de spectacles? La
foule y courait d'autant plus volontiers, qu'on ne les
lui donnait que deux fois par an, pendant quelques
semaines. Très nombreuse déjà, quand les prédécesseurs d'Alard s'exhibaient tous les dimanches et
fêtes à la porte de Nesles, elle était, comme on le
devine, bien plus compacte encore et plus intéressée
depuis que, sur la plainte des curés dont les églises
restaient désertes, ces divertissements avaient été
réservés pour les semaines des foires. A l'origine donc,
qu'ils aient ou non obéi aux prescriptions royales,
les Alard et Maurice n'existaient pas comme concurrents pour la nouvelle Comédie Française.

Ce n'est pas d'eux en effet que devait naître le
conflit. Les véritables adversaires des Baron, des La
Grange, des Hauteroche et de la Champmeslé seront
d'abord, non des acrobates qui dansent sur la corde,
mais de petits morceaux de bois façonné, humbles
dryades sorties des chênes; ou du moins, c'est sur
les planches d'un théâtre de marionnettes que paraî-
tront les premiers acteurs dont la Comédie Française ait réellement redouté la puissance rivale.

CHAPITRE II

LES ACTEURS FORAINS ET LA COMÉDIE FRANÇAISE

(1689-1710)

Les marionnettes de Bertrand. — Naissance et premières phases du conflit entre la Comédie-Française et les Forains. — Comédies foraines. Scènes détachées; dialogues; monologues; pièces *à la muette*.

En ce temps-là, vivait à Paris un maître doreur, qui s'amusait dans ses heures de loisir à fabriquer des marionnettes. L'idée était heureuse et le profit assuré; car, depuis quelques années, ces petits pantins jouissaient d'une grande popularité. Leurs jolis costumes et leur gentille tournure, leur adresse et leur esprit, souvent très malicieux, avaient conquis la faveur des Parisiens et la protection du roi. Quelques-uns même, parmi ces *Fantoccini*, portaient le titre glorieux de *Troupe royale* et de *Grandes marionnettes de Mgr le Dauphin*; et souvent on les voyait partir pour Saint-Germain, où ils allaient, pendant plusieurs mois de suite, divertir les Enfants de France[1].

1. On lit dans les registres des dépenses de la famille royale : « A Brioché, pour le séjour qu'il a fait à Saint-Germain-en-Laye, pendant les mois de septembre, octobre et

vanche. Bertrand s'offrit tout à point comme victime expiatoire. A peine avait-il ouvert son théâtre pour la Foire Saint-Germain de 1690, que les Comédiens Français adressaient plainte et requête au lieutenant général de police. M. de la Reynie n'hésita pas. Le 10 février, une sentence ordonnait la démolition du théâtre Bertrand, et l'ordre était exécuté le jour même.

Le malheureux entrepreneur essaya bien de protester contre cette répression brutale; mais ses sollicitations, qu'il porta lui-même à Versailles, demeurèrent vaines, et il dut revenir à ses premières amours, c'est-à-dire à ses marionnettes. Elles furent alors et seront plusieurs fois encore de précieuses consolatrices.

Un temps viendra, qui n'est pas loin, où les Comédiens Français et la police ne montreront pas la même décision, ni les artistes forains la même résignation.

Ceux-ci, pendant quelques années, se montrèrent prudents et réservés. Mais, en 1697, un événement mémorable dans l'histoire des théâtres ranima leurs ambitions mal éteintes, surtout celles de Bertrand, qui ne pouvait se résigner à l'échec de sa tentative. Les acteurs italiens, accusés de jouer des pièces immorales, coupables en réalité d'avoir, avec *la Fausse Prude*, mis sur la scène Mme de Maintenon, venaient d'être expulsés de l'Hôtel de Bourgogne, de Paris et du royaume. Sous prétexte que leurs danseurs, sauteurs et marionnettes portaient les costumes et les noms de Scaramouche, d'Arle-

quin et de Colombine, les Forains se crurent les
héritiers légitimes du théâtre supprimé; et Bertrand,
plus pressé et plus entreprenant que les autres, prit
aussitôt à bail, organisa et ouvrit la salle laissée vide
par le décret de bannissement. C'était faire preuve
d'un singulier aplomb. Aussi le châtiment ne se
fit-il pas attendre. Huit jours après l'ouverture, un
ordre du roi obligeait le téméraire à rouler ses décors
et à cesser son spectacle.

Les deux autres troupes, celle d'Alard et celle de
Maurice, qui venaient de faire bande à part et d'inaugurer deux loges nouvelles, l'une pour les sauts et
danses, l'autre pour les combats de taureaux, agi-
rent avec un peu plus de circonspection. Cependant
à la Foire Saint-Laurent de cette même année, c'est-
à-dire trois mois à peine après le départ des comédiens exilés, elles se hasardèrent à représenter sur
leurs tréteaux, qui depuis quelque temps ne servaient
plus que de tremplin aux acrobates, des scènes françaises du théâtre italien. La police, satisfaite de la
répression dont Bertrand venait d'être la nouvelle
victime, convaincue d'ailleurs qu'on ne jouerait pas
une seconde *Fausse Prude* dans une loge foraine,
ferma les yeux; et le public, désolé de la suppression de l'Hôtel de Bourgogne, vint en foule applaudir
ceux qui lui rendaient des spectacles très populaires.
Ce succès et la condescendance du pouvoir royal
semblèrent aux Forains d'un si favorable augure et
les encouragèrent si bien, que des projets gran-
dioses, aussitôt réalisés, germèrent dans leurs têtes.
De véritables théâtres, avec loges, galeries et par-

terre furent construits dans le préau des deux Foires, et des différentes provinces, notamment de Toulouse, où un certain Pascariel formait d'excellents élèves, on fit venir des artistes nouveaux pour la saison prochaine.

Celle-ci, qui s'ouvrit avec la Foire Saint-Germain de 1698, fut si brillante et si lucrative pour les entrepreneurs, que les Comédiens Français en prirent de l'inquiétude. Ils auraient pu, maintenant que le départ des Italiens les avaient délivrés d'une concurrence redoutable, montrer un peu de magnanimité. Il n'en fut rien; plus que jamais ils voulaient rester les seuls maîtres. Aussi portèrent-ils une plainte au lieutenant général de la police. « Les danseurs de corde et les sauteurs, disaient-ils, se sont licenciés depuis un an, jusqu'au point de faire construire des salles de spectacles pour y représenter des pièces de théâtre avec le secours de différents acteurs de province qu'ils ont pris à titre de gagistes. Cette innovation doit être réprimée, attendu qu'elle donne atteinte au privilège exclusif que le roi a accordé à ses Comédiens. Nous concluons donc à ce que ces théâtres soient démolis, et à des dommages-intérêts. »

Malgré les apparences, cette démarche différait sensiblement de celle qui avait été si désastreuse pour le pauvre Bertrand. Elle pouvait et devait avoir des conséquences bien plus graves. Ce n'était plus, en effet, un humble artisan isolé, un joueur de marionnettes sans appui, que les Comédiens dénonçaient; c'étaient plusieurs troupes ensemble, c'était

toute une corporation. Que les Forains s'entendent
entre eux et se sentent les coudes, que le public les
soutienne, que le pouvoir hésite, et voilà la guerre
allumée.

C'est précisément ce qui arriva. M. d'Argenson
n'avait pas la décision, la rude poigne de son prédécesseur, M. de la Reynie, et il se montrait d'ailleurs,
affirme Dangeau, assez partisan de la multiplication
des théâtres. D'autre part, les Parisiens, grands et
petits, les nobles et les roturiers, s'étaient peu à peu
fort attachés aux spectacles des foires. Le menu
peuple y trouvait des divertissements à la portée de
sa bourse et de son intelligence, les jeunes seigneurs
et les grandes dames,

> Quantité d'aimables chrétiennes,
> Voire même de qualité,
> Les plus mignonnes, les plus belles,

y venaient oublier la cour maussade du vieux roi
dévot, entendre, dire et faire mille polissonneries, et
s'encanailler gaillardement. Elles en virent de belles,
alors, et, par la suite, les vertes tonnelles du traiteur
Dubois, dont le cabaret, célèbre par sa cave et voisin
des théâtres, était l'ordinaire rendez-vous des jolies
femmes et des galants!

Encouragés donc par la faveur publique, et très
décidés à la résistance, les acteurs forains firent,
pour mieux lutter contre les dangers imminents, ce
que font les moutons à l'approche de l'orage : ils se
serrèrent les uns contre les autres. Les Alard s'uni-
rent de nouveau à la troupe de Maurice, et bientôt,

à la mort de ce dernier, ils auront dans sa veuve,
« jeune, jolie, bien faite, douée de beaucoup d'esprit,
et capable de soutenir les engagements de son mari
avec une entente et une conduite supérieures », la
plus précieuse des collaboratrices[1]. Imitant cet
exemple, Bertrand fait alliance avec Dolet, ancien
camarade de Mezzetin, et un certain Christophe de
Selles, dit Colbiche, qui exhibait des sauteurs comédiens aussi applaudis que l'étaient naguère les marionnettes de son nouvel associé. Ainsi réorganisées,
les deux troupes n'attendirent pas, pour répondre à
la plainte lancée contre elles, la décision lente à venir,
mais très prévue, de M. le lieutenant de police. Au
récent privilège dont se prévalaient les Comédiens
Français elles opposèrent les très antiques privilèges
des Forains. Depuis François Ier, et par une ordonnance de 1535, défense était faite, pendant toute la
durée des foires, d'opérer saisie-gagerie et exécution
sur toutes les marchandises, meubles et denrées
qu'on y transportait, et de procéder par contrainte
ou emprisonnement contre les personnes des marchands qui y trafiquaient. Or, les acteurs forains
étant des marchands de spectacles, les tréteaux, décors
et costumes dont ils se servaient étant leurs meubles, et les pièces qu'ils représentaient étant leurs
denrées, les uns ni les autres ne peuvent être saisis,
« à peine de nullité, 500 livres d'amende, et de plus

1. « Elle-même d'ailleurs, disent les frères Parfaict, tira de
cette société de très grands avantages. D'excellents sujets
enrichirent sa troupe, et Alard lui procurera des connaissances qui deviendront ses plus zélés protecteurs. » En 1706,
elle quittera Alard pour s'associer avec Bertrand.

grande peine, le cas échéant[1]. » En voulant sauve-
garder des privilèges accordés par un roi, les Comédiens Français violent donc des privilèges antérieurs
accordés par un autre roi.

Cette riposte lancée, les Forains continuèrent pai-
siblement leurs représentations ; et quand fut signifiée,
le 20 février 1699, la décision du lieutenant de police,
portant défense de donner aucune comédie et farce,
et, pour y avoir contrevenu, condamnation à 1500 livres
de dommages et intérêts, ils les continuèrent encore,
après appel au Parlement. Ils firent même mieux :
ils enrôlèrent de nouveaux acteurs, agrandirent leurs
théâtres et commandèrent de nouvelles pièces. Pour
bien montrer qu'elle n'avait pas peur d'être délogée
de si tôt, la veuve Maurice loua pour cinq années le
jeu de paume d'Orléans, au coin de la rue des
Quatre-Vents ; ses associés, les Alard, engagèrent
des acteurs à qui ils ne demandaient plus de bien
sauter et danser, mais de savoir jouer les amoureux
et les coquettes ; enfin, le plus hardi de tous, Bertrand, dont chaque persécution nouvelle développait
l'instinct de combativité, donna une pièce en deux
parties, *Thésée ou la défaite des Amazones*, et *les
Amours de Tremblotin et de Marinette*, qui violait à
la fois le privilège de la Comédie Française et celui
de l'Opéra ; car il y avait des scènes dialoguées, des
couplets, des chants et de la musique. L'ombre de

---

1. C'est le texte même d'une sentence rendue quatre années
auparavant, le 8 mars 1695, contre le nommé Vierne, huissier, qui avait voulu procéder dans l'enclos de la Foire
Saint-Laurent.

l'autoritaire Lulli dut frémir d'horreur. Cette pièce,
œuvre d'un homme qui sera désormais un des plus
féconds fournisseurs des théâtres populaires, Fuzelier, attira tout Paris. En vain les Comédiens du roi
obtinrent deux nouvelles sentences de police; le
Parlement n'ayant pas rendu son arrêt, les Forains
firent la sourde oreille; et la faveur avec laquelle le
public accueillit les pièces de l'ancien Théâtre Italien
qu'ils eurent la bonne idée de reprendre à ce moment,
montra bien la cruauté, l'injustice et l'impopularité
des adversaires ligués contre eux.

Ceux-ci, lorsque, le 26 juin 1703, le Parlement
confirma les quatre sentences de M. d'Argenson, se
crurent à jamais débarrassés de leurs rivaux. Comme
ils se trompaient! C'est maintenant, au contraire,
que la lutte va devenir le plus opiniâtre, vraiment
intéressante et littéraire, et féconde en surprises.
Semblables à une armée vaincue, forcée à la retraite,
et qui ne veut pas se rendre, les troupes foraines
vont, sous les yeux des Parisiens qui les encouragent,
défendre pied à pied leurs positions. Elles n'aban-
donneront un retranchement que pour s'abriter
derrière un autre, et recommencer le feu. Dans cette
guerre de guérillas, elles montreront la souplesse et
l'agilité qu'elles déployaient naguère sur la corde
raide et sur les tremplins. On devra à leur entêtement, à leur ingénieuse tactique, à leur esprit
inventif, nos modernes théâtres des boulevards,
et de nouveaux genres dramatiques, tels que le
vaudeville, le monologue, la pantomime, la revue,
d'autres choses encore. C'est à ce titre surtout que

les spectacles forains intéressent l'histoire littéraire.

Mais que peuvent être ces spectacles, puisque les comédies et farces sont désormais interdites? Faut-il reprendre les sauts, les danses, les voltiges, et revenir, après avoir été applaudis comme comédiens, à des exercices d'acrobates? Cette reculade et cette humiliation, dont aurait profondément souffert un amour-propre surexcité par le succès et la persécution, furent épargnées aux acteurs forains, grâce à l'ingéniosité de l'un d'entre eux, pour qui la casuistique n'avait pas de mystères. On nous défend la comédie, observa-t-il, c'est à-dire des pièces régulières, composées d'un ou de plusieurs actes, et d'un ensemble de scènes liées entre elles, se faisant suite, et formant un tout. Il faut bien nous soumettre. Mais des scènes détachées ne sont pas plus une comédie que des arbres alignés sur une route ne sont une forêt. Jouons donc des scènes détachées. Chacune d'elles formera un petit tout, et nous ferons en sorte que plusieurs jouées à la file, et différentes en apparence, forment cependant un grand tout. Les spectateurs, un peu dépaysés d'abord, finiront bien par souder les unes aux autres ces scènes séparées ; et nous donnerons ainsi, grâce à leur complicité, un ensemble qui sera, sans en avoir l'air, une comédie véritable. Aux fragments un peu courts, nous ajouterons des jeux de scène, des spectacles pour les yeux, tout ce qui pourra allonger, développer, animer. De la sorte, nous aurons, comme c'est le devoir des bons Français, respecté, en les tournant, les ordonnances de la police et les arrêts du Parlement.

Cette invention, aussi bien accueillie du public qu'elle fut vite utilisée par les Forains, ne rendait pas seulement un signalé service aux troupes menacées de ruine et de mort; elle apportait avec elle des avantages plus généraux. Obligés d'arranger, de relier ces scènes détachées, les spectateurs durent faire un très profitable travail d'esprit qui, une fois accepté, les familiarisa mieux encore avec les choses du théâtre, et perfectionna cette éducation drama-tique qu'on retrouve si souvent chez les Français les moins instruits. D'autre part, la nécessité de donner à des morceaux de pièces forcément courts une suffisante ampleur amena les auteurs à développer la mise en scène, et, comme dit un fidèle de ces représentations, à augmenter « les *lazzi* ou jeux de théâtre ». De là, beaucoup plus d'animation et de vivacité. Il est entendu que Voltaire doit à Shakspeare d'avoir pu faire d'heureuses réformes en ce genre. Si tout jeune il avait fréquenté chez les Alard et chez Mme Maurice, comme Molière était assidu aux jeux de Tabarin, peut-être aurait-il trouvé aux Foires Saint-Germain et Saint-Laurent quelques-unes des bonnes idées qu'il rapporta de Londres.

Et voici encore un autre bienfait de ces spectacles transformés. Dans les meilleures comédies, il y a tou-jours des scènes de liaison qui rendent l'action un peu languissante. Lesage, qui travaillera tout à l'heure pour les théâtres de la Foire, se plaignait d'en trouver plus que de raison dans les pièces jouées de son temps. Or, ce défaut n'était plus permis aux spectacles forains. Chaque scène, par cela même

qu'elle était un tout, devait contenir une action, et
une action serrée. « Quand cette précision, dont les
autres théâtres semblent s'éloigner, serait en effet
un défaut, dit Lesage, elle est absolument nécessaire
au nôtre, et devient la première de nos règles. »
C'est pourquoi ces sortes de productions réclamaient
un génie spécial, assez rare; et l'on verra des auteurs
applaudis à la Comédie Française, essayer vainement
de se faire jouer chez Alard ou chez Bertrand. Ainsi
parfois des cuisiniers, inimitables pour la poularde
à la Périgord, ne réussissent pas la poule au pot.

  *Le Ravissement d'Hélène, la prise et l'embrase-
ment de Troie*, œuvre de Fuzelier, représentée par
Bertrand à la Foire Saint-Germain de 1705, est le
modèle curieux de ces prétendues scènes indépen-
dantes, avec spectacles et jeux de théâtre. C'est
d'abord, dans une sorte de prologue, une conversation entre Francœur, soldat de Pâris, et madame La
Ramée, vivandière de l'armée troyenne. Francœur
expose la tactique imaginée par son chef pour ravir
l'épouse de Ménélas, et énumère, en prenant des airs
de profond politique, les conséquences prochaines,
évidemment très graves, de ce rapt audacieux. Recon-
naissante de ces révélations, madame La Ramée offre
au guerrier, fatigué d'avoir tant parlé, tant pronos-
tiqué, des rafraîchissements variés, et l'emmène à sa
cantine, c'est-à-dire dans la coulisse. Le rideau tombe.
  — Qu'est-ce que cela, observait Bertrand, sinon
une simple scène bien détachée, bien isolée, comme
toutes les autres d'ailleurs, celle où Ulysse cause,
sous sa tente, avec Sinon, celle où Sinon, devant

appartenaient aux prêtres de la Mission Saint-
Lazare, et ceux de la Foire Saint-Germain étaient
propriété de l'abbaye de ce nom. La suppression
des théâtres forains devait nécessairement amener
la suppression des redevances que touchaient les
deux chapitres, et le préjudice causé allait être
considérable[1]. L'abbé de Saint-Germain-des-Prés, le
cardinal d'Estrées, le comprit sans peine, et, sans
peine aussi, consentit à mettre sa haute influence au
service des intérêts, qui étaient les siens, de ses
locataires persécutés. Il fit donc requête au Grand
Conseil. Deux cardinaux, deux abbés et un organiste
avaient été les introducteurs en France de l'Opéra,
représenté d'abord dans une ancienne chapelle
et dans un palais épiscopal[2]; un cardinal fut le
défenseur des théâtres populaires installés sur son
territoire. Qu'on aille soutenir après cela que l'Église
est l'ennemie des spectacles!

En cette occasion, leur véritable ennemie fut la
Cour qui, après une procédure infiniment longue et
compliquée, rejeta la requête d'intervention, et,
condamna les appelants à l'amende et aux dépens.
Le cardinal se le tint prudemment pour dit; mais
les Forains ne cédèrent pas. Les dialogues interdits,
restaient les monologues; et, cette année même,

1. 40 000 livres.
2. Le cardinal Mazarin fit représenter en 1647 l'opéra italien
d'*Orphée et Eurydice*, et le cardinal A. Bichi donna en 1646,
dans son palais épiscopal, *Akebar, roi du Mogol*, œuvre de
l'abbé Mailly. *La Toison d'or* fut jouée dans l'ancienne chapelle d'un château appartenant au marquis de Sourdéac.
Perrin était abbé, et Cambert organiste d'une église de
Paris.

des pièces furent jouées avec ces titres : *Arlequin,
écolier ignorant*, et *Scaramouche, pédant scrupuleux,
comédies* en trois actes, en monologues. Ainsi, —
les affiches en faisaient foi, — toujours des comédies! N'était-ce pas courir au-devant de nouveaux
embarras? Comment espérer que les Comédiens
Français, résolus à supprimer leurs adversaires,
allaient tolérer des divertissements qui, malgré une
modification dans la forme, étaient toujours des
pièces de théâtre? Des monologues! Mais ils en donnaient, eux aussi, dans leurs comédies et leurs tragédies; et cela devait suffire pour les interdire, puisque les privilégiés ne voulaient pas qu'on pût
retrouver sur les théâtres forains rien de ce qu'ils
représentaient eux-mêmes.

Mais, de plus, le monologue, comme le dialogue,
ne peut-il pas, à lui seul, former des scènes tout à
fait dramatiques, très plaisantes ou très émouvantes?
Qu'on laisse aux danseurs de corde la nouvelle
liberté qu'ils ont prise, et bientôt, s'ils trouvent des
gens d'esprit pour leur composer des monologues et
de bons acteurs pour les jouer, ils auront des scènes
comme celle d'*Amphitryon*, où Sosie cause avec sa
lanterne, et celle où Scapin fait huit ou dix personnages différents, et celle du *Grondeur*, où un valet
rend compte de la conversation de plusieurs personnes muettes, mais dont les attitudes, les gestes
et l'expression du visage lui ont révélé les pensées.
N'est-il pas évident que ces sortes de scènes font
partie d'une comédie, et que, par conséquent, la loi
est une fois de plus violée?

Elle l'est d'autant mieux, que ces scènes nouvelles ne sont des monologues qu'en apparence. Voici, en effet, ce qu'avaient imaginé des auteurs très malicieux.

Un acteur paraissait sur la scène, non pas seul, comme Auguste au quatrième acte de *Cinna*, mais accompagné d'un ou de plusieurs personnages. Il parlait, et on lui répondait par signes, en faisant des gestes et des démonstrations pour exprimer ce qu'on voulait dire. Ainsi, dans la comédie intitulée *la Foire Saint-Germain*, Scaramouche arrivait sur la scène en aventurier. Il s'approchait d'un Normand nouvellement débarqué à Paris, lui montrait des tabatières, une bourse pleine d'argent, lui disait qu'il avait gagné tout cela au jeu et qu'il était un honnête fripon. Le Normand, sans lui répondre, témoignait par ses démonstrations naïves qu'il voulait s'éloigner de lui; il fermait ses poches et paraissait tout inquiet. Reconnaissant bien à cette attitude que le prudent provincial avait peur qu'on ne le dépouillât de son petit pécule, Scaramouche lui disait: « que faites-vous là, monsieur? Je ne suis pas de ces filous qui vont chercher l'argent dans les poches; je suis un galant homme qui sait jouer, et qui, joignant l'adresse au bonheur, corrige la bizarrerie de la fortune par quelques dés favorables, que le vulgaire appelle dés pipés. »

Quelquefois aussi les acteurs, soi-disant muets, murmuraient leur réponse à l'oreille de leur camarade, qui la répétait tout haut; et souvent enfin celui-ci, après avoir récité son couplet, se retirait dans la coulisse pour permettre à son compère de parler à son tour en monologue. Ce dernier, il est vrai, parlait seul alors ; mais ce n'était pas un monologue qu'il débitait : c'était une réplique à ce que venait de dire le personnage momentanément disparu, et qui revenait bientôt pour répondre à ce qu'il avait, quoique absent de la scène, parfaitement entendu.

Ces jeux de théâtre, si bizarres et si nouveaux, ces supercheries, ces niches spirituelles faites par les faibles aux puissants, cette résistance entêtée, divertissaient fort les Parisiens, toujours portés à prendre parti pour les indépendants et les insoumis. A chaque Foire, comme à chaque ordonnance et à chaque condamnation, le succès des Forains allait grandissant, en même temps que grandissait l'exaspération des Comédiens Français. Après nouveaux procès-verbaux, nouvelle sentence de la police, et nouvel appel au Parlement, il fut ordonné que les lieux où les entrepreneurs de spectacles donnaient leurs représentations seraient fermés, leurs théâtres abattus et démolis, et que, vu la récidive, les coupables seraient condamnés, solidairement et par corps, en six mille livres de dommages et intérêts, et à tous les dépens.

Convaincus de l'inutilité d'une plus longue résistance, Alard et la veuve Maurice plièrent sous le poids des amendes, et, renonçant à la lutte, firent avec l'Opéra des arrangements dont on verra plus loin les très heureux effets. Plus opiniâtres, et poussées par des personnages influents qui leur avaient

promis, bien à la légère, l'indulgence des vainqueurs, les troupes de Selles et Dolet, dont le débonnaire M. d'Argenson avait négligé de démolir les
théâtres, osèrent reprendre, à la Foire Saint-Laurent de 1708, les spectacles mêmes qu'elles avaient,
six mois auparavant, donnés à celle de Saint-Germain. Cette rébellion fut suivie d'un arrêt très
rigoureux, qui confirma les précédentes sentences;
et les condamnés semblaient décidément réduits aux
jeux de marionnettes, à la danse de corde et aux sauts
périlleux, lorsqu'ils s'avisèrent d'un nouvel expédient.

Les Suisses au service du roi jouissaient en France
de certains privilèges qui leur permettaient d'exercer
librement leur industrie dans plusieurs professions.
Bertrand et Dolet imaginèrent de consentir une
vente simulée de leurs loges à deux Suisses de
la garde royale du duc d'Orléans, les sieurs Holtz
et Godard, dont ils devenaient les simples gagistes.
Déclaration faite à la police dans les premiers
jours de 1709, les soldats, métamorphosés en
directeurs, annoncèrent par une affiche aux armes
du Roi et du Cardinal d'Estrées que la troupe de
Son Altesse Royale (sic) allait donner des divertissements dans le goût italien, par monologues.
On prenait même soin, vu les rigueurs de cet hiver,
de prévenir le public qu'il y aurait du feu partout.
Tout à l'heure, en effet, il y en aura partout, plus
même que n'avaient prévu les entrepreneurs. Les
Comédiens Français, qui avaient sans peine éventé
le stratagème, réclamèrent et obtinrent, malgré le
pourvoi des nouveaux titulaires, l'exécution de l'arrêt

ordonnant que les théâtres forains fussent démolis.
Le samedi 20 février, le spectacle fini et le public
dispersé, la loge de Holtz est entourée à huit heures
du soir de plusieurs escouades du gué à pied et à
cheval. Quarante archers de la robe courte, accompagnés de deux exempts et de deux huissiers du
Parlement, du menuisier de la Comédie Française et
de plusieurs ouvriers armés de haches, scies et mar-
teaux, pénètrent dans la salle, abattent une partie
du théâtre et des loges, brisent les bancs du parquet
et détruisent les décors.

Sans perdre un temps précieux en lamentations
nutiles, Holtz, Godard et leurs gagistes rétablis-
sent dans la nuit ce qui avait été saccagé, et le lendemain matin, à dix heures, de nouvelles affiches
annonçaient pour le soir une nouvelle représentation. Le public, qui avait appris le désastre de la
troupe, courut en foule s'assurer par lui-même de
la réalité de son rétablissement ; et cette curiosité
bienveillante produisit une recette d'autant plus
grosse, que ce jour-là était un dimanche.

On devine la surprise et la colère des Comédiens
Français. Dès le lundi matin, les mêmes huissiers,
suivis des mêmes gens, envahissent le jeu de Holtz.
Les planches et bois du théâtre, des loges, du parquet, des amphithéâtres, tout est défait et rompu ;
les décors sont déchirés, les machines détruites, les
chaises et banquettes mises en pièces; et douze
archers, laissés en garnison sur les lieux, se
chauffent, pendant plusieurs jours, de tous les débris
amoncelés.

Un ample procès-verbal, dressé par les soins de
Holtz et Godard, fut soumis au Grand Conseil, qui
vivait en assez mauvaise intelligence avec le Parlement et lui reprochait de mépriser son autorité.
Le procès-verbal constatait que la première des deux
exécutions avait été faite nuitamment. L'illégalité
était flagrante, et le cas devenait criminel. Le Grand
Conseil condamna les Comédiens Français à six
mille livres de dommages et intérêts; et les Forains
triomphants profitèrent de cet arrêt pour recon-
struire leur théâtre et reprendre leurs jeux.

Mais la crainte de nouveaux ennuis, peut-être
aussi le désir de jouer un tour à leurs persécuteurs,
les engagèrent à les modifier; et à la Foire Saint-
Laurent de cette même année 1709, les monologues
avaient vécu. Ils furent remplacés par des pièces
improprement appelées *à la muette*, invention des
plus singulières, sorte de parodie-pantomime parlée.
Les acteurs prononçaient d'un ton tragique des
mots qui se mesuraient comme des vers alexandrins,
mais qui n'avaient aucun sens. Seule, la mimique
permettait de comprendre l'action. Ce qui surtout
faisait le comique de ce galimatias, c'est que le ton
dont il était débité et les gestes qui l'accompagnaient
rappelaient de la façon la plus exacte et la plus grotesque les principaux acteurs de la Comédie Française, ceux que leurs ennemis nommaient, par déri-
sion, *les Romains*. Comme ils les représentaient dans
leurs rôles les plus connus ou les plus récents, les
Forains faisaient d'une pierre deux coups : ils paro-
diaient les tragédies données sur la grande scène

officielle[1] et ridiculisaient leurs interprètes. Ainsi se trouvait reprise une idée qui jadis avait passé par la tête de Molière. Qu'on se rappelle la scène où l'auteur de *l'Impromptu de Versailles* imite tour à tour, en se moquant d'eux, Monfleury, de Villiers, Beauchasteau dans les stances du *Cid*, et Hauteroche dans *Sertorius*[2]. Et Molière avait songé à parcourir ainsi tous les acteurs et toutes les actrices de l'Hôtel de Bourgogne ; mais, malgré les instances de ses camarades, il avait laissé là cette idée, comme une bagatelle, une badinerie incapable de faire rire. En quoi il se trompait ; car ce bouffonnage, utilisé par Bertrand et Dolet, eut un succès très vif, sinon très durable ; et, pendant deux foires, toutes les pièces jouées reproduisirent le même jargon.

Ce fut d'ailleurs la dernière tentative des sieurs Holtz et Godard. Les Grands Comédiens s'étant, pour en finir, directement adressés au roi, celui-ci daigna se rappeler qu'il était leur protecteur et père : un arrêt du Conseil privé de Sa Majesté, rendu le 17 mars 1710, les déchargea des condamnations contre eux prononcées, ordonna que la somme consignée aux mains du notaire du Châtelet leur serait restituée, et fit nouvelle défense aux danseurs de corde de jouer des comédies par dialogues, colloques ou autrement. Cette royale intervention décida les Suisses à résilier leur traité. S'apercevant, un peu

---

1. Parmi les auteurs, la première victime de ces parodies fut un certain M. Danchet, dont *les Tyndarides*, devenus, à la **Foire** Saint-Laurent de 1709, *les Poussins de Léda*, obtinrent **un** franc succès de gaîté.

2. Voir la scène I de *l'Impromptu de Versailles*.

tard, qu'ils avaient été les dindons de la farce foraine, ils firent demi-tour à droite et retournèrent au régiment. Un de leurs gagistes, Selles, imita cet exemple : il annula son engagement et partit pour les provinces.

Les autres, c'est-à-dire Bertrand et Dolet, montrèrent plus d'énergie et de ténacité. Ils ne se laissèrent pas décourager par la désertion des chefs militaires qu'ils s'étaient provisoirement donnés, ni intimider par la décision souveraine que la mort, attendue et espérée du vieux roi, pouvait d'un moment à l'autre annuler et casser. Ils restèrent debout, faisant face aux Comédiens Français et préparant un nouveau plan de campagne. Les Alard, qui vont être derechef pourchassés et forcés de reprendre la lutte, les aideront à l'exécuter.

CHAPITRE III

LES ACTEURS FORAINS ET L'ACADÉMIE ROYALE DE MUSIQUE — L' « OPÉRA-COMIQUE »

(1710-1718)

Contrat entre les théâtres de la Foire et l'Opéra. — Reprise des hostilités avec la Comédie Française. — Pièces par *écriteaux*. — Dominique, Octave, Pellegrin, Fuzelier, D'Orneval et Lesage. — *Arlequin, roi de Serendib*, et la parodie de *Télémaque*. — L'Opéra-Comique. Ses premières œuvres, ses progrès; sa mort et ses funérailles.

De par les lettres patentes accordées à Perrin en 1669, et transférées à Lulli en 1672, le Directeur de l'Académie de Musique avait seul le droit de faire chanter à Paris et dans toute l'étendue du royaume des opéras en vers français ou autres langues étrangères. Il pouvait, il est vrai, céder à qui bon lui semblerait une partie de son privilège ; mais on sait que le despotique Lulli n'usa jamais de cette permission ; il ne laissa pas même chanter les marionnettes. Tout, jusqu'au théâtre des bamboches, faisait ombrage, dit *le Mercure galant*, à celui qui voulait régner seul.

A sa mort, l'Opéra, toujours en vertu des mêmes ordonnances qui assuraient aux enfants du surintendant la survivance de la charge paternelle, passa aux mains du gendre, le sieur Francine, qui s'associa Goureauld-Dumont, commandant de l'écurie du Dauphin. Mais ces deux administrateurs, très incapables, trouvèrent la ruine là où leur prédécesseur avait recueilli huit cent mille livres de bénéfices, et cédèrent leurs droits à un certain Guyenet, payeur de rentes et riche propriétaire. Un directeur de trésorerie ne devait pas mieux réussir qu'un directeur d'écurie. Guyenet fit de mauvaises affaires, s'endetta, perdit toute sa fortune, et il mourra de chagrin en 1712. En 1708, pour réunir les fonds qui lui étaient nécessaires, il avait vendu aux Alard et à la veuve Maurice le droit « de faire usage sur leur théâtre de changements de décorations, de chanteurs dans les divertissements et de danseurs dans les ballets ». Et c'est ainsi qu'une des troupes de la Foire s'était momentanément mise à l'abri des persécutions de la Comédie Française.

Mais cet abri n'était guère sûr, et il eût été facile d'y venir relancer leurs hôtes. Car s'il y avait dans les pièces d'Alard des chants, de la musique et de la danse, les scènes dialoguées y dominaient encore ; et les machines, les airs, les ballets ne servaient qu'à rendre ces véritables comédies plus animées et plus divertissantes. C'est ce qui fit notamment le succès d'*Arlequin, gentilhomme par hasard*, de Dominique, pièce en trois actes et en vers, applaudie avec enthousiasme à la Foire Saint-Laurent de 1708. Comment donc se fait-il que les Comédiens Français, si fort montés à cette date contre les spec-

tacles forains, ne soient pas intervenus? C'est d'abord
qu'ils étaient tout à Bertrand, dont, depuis 1689, ils
poursuivaient la perte avec acharnement. Ils voulaient, — et c'était une excellente tactique — commencer par anéantir le plus ancien de leurs ennemis,
le plus opiniâtre et le plus redoutable. Les autres
viendraient après. Ceux-là, d'ailleurs, on les épargnait alors d'autant plus volontiers, que le fils du
comédien Baron, acteur lui-même de la troupe
royale, venait d'épouser Catherine Vondrebeck, fille
de la veuve Maurice; et de cette alliance était née
une paix que semblait devoir rendre durable l'engagement pris par la mère, récemment remariée, et la
jeune femme, de renoncer aux spectacles de la Foire.
Il faut tenir compte aussi, pour expliquer la bienveillante réserve des privilégiés, de la présence dans
la troupe Alard de Dominique Biancolelli, dont le
père avait eu les très bonnes grâces du roi[1], et qui
avait su lui-même, par la faveur dont il jouissait

1. Il avait tant d'esprit et savait si bien divertir Sa
Majesté! Se trouvant un jour au souper du roi, Dominique
avait les yeux fixés sur un certain plat de perdrix.
Louis XIV, qui s'en aperçut, dit à l'officier qui desservait :
« Que l'on donne ce plat à Dominique ». — Quoi, Sire?
demanda l'acteur, les perdrix aussi? » Le roi, qui entra
dans la pensée du comédien, reprit : « Et les perdrix aussi ».
— Louis XIV, au retour de la chasse, était venu *incognito*
voir à Versailles la comédie italienne. Dominique y jouait,
et, malgré le jeu de cet excellent acteur, la pièce parut insi-
pide. Le roi lui dit en sortant : « Dominique, voilà une mauvaise pièce.... — ... Dites cela tout bas, je vous prie, lui
répondit le comédien, parce que, si le roi le savait, il me
congédierait avec ma troupe. » C'est pour Dominique et cette
troupe que Santeuil fit la fameuse devise : *Castigat ridendo
mores.* Cet acteur mourut d'une fluxion de poitrine, contractée
en dansant devant le roi.

auprès des grands par son esprit, par son talent
d'auteur et d'acteur, conquérir une autorité et s'assurer une indépendance qui imposaient le respect[1].

Cependant, cette paix ne pouvait être en réalité
qu'une trève. Après la retraite des suisses Holtz et
Godard, les Comédiens Français, croyant en avoir
fini avec Bertrand, et engagés d'honneur à ne rien
céder de leurs droits, se retournèrent vers les Alard
et revinrent à la charge. L'attaque fut d'autant plus
vive, que la victoire définitive semblait plus prochaine;
et elle sera menée avec d'autant moins de retenue,
que les motifs de la précédente suspension d'armes
avaient disparu ou allaient disparaître. Le redoutable Dominique préparait une tournée dans les provinces; le jeune Baron, usé par la débauche, achevait
de mourir; et sa femme, prête à manquer aux promesses faites, négociait déjà pour raccoler une
troupe et ouvrir un nouveau théâtre. C'est pourquoi,
dès le 17 avril 1709, sur la requête de la Comédie
Française, un arrêt du Conseil défendait à l'Opéra
« de donner la permission aux danseurs de corde et
autres gens publics dans Paris de chanter des pièces
de musique entières ni autrement, de faire aucun
ballet ni danses, d'avoir des machines, même des
décorations, même de se servir de plus de deux
violons. » Découragé par l'insuccès croissant de son
entreprise, abattu et sans force pour résister, Guye-

---

1. ...Les frères Parfaict signalent « la liberté que Dominique
(fils) avait de parler et de chanter, tolérance qu'il s'était
acquise par son nom et par ses talents, et qu'il conserva
dans les temps où tous les autres acteurs jouaient à *la
muette* ou avec des *écriteaux* ».

net se soumit et signifia aux intéressés l'interdiction
qu'il venait de recevoir.

Ainsi, dialogues, monologues, parodies, chants et
ballets sont interdits aux Alard, que cette nouvelle
infortune rapproche des autres troupes. Voilà tous
les Forains muets et réduits à la pantomime. Il s'y
résignèrent; mais Nécessité l'ingénieuse leur fournit
encore une invention pour rendre ce genre de pièces
intelligible aux spectateurs. Aujourd'hui, les faiseurs
de pantomimes distribuent dans la salle des pro-
grammes vaguement explicatifs. Leurs ancêtres
firent plus et mieux. Ce n'était pas seulement
l'ensemble de la pièce et l'action en gros qu'ils
voulaient faire comprendre à un public inexpérimenté : c'étaient tous les sentiments et les moindres
paroles interdites aux acteurs : ils entendaient donner toujours des comédies complètes. Pour cela, ils
imaginèrent des cartons sur lesquels était imprimé
en grands caractères et en prose laconique tout
ce que le simple jeu ne pouvait rendre. Ces cartons
étaient roulés, et chaque acteur en avait dans sa
poche droite le nombre nécessaire pour son rôle. A
mesure qu'il avait besoin d'un carton, il le tirait, le
déroulait, l'exposait aux yeux des spectateurs, puis
le mettait dans sa poche gauche. Voilà les extrémités
déplorables auxquelles un odieux régime protection-
niste réduisait de braves gens, très épris de leur art,
et dont le métier n'avait rien de malfaisant, bien au
contraire. On devine ce que ce système bizarre avait
d'incommode et de défectueux : la grosseur qu'il
fallait nécessairement donner à ces rouleaux manu-

Comédies foraines à écriteaux.

scrits ou imprimés afin qu'ils pussent être lus de
tout le monde, les rendait très embarrassants ; et, en
se mêlant et confondant dans les poches, ils ralen-
tissaient l'action, l'interrompaient même souvent.
Un perfectionnement s'imposait : on ne l'attendit
pas longtemps.

C'est Alard qui l'essaya le premier. En 1711, ses
acteurs, jouant une pièce intitulée *Femme juge et
partie*, cessèrent de se bourrer, non la mémoire,
mais les poches, de leurs rôles. Au moment voulu,
des cartouches de toile gommée, roulés sur un
bâton, descendaient du cintre, portés par deux
enfants habillés en Amours et suspendus en l'air au
moyen d'invisibles contrepoids. Sur ces pancartes
étaient imprimés le nom du personnage en scène et
les paroles qu'il aurait dû prononcer. Tandis que
les spectateurs lisaient le couplet, bien visible au-
dessous des frises, l'acteur, libre de ses mouvements,
faisait les jeux de théâtre chargés de traduire les
mots qu'il ne pouvait réciter lui-même [1].

La découverte de ce genre inédit, dont l'originalité et la difficulté vont exciter la verve d'illustres

[1]. Cette innovation, qui eut l'honneur d'exciter l'inquiétude
des Comédiens Français, est expliquée par le rapport d'un
de leurs commissaires, envoyé pour dresser procès-verbal.

« Des acteurs, disait le sieur Comte, et des actrices vêtus tant en
habits à la française qu'en Arlequin et Pierrot, et autres déguise-
ments, jouent des scènes muettes, et sur différents sujets, avec des
écriteaux qui sont tenus par deux petits garçons suspendus, et qui se
lèvent avec des cordages et machines. Lesdits écriteaux contiennent
plusieurs chansons qui sont chantees par plusieurs du parterre, sitôt
qu'elles ont été mises sur l'air par un violon ; lesquelles chansons,
écrites sur les deux côtés de chaque écriteau, servent le plus souvent
de réponse l'une à l'autre, et dont aucunes sont l'explication de leurs
scènes muettes. »

écrivains, et auquel on devra les premières et quelques-unes des meilleures pièces foraines de Lesage,
fut le dernier service rendu par Alard, ce très estimable représentant et très dévoué défenseur des
spectacles populaires. Cette même année 1711, il se
heurta contre une coulisse en faisant un saut périlleux, et mourut d'un abcès à la tête. « Telle fut, disent les frères Parfaict, la fin du plus habile et du
plus hardi sauteur de son temps, et qui en méritait
une plus heureuse du côté de la fortune, par sa pro-
bité et sa bonne conduite. » Peut-être méritait-il surtout d'obtenir, dans son oraison funèbre, un autre
titre que celui de sauteur.

Il fut remplacé par un ancien acteur de la Comédie
Italienne, Constantini, surnommé Octave, qui va devenir, jusqu'en 1717, possesseur de deux loges, et le
grand maître des théâtres forains. Tout à l'heure, en
effet, quand il aura pris à bail le préau entier de la
Foire Saint-Germain, les autres troupes seront forcées, ou d'accepter, pour devenir ses sous-locataires,
des conditions très rigoureuses, ou de disparaître.
C'est ainsi que la veuve Baron, et les Gautier de
Saint-Edme, nouveaux entrepreneurs, devront payer
vingt mille livres, la moitié du bail total, tandis que
Bertrand, l'adversaire invaincu des Comédiens Français, expulsé et ruiné par un confrère, abandonné de
ses camarades, devenus gagistes du nouveau venu,
de l'étranger, reprendra son ancien métier et ses
marionnettes, fidèles et sans rancune.

Certes, cet Octave, protégé du duc d'Orléans [1],

1. Et bien protégé. Accusé, en 1712, d'avoir parlé de la

était, comme son compatriote Lulli, un homme très
souple et très astucieux, très tyrannique et très en-
vahissant ; mais il avait la passion de son art, et rendit
au théâtre français des services précieux. Jamais
directeur n'avait encore montré plus de goût dans le
choix des décors et des costumes, plus d'habileté
pour former ses acteurs, plus d'intelligente sévérité
aux répétitions, une plus grande connaissance de la
mise en scène, un plus ardent désir de progrès matériel. C'est lui qui inventa certaine *machinerie* singulière, qu'on nous rendait dernièrement comme une
nouveauté. « Quelle surprise, raconte un des fidèles
des foires, fut jetée parmi les spectateurs, le jour où
l'on vit, grâce à des pivots souterrains, sur lesquels
reposaient des décorations mobiles, la scène tout entière s'agiter et changer en un tour de main! »

Naturellement, cet homme ingénieux devait, par
la force des choses, adopter les pièces à écriteaux de
son prédécesseur ; mais il ne tarda pas à les perfectionner. Les inscriptions étaient en prose: il les fit
mettre en vers, auxquels on ajouta les airs les plus
connus de la muse parisienne. Sur ces airs, joués
par l'orchestre, des gens gagés, disséminés dans le
parquet et aux amphithéâtres, chantèrent les paroles
des pancartes ; et presque aussitôt, — conséquence
prévue, — le public fit chorus général. Il ne résista

Cour et du Ministère en termes peu mesurés, et décrété de
prise de corps, il trouva asile au Palais-Royal, et son protecteur fit révoquer la lettre de cachet. L'année suivante,
comme l'Église lui cherchait chicane au sujet d'un divertissement représentant l'Enfer, le duc d'Orléans fit annuler la
sentence qui interdisait la pièce.

point aux sollicitations des violons qui attaquaient les notes si populaires de : *Réveillez-vous, belle endormie...*, *Comme un coucou que l'amour presse...*, *Quand je tiens de ce jus d'octobre...*, *Va-t'en voir s'ils viennent, Jean...*, *la Faridondaine, la faridondon....* On fredonna gaiement ces airs, puis on les chanta à plein gosier, et bientôt on y joignit les paroles mêmes de la pièce, quand, par un nouveau progrès, les couplets imprimés à nombreux exemplaires furent distribués dans la salle.

Les premiers fournisseurs de ces pièces étranges se recrutèrent parmi les artistes qui devaient les jouer. Comme jadis le Palais-Royal et *l'Illustre Théâtre*, et comme toutes les roulottes de campagne, les Forains avaient dans leurs troupes des auteurs à gages. On connaît déjà Dominique, que ses doubles fonctions de grand comédien et d'estimable poète comique rapprochent de Molière, et qui composa, soit seul, soit en collaboration avec Legrand, Romagnesi et les Riccoboni, plus de cinquante pièces très applaudies. Il produisit dans tous les genres, fit des comédies, des farces, des vaudevilles, des opéras-comiques, des parodies. Seules, les pièces à écriteaux ne le tentèrent pas; et c'est un de ses camarades, Raguenet, gagiste chez Bertrand, et un de ses collaborateurs, Romagnesi, qui inaugurèrent ce genre, le premier avec *les Aventures comiques d'Arlequin*, l'autre avec *Arlequin au Sabat*. A ces acteurs vint se joindre un membre de l'Église, que les *Maximes et Réflexions* de Bossuet *sur la Comédie* avaient insuffisamment édifié. Lauréat de l'Académie française,

traducteur d'Horace, rédacteur du *Mercure*, directeur
d'une fabrique d'épigrammes, de madrigaux, d'épi-
thalames et de compliments variés, l'abbé Pellegrin,
de l'ordre de Cluny, travaillait avec un zèle également infatigable pour les théâtres, pour l'Académie
de Musique, où il fit représenter des opéras, entre
autres *Jephté*[1] et *Télémaque*, pour la Comédie Française, à laquelle il donna plusieurs tragédies, et surtout pour les théâtres de la Foire.

> « Pellegrin rarement s'applique
> A faire sermons en trois points :
> Trois théâtres font tous les soins
> De ce prêtre tragi-comique.
> Tantôt par ses nobles travaux
> Il fournit de farces la Foire ;
> Tantôt il pourchasse la gloire
> Jusqu'au théâtre des Quinaults.
> A l'Opéra sa muse éclate.
> Il brille donc en trois endroits.
> Volontiers je comparerois
> Pellegrin à la triple Hécate. »

Ce sont les préaux Saint-Germain et Saint-Laurent
qui avaient ses préférences. En 1711, sous le nom de
son frère, le chevalier Pellegrin, il fit construire une
loge, la loua à un sieur Péclavé (déjà interdit par
le cardinal de Noailles, il ne pouvait décemment en
être le propriétaire officiel), et fit jouer plusieurs pièces
à *écriteaux*, entre autres *Arlequin à la Guinguette*, et
Arlequin rival de Bacchus.

Malgré la bonne opinion qu'avait de lui-même le
brave abbé[2], ce n'était là, dans ce genre à peine né,

---

1. La première pièce tirée de l'Écriture Sainte qui ait été
jouée à l'Opéra.
2. A la suite de la première représentation de *Mérope*, un

que des ébauches très imparfaites; et les Forains,
réduits au silence, se trouvaient dans une situation
des plus critiques. Heureusement, la fée bienfaisante
qui les avait soutenus dans leurs multiples tribulations veillait toujours sur eux. A ce moment-là
même, ils firent la plus précieuse des recrues; et,
grâce à elle, le genre nouveau, traité de main de
maître, va s'imposer au public.

Après les représentations, trop tôt interrompues,
de *Turcaret*, Lesage s'était brouillé avec les Comédiens Français, dont la mauvaise volonté et l'impertinence l'avaient justement exaspéré. Pour se venger
d'eux, en même temps que pour gagner sa vie, il
alla offrir à leurs grands ennemis ses services et son
talent. On pense s'il fut bien accueilli, et si l'alliance
se trouva vite conclue. Lui-même, dans la première
pièce, *les Petits Maîtres*, qu'il fit pour ses nouveaux
amis, a voulu rappeler cette heureuse association.
Arlequin, qui personnifie le théâtre forain, rencontre
un chevalier, c'est-à-dire Lesage lui-même, et fami-
lièrement lui souhaite la bien-venue :

> « Je vois ce qui t'amène ;
> Je connais ton goût fin :
> Tu quittes Melpomène
> Pour chercher Arlequin. »

La réplique du chevalier est à la fois un compliment aux Forains et une épigramme à l'adresse de

bel esprit entra au café Procope en s'écriant : « Vraiment
Voltaire est le roi des poètes ». — L'abbé Pellegrin qui était
présent, se leva aussitôt, et d'un air piqué, dit brusquement : « Et que suis-je donc, moi ? » Il était, tout au moins,
un poète très fécond; on l'a comparé à Hardi.

l'Académie de Musique et des Grands Comédiens :

> « J'aime l'Arlequinerie.
> Oui, je suis dans ce goût-là.
> Ma foi, je bâille à l'Opéra,
> Et m'endors à la Comédie. »

On ne s'endormira pas chez la veuve Baron, à qui
Lesage porta ses premières comédies en écriteaux.
C'est chez elle, en effet, à la Foire Saint-Germain de
1713, que fut représenté *Arlequin, roi de Serenbid.*

On ne saurait trop admirer la prestesse avec laquelle le transfuge de la Comédie Française déshabilla
sa muse pour la costumer en Arlequin. Cela se fit
en un tour de main, le plus aisé et le plus gracieux
des tours de main. Dès le premier jour, Lesage fut
de la grande famille foraine, adoré des acteurs recon-
naissants, applaudi d'un public sans préventions
sottes, et maître du théâtre. C'est que tout de suite
il avait compris ce que pouvaient et devaient être ces
nouvelles pièces à écriteaux, encore mal fixées dans
leur cadre à peine dégrossi ; et, dès son coup d'essai,
il avait trouvé leur forme définitive. Un sujet net et
précis, avec un peu de merveilleux pour frapper les
imaginations populaires, une intrigue vive et rapide, courant, sans languissantes scènes de liaison,
à un dénouement toujours heureux et plaisant, des
scènes piquantes, où le sel fin ne tardera pas à remplacer le gros sel jusqu'alors obligatoire, des jeux de
théâtre multipliés, des incidents inattendus, des
aventures drôlatiques, un style ni trop élevé ni trop
bas, vif et naïf, des couplets faciles à lire sur les
pancartes : telles sont les qualités que rechercha

Lesage, qu'il acquit tout de suite, et qui distinguent ses trois œuvres de début, faites coup sur coup et représentées dans la même année 1713, *Arlequin, roi de Serendib*, *Arlequin Thétis*, et *Arlequin invisible*.

La première de ces pièces est de beaucoup la plus curieuse, d'abord parce que c'est elle qui marque la transition entre *Turcaret* et les si nombreuses productions foraines de l'auteur, ensuite parce qu'elle n'est pas, comme les deux autres, une sorte de lever de rideau en un acte, enfin, et surtout, parce que c'est le premier échantillon littéraire des comédies à écriteaux.

Attiré vers des pays lointains, que des contes exotiques nouvellement traduits, et des récits de voyage, qu'utilisera tout à l'heure Montesquieu, avaient révélés aux Français, Arlequin vient d'être jeté par une tempête sur la côte mystérieuse de Serendib, où règne la plus étrange et la plus barbare des coutumes:

> « Tous les mois sur le trône
> On place un étranger;
> Mais, ciel! on le couronne,
> Pourquoi? — Pour l'égorger, »

et donner sa place à un autre, qui doit venir aussi des pays d'outre-mer. Si les flots n'en apportent pas, le grand vizir est sacrifié. Tandis qu'Arlequin erre çà et là à la découverte d'un refuge, trois brigands surgissent qui le dépouillent, le martyrisent et l'abandonnent. Recueilli par des hommes préposés à la recherche des rois, et porté sur leurs épaules, il fait dans la capitale, au son des fifres et des tambours,

une entrée triomphale, que suit la cérémonie du couronnement. Et c'est le premier acte.

L'action, comme on voit, est facile à comprendre,
et les écriteaux ne sont guère indispensables que
pour initier le public aux usages peu communs de
Serendib. Mais sur cette trame, si simple et si légère,
le poète a brodé ses fantaisies les plus capricieuses.
C'est d'abord la mise en scène, essentielle dans les
jeux forains, qui se renouvelle au milieu de l'acte.
Au lever du rideau, le théâtre représente modestement une plage solitaire; et puis, par un brusque
changement à vue, voici une somptueuse salle de
palais où se pressent dans un pêle-mêle pittoresque
le grand vizir, la grande prêtresse, le chef des eunu-
ques, une troupe d'officiers et de sacrificateurs.
Très variés aussi, très divertissants, et bien faits
pour un public naïf sont les jeux de théâtre. Telle,
par exemple, la scène des brigands. Un homme
paraît avec un emplâtre sur l'œil et une carabine
sur l'épaule; il ajuste Arlequin, en criant : *Gnaff*,
Gnaff; et Arlequin intimidé lui jette une partie de
son argent. Un second voleur débusque d'un rocher
avec le bras gauche en écharpe, une jambe de bois
et un large coutelas dont il menace le naufragé, en
criant : *Gniff*, *Gniff*; et Arlequin s'exécute encore.
Un troisième bandit, en cul-de-jatte, lui présente à
son tour un pistolet, en criant : *Gnoff*, *Gnoff*. Après
un repas et une danse que ces bourreaux raffinés
offrent à leur victime, celle-ci est enfermée dans un
tonneau et abandonnée sur le rivage. On voit d'ici
le pauvre diable roulant son tonneau sur la scène.

Un loup — c'est-à-dire un des agiles sauteurs de la troupe, vêtu d'une peau de loup, — s'approche, et, flairant la chair fraîche, veut briser les douves du tonneau; mais Arlequin, passant le bras par le trou de la bonde, lui saisit la queue. Le loup tire, le tonneau roule et se disloque, la queue se détache; et les deux adversaires s'enfuient à droite et à gauche, l'un débarrassé

> de ce poids inutile,
> Et qui va balayant tous les sentiers fangeux,

l'autre brandissant son trophée libérateur.

La scène du couronnement, qui rappelle un peu la cérémonie du *Bourgeois Gentilhomme*, est d'une gaieté moins élégante et d'un goût plus grossier. Évidemment, l'auteur n'ose pas rompre du premier coup avec les traditions des théâtres forains, qui ne reculaient pas devant les plaisanteries ordurières, et dont les magasins d'accessoires étaient toujours amplement fournis de petits ustensiles nocturnes [1]. Le grand sacrificateur, assez hardi pour reprendre un instant les habitudes des pièces *à la muette*, lit dans un livre sacré d'inintelligibles formules :

> *Tou crizou, i crizi, tiptomen, tiptote, tiptoussi,*
> *Prophyra, Pisma, Kécaca.*

Et les suivants répondent en chœur :

> *Kécaca!*

---

1. Lesage ne tardera pas d'ailleurs à supprimer cette habitude, qu'il déplore. « On a vu, dit-il, dans les pièces jouées aux foires tant d'obscénités, que les lecteurs pourraient d'abord n'être pas favorables à cet ouvrage (*le Théâtre de la*

Et Arlequin, croyant à ce dernier mot que la
cérémonie lui commande de faire servir le tur-
ban royal à des usages très bas, se met en devoir
d'obéir.... Le rideau tombe.

Au second acte, dans le plus bel appartement du
sérail, le nouveau roi mène joyeuse vie et « s'en
fourre jusque là ».

> « Moi, qui devais des turbots
>   Être la pâture,
> Je trouve, échappé des flots,
> Les jeux, les ris, le repos.
>   La bonne aventure,
>   O gay,
>   La bonne aventure ! »

En effet, il mange, il boit, courtise les femmes, et
s'amuse à faire pendre les bandits qui l'ont dépouillé. « Je veux », disent les écriteaux,

> « Je veux qu'on branche ces compères,
> Qu'on les houspille tant et plus ;
> Après qu'on les aura pendus,
>   Qu'on les mène aux galères. »

Une scène, dans laquelle le peintre officiel de Serendib fait le portrait de Sa Majesté, une autre, où Arlequin cherche à séduire par sa cuisine et son agilité
l'esclave favorite, une troisième, où le médecin de la
Cour, jongleur adroit, cherche à escamoter des plats
qui sentent l'apoplexie, donnent lieu à des divertissements variés, jeux grivois, exercices de voltige et
tours de passe-passe, qui maintenaient les traditions

Foire). Mais la réflexion doit l'arracher au mépris et détruire
le préjugé. Ces productions, qu'on ne peut rappeler que désa-
gréablement pour ce théâtre, n'y sont pas employées. »

et rappelaient les origines des spectacles forains. Que nous voilà loin de *Turcaret*!

Un mois s'est écoulé quand s'ouvre le dernier acte. L'heure a sonné pour Arlequin d'expier sa royauté éphémère. Il est dépouillé de ses ornements et conduit au sacrifice. Mais, au moment de frapper la victime, la grande prêtresse s'arrête, laisse tomber son poignard, suspend la cérémonie, ordonne à sa suivante d'expulser les assistants, et se fait reconnaître. Arlequin retrouve ses deux vieux amis, Mezzetin et Pierrot, qui, échoués eux aussi sur le rivage inhospitalier de Serendib, se sont déguisés en femmes pour éviter le trône et la mort, et sont devenus, grâce à la protection du grand vizir amoureux, les prêtresses de la déesse Kéfaïa. Les trois compères réunis

> « Partent en diligence;
> Et qu'ils vont en boire à Paris,
> Des flacons de Champagne! »

Toute cette dernière partie est pleine de mouvement, d'entrain, de variété [1]. Que de choses ramassées en un petit acte : la toilette du condamné, ses suprêmes adieux à une jeune Grecque désespérée, le départ du cortège funèbre, l'arrivée, après un brusque changement de décors, devant le temple de la

---

1. ... Et d'ironie. La dernière scène, entre Arlequin, Mezzetin et Pierrot, était une parodie de l'opéra d'*Iphigénie en Tauride*, de ce pauvre M. Danchet, qui, décidément, inspirait les Forains. *Arlequin Thétis*, la seconde pièce de Lesage, est aussi une parodie d'un opéra de Fontenelle et Colasse, *Thétis et Pélée*, joué pour la première fois en 1689 et repris en 1712.

déesse, l'entrée, dans le sanctuaire, de la victime enguirlandée de fleurs, l'apparition de l'idole sur son piédestal et de la grande prêtresse éblouissante de pierreries, les danses des sacrificateurs et des prêtresses, la débandade des spectateurs chassés par Pierrot, les sauts joyeux des trois amis, qui se reconnaissent à leurs culottes, leurs efforts pour enlever la déesse Kéfaïa, qui s'abîme et ne laisse entre leurs mains qu'un cochon de lait ahuri, la chute de la pagode scandalisée, la fuite des sacrilèges et leur embarquement! En vérité, on n'avait pas le temps de dormir chez Mme Baron, et Lesage était en droit de constater qu'on y riait bien.

Grâce à lui surtout, on y rira longtemps encore. Pendant de nombreuses années, il sera le plus fécond de ces auteurs, souvent ses collaborateurs, qu'il loue d'avoir su « mettre en œuvre ce diamant brut dont les premiers fabricants de pièces à écriteaux ne connaissaient pas le prix ». « Flatté, disent les frères Parfaict, par le succès de ses comédies, M. Lesage voulut par reconnaissance quitter tout autre ouvrage, pour se consacrer entièrement à ce spectacle, où il a si bien réussi, qu'on conviendra que c'est lui qui a créé cette nouvelle espèce de poésie dramatique, connue sous le nom d'*opéra-comique.* »

Lesage, créateur de l'opéra-comique, c'est beaucoup dire. Il n'inventa pas le genre, et le mot ne semble pas être de lui. Bien avant son arrivée, on avait vu, soit au Théâtre Italien, soit sur les tréteaux mêmes de la Foire, des comédies farcies de prose et de vers, avec musique et danses, dialogues et cou-

plets. C'est l'ingénieux et audacieux Bertrand qui
les avait le premier hasardées sur une scène française, dans ses *Amours du valet Tremblotin et de la
vivandière Marinette*; et dans des vers de son
poème *le Vaudeville*, vers dont l'intention au moins
est excellente, Sedaine lui a rendu justice :

> « Certain Bertrand, farceur de son métier,
> Sur ses tréteaux s'ingéra le premier
> D'y hasarder, dans ses pièces nouvelles,
> Des mots guindés sur quelques ritournelles.
> La chanson plut ; le bon bourgeois content,
> Le soir chez lui retournait en chantant,
> Et d'un couplet porté dans sa famille
> Émerveillait et sa femme et sa fille.
> Frappés alors du succès théâtral,
> Deux écrivains, Lesage et d'Orneval,
> A ces farceurs s'engagèrent de vendre
> Tout leur esprit, tant qu'il pourrait s'étendre. »

L'idée n'était donc pas neuve en 1714; seulement,
elle n'avait été qu'ébauchée. Fuzelier, l'auteur de
Tremblotin et Marinette, ne s'était pas alors avisé
— cela viendra tout à l'heure — de mélanger dans
une même scène les paroles récitées et les couplets
chantés ; il s'était borné à les mettre à la suite, dans
des scènes successives. Mais c'est lui qui, dès que
l'occasion va se présenter, reprendra l'idée primitive,
et, de concert avec Lesage et d'Orneval, la perfec-
tionnera en faisant le mélange plus complet et plus
savant, bref qui donnera à l'opéra-comique la forme
qu'il conserve encore aujourd'hui.

Le mot d'*opéra-comique* est, lui aussi, d'origine
toute foraine. Il apparaît pour la première fois à la
Foire Saint-Germain de 1715, en tête des affiches de

la dame Baron et des Saint-Edme. Sont-ce les entrepreneurs eux-mêmes qui l'ont imaginé, ou bien est-
il de l'invention des auteurs qui vont les premiers
s'exercer dans ce genre? On ne sait. Au moins, la
date de sa naissance est-elle certaine : à quelques
mois près, il inaugure le nouveau règne et signale
en même temps une victoire des Forains. Laquelle?
Le voici.

Devenus directeurs de l'Académie de Musique,
les syndics de la faillite Guyenet s'étaient heurtés,
dès leur entrée en fonctions, à de graves embarras
financiers. Outre les anciennes dettes, dont ils
étaient rendus responsables, il leur avait fallu accepter un certain nombre de lourdes charges nouvelles,
une aggravation d'impôts au profit de l'Hôtel-Dieu,
et des pensions à tarir la caisse : pension de dix
mille livres à la famille de Lulli, pension à la sœur
de Guyenet, pension à celui-ci, pension à celui-là,
pension même à Bontemps, valet de chambre du
roi.... Si bien qu'en moins de deux années ils ajou-
taient près de cent mille livres à un passif de huit
cent mille. L'idée leur vint alors de refaire, pour
battre monnaie, ce qu'avait imaginé leur prédécesseur, c'est-à-dire d'abandonner aux Forains quelques-
uns de leurs droits. Peut-être, cette fois-ci, la
Comédie Française serait-elle plus accommodante,
et sans doute l'État, qui savait leur détresse et leur
devait protection, se montrerait favorable aux con-
cessions projetées. En effet, un arrêt du 26 décembre 1714, abrogeant celui de 1709, donnait aux
acteurs de Mme Baron et de Saint-Edme la per-

mission de chanter eux-mêmes les couplets de leurs
pièces.

Il n'est pas ordinaire, le premier témoignage de
reconnaissance offert par les Forains à l'Académie
de Musique. Ces grands gamins de Paris font penser
à ces mendiants de Naples qui payent d'un pied-de-
nez très drôle le petit sou qu'on vient de leur jeter.
Ils inaugurèrent leur nouveau privilège par la parodie d'un nouvel opéra, le *Télémaque* de Pellegrin.
Pauvre abbé Pellegrin, qui avait tant d'affection et
confectionnait de si mauvaises pièces pour les théâtres de la Foire ! Quelle trahison ! Et d'autant plus
cruelle, que le public, enchanté d'entendre de nouveau parler sur la scène, fit fête aux acteurs, surtout
à Dolet, qui joua, paraît-il, le rôle naïf de Télémaque
« avec un talent si merveilleux que tout Paris ne se
lassait pas de l'admirer », et à Lesage, dont cette
œuvre, disent les frères Parfaict, était la « la plus
jolie parodie qui eût paru jusque-là. »

Il est certain que ce spectacle divertit fort le
public. On rit beaucoup de la pauvre Calypso, qui,
pour avoir protégé Ulysse, est persécutée par Neptune. Oh ! le méchant Dieu, qui remplit d'eau l'île
entière !

> « Il a gâté
> Les potagers,
> Tout culbuté
> Dans les vergers. »

Vainement on l'a prié et supplié :

> « O puissant dieu des écailles,
> Grand Neptune, exauce nous ;

> Laisse amollir tes entrailles :
> Cesse d'inonder nos choux! »

Le cruel qu'il est a bouché ses oreilles et réclamé sa proie : à défaut d'Ulysse, qu'on lui sacrifie Télémaque. Oui, mais ce Télémaque, Calypso, Eucharis et Cléone aimeraient mieux le garder pour elles. Ce n'est malheureusement pas facile, de le garder. Ce grand benêt, auprès de qui l'Iphigénie de Racine est un monstre d'égoïsme et de lâcheté, veut absolument mourir pour son père; il réclame la mort à grands cris, en tapant du pied comme un enfant têtu. Aux supplications des trois femmes pâmées d'amour et d'angoisse, il répond par ce même perpétuel refrain :

> « Moi, je veux mourir pour mon père. »

Impossible de le faire sortir de là.

> « Je veux apaiser la colère
> Du dieu contre mon pauvre père....
> Vous direz ce qu'il vous plaira;
> Ho bien, tenez, malgré tout ça,
> Moi, je veux mourir pour mon père. »

Et pour avoir arrêté le bras du sacrificateur prêt à frapper, Calypso se fait malmener de la belle façon.

TÉLÉMAQUE.

> « Vous m'avez empêché
> De mourir pour mon père !

CALYPSO (lui passant la main sous le menton).

> N'en soyez point fâché,
> Prince; il vaut bien mieux faire
>   L'amour
>   La nuit et le jour...

Pourquoi songez-vous sans cesse
Au cher auteur de vos jours?

TÉLÉMAQUE.

Hélas, oui! je le confesse,
Tenez, j'y pense toujours.

CALYPSO (Air : *Je veux boire à ma Lisette*).
Prince, vous songez sans cesse
Au cher auteur de vos jours.

TÉLÉMAQUE (*pleurant*).

Hé! mon père!

CLÉONE (*le contrefaisant*).

Hé! ma mère!
(*Elle le flatte et chante*)
J'endors le petit, mon fils,
J'endors le petit.
(*et s'adressant à Calypso*)
Déesse, à ce pieux Infant
Rendons ces lieux aimables.
Il faut, pour divertir l'enfant,
Faire danser vos diables.

TÉLÉMAQUE.

Oh! non, non! cela me ferait peur. »

Pauvre petit! Il dut avoir bien plus peur encore, quand Mentor, redevenu Minerve, descendit du haut des frises avec deux Gilles en Zéphyrs, et emporta dans les airs son élève, suivi de l'amoureuse Eucharis. Quant à Calypso, elle attend sur le rivage l'arrivée du fils de Télémaque.

Sans doute, il y a dans cette parodie des scènes plaisantes et des couplets gaiement tournés; mais la disparition des pancartes fut peut-être pour beaucoup dans son succès, très éclatant. Le public, qui reprenait ses vieilles habitudes, était évidemment très bien disposé, et l'on devine l'entrain que dut donner aux acteurs la liberté reconquise.

Voilà donc les écriteaux provisoirement relégués au magasin des accessoires. Mais ils avaient rendu trop de services aux Forains dans la peine pour qu'on les laissât partir sans un dernier adieu. Ce furent leurs pères véritables, Lesage, Fuzelier et d'Orneval, qui, inaugurant une heureuse collaboration, se chargèrent de l'oraison funèbre ; et celle-ci, dite sur le théâtre, prit naturellement une forme scénique et comique[1]. La comtesse de Vieux-Château, qui aime à la folie les spectacles de la Foire et voudrait les voir durer toute l'année, rencontre au préau Saint-Germain un marquis et un chevalier. Depuis la suppression des pièces à écriteaux, il est tout triste, le chevalier de la Polissonnière, un descendant passablement descendu du marquis de *la Critique de l'École des Femmes.* Il les goûtait si fort, les petits Amours, porteurs de pancartes ! « Est-il possible ? protestent en chœur le marquis et la comtesse ; vous aimiez les pièces par écriteaux ! Peut-on aimer les pièces par écriteaux ? »

LE CHEVALIER.

« Par écriteaux, oui, morbleu, par écriteaux.

LE MARQUIS.

Mais tu badines, Chevalier.

LE CHEVALIER.

Non, la peste m'étouffe.

LA COMTESSE (*riant*).

Le plaisant goût !

1. Prologue des deux pièces : *Arlequin Endymion* et *la Forêt de Dodone.*

LE CHEVALIER.

Qu'appelez-vous *le plaisant goût*? Savez-vous bien, Madame, que je vais vous prouver, comme deux et deux font six, que j'ai raison de regretter les écriteaux!

LA COMTESSE.

Voyons.

LE CHEVALIER.

Primo. Dans le temps des écriteaux, on voyait en l'air deux petits garçons en Amours, qui descendaient et remontaient sans cesse.

LA COMTESSE.

Hé bien?

LE CHEVALIER.

Hé bien, cela faisait un spectacle.

LE MARQUIS (*riant*).

Fort joli!

LE CHEVALIER.

Et comme ces enfants changeaient à tout moment d'écriteaux, c'était une espèce de tableau changeant qu'ils offraient à la vue.

LA COMTESSE (*riant*).

Fort bien.

LE MARQUIS (*riant*).

Tu as raison.

LE CHEVALIER.

Item. — Le spectateur y devenait acteur lui-même. Dès que l'écriteau était déroulé, l'orchestre donnait le ton, et l'on entendait aussitôt un *chorus* discordant, le plus réjouissant du monde.

LA COMTESSE (*riant*).

Je n'ai plus rien à dire; et c'est dommage qu'on ne joue plus par écriteaux.

LE CHEVALIER.

Sans doute. Et si l'on faisait bien, on remettrait les choses sur ce pied-là.

LE MARQUIS (*riant*).

Assurément.

LE CHEVALIER.

On chante à l'Opéra, on parle à la Comédie, on
devrait jouer à la Foire par écriteaux, pour varier les
spectacles de Paris. »

Au goût très vif qu'il avait pour les petits garçons
court vêtus en Amours, le chevalier joignait, comme
on voit, un esprit très méthodique. C'était un conser-
vateur ; il aimait que chaque chose restât à sa place.
Par malheur, cette classification n'était plus de saison. Maintenant qu'ils ont retrouvé la parole, et que
le titre nouveau d'*opéra-comique* semble faire de leurs
théâtres des succursales de l'Académie de Musique
et de la Comédie Française à la fois, les acteurs forains vont tendre de plus en plus à se rapprocher de
leurs grands rivaux ; et leurs efforts, avant d'aboutir
à une catastrophe, seront féconds en progrès variés.

Chaque nouvelle pièce marquera un de ces progrès ; mais en attendant, et dès le début, à la Foire
Saint-Laurent de 1715, ces progrès furent annoncés
aux spectateurs en termes généraux. Avant d'ouvrir
la scène, des acteurs, parmi lesquels était le célèbre
Dominique, vinrent débiter un petit discours qui présentait une peinture avantageuse de ce genre nouveau,
l'*opéra-comique*, qui en traçait les règles, signalait
de prochaines et importantes innovations, faisait, en
un mot, pour l'avenir les plus belles promesses. Sans
doute, disaient les orateurs, le public ne doit pas chercher ici de ces excellentes comédies... qu'il ne trouvera même ailleurs que très rarement. Il sait que les
bornes imposées aux théâtres forains ne permettent

pas de donner des pièces parfaites. Cependant, quelque imparfaites que soient ces sortes de productions,
elles ne laissent pas de coûter autant que les poèmes
réguliers, à cause de la gêne où les Comédiens Français réduisent les auteurs. Ce qui complique encore
la tâche, c'est que le public est devenu bien plus délicat. Il aime toujours les personnages italiens, mais
il ne veut plus qu'ils grimacent en Tabarins grossiers.
Si des représentations badines l'amusent, les jeux
bas et vulgaires le révoltent. Il est même plus exi-
geant encore : il n'admet pas que ces divertissements
soient en pure perte pour son esprit ; il veut des
idées neuves, des scènes saillantes. Les pièces de la
Foire, que l'on traitait autrefois de pures bagatelles,
trouvent aujourd'hui des spectateurs difficiles, censeurs judicieux et de goût fin, dont les applaudissements ne vont qu'aux ouvrages qui les méritent.

On cherchera donc des idées nouvelles et des sujets
piquants. Et elles ne manquent pas, les idées, et
chacune d'elles marque une métamorphose, un progrès matériel de l'opéra-comique. C'est ainsi qu'après
avoir chanté eux-mêmes leurs rôles sur de vieux tim-
bres populaires, auxquels ils osaient joindre parfois,
notamment dans les parodies, des airs empruntés au
répertoire de l'Opéra, les acteurs forains s'avisèrent
d'avoir une musique à eux, des compositeurs et des
maîtres de ballets, comme ils avaient des auteurs à
leurs gages et des pièces exclusivement jouées sur
leurs théâtres. L'entrée dans la grande famille foraine
de Lacroix d'abord, et de Fromont, surtout de Gil-
lier, célèbre alors par sa musique très spirituelle et

ses jolis vaudevilles, et de Dumoulin, qui avait appris
à l'Opéra l'art de composer les danses et de diriger
les ballets, fut une bonne fortune pour tout le monde,
pour les poètes, dont les pièces parurent plus originales et furent mieux exécutées, pour les acteurs,
que le public, non encore déshabitué d'accompagner
les airs connus, interrompait et impatientait quelquefois, pour le nouveau genre enfin, qui dut à la musique expressément composée à son intention un
autre perfectionnement. Comme à chaque Foire on
jouait plusieurs pièces différentes et inédites, le nombre d'airs nouveaux devait être considérable. Le
moyen de suffire à pareille besogne! C'est alors que,
pour éviter d'en faire de trop communs, et aussi pour
mieux lier les couplets, on prit très vite l'habitude de
mêler aux vers des fragments en prose, et de composer ce qu'on appela des *pièces mixtes*. Du coup (que
vont dire les Comédiens Français?) le dialogue prit
plus d'importance; et ce mélange de couplets chantés et de répliques parlées produisit, sous la plume
d'auteurs ingénieux et dans la bouche d'acteurs habiles, les effets les plus variés, parfois les plus divertissants. Pour avoir l'opéra-comique sous sa forme
définitive et actuelle, il ne manquait plus que les
duos, les trios, les ensembles et les chœurs.

C'est dans les pièces mêmes, représentées entre
1715 et 1718, que se trouve la meilleure histoire de
ces progrès rapides et constants. Le mouvement était
si bien donné, les Lesage, les Fuzelier et les d'Orneval, excités par la nouveauté du travail, avaient une
telle verve, et leurs interprètes les secondaient avec

tant d'entrain, que rien ne put arrêter l'élan, ni la
mort du roi[1], ni le départ d'Octave, ni des démêlés
sans intérêt entre la dame de Beaune et les Saint-
Edme, assez maladroits les uns et les autres pour
allumer une guerre intestine dans le préau même de
la Foire[2]. Comme si l'hostilité de l'Opéra et de la Comédie Française ne devait pas suffire aux humeurs
les plus belliqueuses !

Original par la forme nouvelle qu'il adopte, le
théâtre forain l'est peut-être plus encore par les
sujets qu'il met en scène. Il y a toutefois deux traditions qu'il conserve précieusement, et qu'il ne pouvait laisser perdre. Comment répudier les personnages de la comédie italienne et renoncer au merveilleux ? N'est-ce pas à cela d'abord que ces spectacles
doivent leur caractère particulier, leur air de famille
et, pour ainsi dire, leur unité ? Excepté peut-être dans
les parodies, où il faut bien conserver les personnages
des modèles parodiés, qui pourrait songer, sans in-
gratitude, à supprimer le légendaire et indispensable
Arlequin, et son bon ami Pierrot, et sa chère Colombine, et Mezzetin, et Scaramouche ? Le merveilleux,
mais un merveilleux très différent de celui que
célèbre Boileau, n'est pas moins nécessaire, et Lesage le signale justement comme un des éléments

---

1. La mort de Louis XIV ne fit pas fermer la Foire Saint-
Laurent. Les spectacles furent seulement interrompus du
27 août au 4 octobre. Et encore y eut-il quelques contraven-
tions; mais l'autorité nouvelle ferma les yeux. (Voir les frères
Parfaict, *Mémoires pour servir à l'histoire des Spectacles de la
Foire.*)

2. Voir les péripéties de cette petite guerre dans les
Mémoires des frères Parfaict, t. I, p. 179 et suiv.

essentiels des comédies foraines. D'ailleurs, ajoute-
t-il, « ce merveilleux n'empêche ni la peinture des
sentiments naturels, ni les portraits satiriques. »
Sans doute; il fait même mieux que de ne pas être
un obstacle : il est un agrément; et Lesage, le premier, lui doit les plus heureuses trouvailles. Quoi de
plus ingénieux, comme idée et comme cadre, que ce
tombeau de Nostradamus, ouvert par une baguette
magique, et que l'apparition du vieillard blanc et
barbu, coiffé d'un bonnet violet à longues oreilles et
vêtu d'une robe de même couleur, étoilée de caractères talismaniques? Il est là, le grand prophète, con-
fortablement assis dans son mausolée devant une
table d'ébène couverte de vieux livres, et tour à tour
se présentent les personnages de la comédie, en
quête de consultations qui leur sont distribuées avec
une générosité très plaisante et très satirique.
Quelle piquante intrigue encore enlace cette *Ceinture
de Vénus* qui métamorphose Mezzetin, lui donne
toutes les grâces et le fait aimer de toutes les femmes?

> « Mezzetin, reçois à ton tour
> Ce présent que te fait l'Amour :
> C'est la ceinture de ma mère.
> Quand tu t'en ceindras les côtés,
> Ami, sois assuré de plaire
> Aux plus orgueilleuses beautés. »

Et, dans *le Temple du Destin*, quelle majestueuse
mise en scène, et quel joli tableau final, lorsque,
brusquement, au haut d'un escalier à double rampe,
dominé par un trône, le Destin apparaît, caché sous
un voile, entouré du Temps avec sa faux, et de six

Heures blanches et de six Heures noires, groupées à droite et à gauche, sur les marches! L'orchestre joue un air nouveau, de Gellier, et aussitôt les filles fugitives du Temps, gracieuses et légères, évoluent sur la scène, à la façon du chœur antique, et chantent, comme baisser de rideau, un de ces vaudevilles chers à Bertrand, et qui durent charmer sa vieillesse:

UNE HEURE BLANCHE.

« Maris, dont l'humeur jalouse
Au devoir prétend ranger
Une jeune et coquette épouse,
Vous hâtez l'heure du berger.

UNE HEURE NOIRE.

Tel amant, qui le jour pleure,
M'attend pour le soulager.
De minuit enfin je suis l'heure,
L'heure ordinaire du berger.

UNE HEURE BLANCHE.

Beauté, qu'un amant obsède,
Je vous vois fuir le danger;
Mais le moment qui me succède
Souvent fait l'heure du berger.

UNE HEURE NOIRE.

Rien n'est tel que l'affluence
Pour nous bien encourager;
Quand nous touchons votre finance,
C'est pour nous l'heure du berger. »

Si Lesage et ses collaborteurs n'ont pas eu tort de conserver le merveilleux traditionnel, dont nos féeries modernes perpétuent le souvenir, et ces vaudevilles « particuliers aux Français, estimés des étrangers, aimés de tout le monde, et les plus propres à faire valoir les saillies de l'esprit, à relever les

ridicules, à corriger les mœurs[1] », combien ils ont eu
raison d'abandonner résolument les grossièretés non
moins traditionnelles, si traditionnelles même que,
en dépit des réformes, des gens prévenus continue-
ront longtemps encore à tenir le théâtre forain pour
un répertoire d'obscénités ! « Je sais, écrira vers la fin
du xviiie siècle un admirateur de Lesage, avec quel
œil on regarde encore aujourd'hui ce spectacle. On
se plaît toujours à le considérer dans ses productions
informes et obscènes où il se traînait autrefois, igno-
minieusement. M. Lesage était bien capable cependant de l'arracher au mépris et détruire ces préjugés
défavorables. N'a-t-il pas, avec un nouveau nom,
donné à ce théâtre un nouveau caractère ? »

Rien de plus juste ; mais ce n'était pas assez, pour
donner à ce théâtre un nouveau caractère, d'en
bannir les ordures. Amuser par des intrigues simples,
vives et d'une étonnante variété, par des scènes
piquantes, des changements à vue et des jeux étour-
dissants, par beaucoup de gaieté et d'esprit, surtout
par beaucoup de naturel, c'était mieux, et les auteurs
n'ont pas failli à la tâche. Que d'idées ingénieuses,
parfois bizarres, toujours fécondes en surprises,
dans *Arlequin-Colombine ou Colombine-Arlequin*,
dans *le Tableau du Mariage*, dans *les Eaux de Merlin*, surtout dans *Arlequin Hulla*, d'une si extravagante fantaisie ! Il fallait un Lesage pour aller
dénicher en Orient l'idée d'une semblable pièce.
Saviez-vous, joyeux spectateurs de la Foire, que

---

1. Préface des auteurs du *Théâtre de la Foire*.

Ces victimes, ce sont les financiers véreux, arma-
teurs de vaisseaux pourris, dont le naufrage était
concerté; les gens d'affaires qui grattent les zéros
sur les traites à payer et en ajoutent sur les traites à
toucher. Ce sont les racleurs de violon, qui disputent
doctoralement, sans y rien entendre, sur la musique
française et la musique italienne; les poètes famé-
liques, mal vêtus et crottés diablement, qui, après
avoir fait jouer par les Grands Comédiens trente-cinq
comédies et vingt-six tragédies chacun, viennent
demander aux Forains de quoi s'acheter une perruque
et des souliers : ceux-là prendront un jour la place
de Sisyphe; ils verront trébucher leur rocher, comme
ont trébuché leurs pièces[1]. Ces victimes, dont le
nombre grossit à chaque Foire, ce sont encore les
académiciens, avec leur sotte et interminable dis-
pute. Car la fameuse querelle des Anciens et des Modernes pénètre jusqu'au faubourg Saint-Laurent, et
le succès d'*Arlequin défenseur d'Homère* prouve que
dans ce milieu, méprisé par d'injustes intellectuels,
elle ne trouva pas d'indifférents. Quelle ne devait
donc pas être l'éducation littéraire des spectateurs
forains, pour que Lesage ait pu compter les faire

sur la scène entre deux archers avec du foin sur son chapeau, dans ses manches, et entre le justaucorps et la che-
mise. Or, quelques semaines auparavant, un homme d'affaires, que l'exempt cherchait, avait été trouvé caché dans
des bottes de foin.

1. Voir : *Le tombeau de Nostradamus, la Ceinture de Vénus,
les Eaux de Merlin*, etc., et surtout *Arlequin traitant*. L'établissement d'une chambre de justice et la recherche qu'on
faisait alors des gens d'affaires firent le succès de cet ouvrage, où l'on voyait des portraits connus, traités comique-
ment.

rire avec un pareil sujet? Et quel directeur de théâtre
populaire oserait aujourd'hui mettre sur la scène un
débat académique? Ah! comme « la clique téméraire
des Modernes qui sans respect se sont élevés contre
Homère », est vivement houspillée par Arlequin
Bouquinidès, aidé de ses élèves, Parasiton, Gueu-
lardès et Tapemodernos! Mais aussi comme le même
Arlequin, en léchant et reléchant à genoux une *Iliade*
enchâssée dans une cassette chinoise, rend ridicules
les amis des Anciens, et les Anciens eux-mêmes!

> « Chers Anciens, votre lecture
> Est le charme de mes ennuis;
> Je vous aime autant, je le jure,
> Que si je vous avais traduits....
> Que Sénèque est doux et mignon
>   Dans ses œuvres galantes!
> Les oraisons de Cicéron
>   Sont bien édifiantes. »

De toutes ces satires, la plus violente, qu'on va
payer cher, est réservée à la grande ennemie, la
Comédie Française. Sans doute, il y a bien quelques
traits malicieux directement décochés à l'Opéra, « qui
chante à tort et à travers tout ce qui lui vient dans
l'esprit et qui veut toujours toucher sa pension d'a-
vance », mais ce sont là piqûres légères. On ménage
en somme ce créancier puissant, ce grand cousin si
bien mis et qui a pour les Forains cette précieuse
qualité d'être détesté de la Comédie Française, laquelle ne cache pas sa haine.

> « Plus que vous ne pouvez croire
> Je déteste ce fripon-là.
> Je dis plus; c'était l'Opéra

Que je poursuivais dans la Foire.
Oui, vraiment, c'était l'Opéra
Que je poursuivais dans la Foire. »

La Foire, elle, n'use pas de subterfuges pour poursuivre la Comédie. Les allusions ne suffisent plus :
on la provoque, on la relance jusque chez elle, on la
force à comparaître sur la scène foraine, et tout
Paris s'amuse de ses ridicules complaisamment
étalés. Lisez plutôt *la Querelle des Théâtres*.

La scène montre le théâtre même de la Foire à
l'heure où le spectacle va commencer. Attirée par
une curiosité jalouse, la Comédie Française pénètre
dans la salle, appuyée sur la Comédie Italienne. Tout
émue de son audace et furieuse d'avoir trouvé foule
à la porte, elle se laisse tomber, tremblante et blême,
dans les bras de son amie, et, de là, dans les bras
d'un fauteuil.

« N'allons pas plus avant ; demeurons, ma mignonne.
Je ne me soutiens plus, la force m'abandonne.
Mes yeux sont étonnés du monde que je voi ;
Pourquoi faut-il, hélas ! qu'il ne soit pas chez moi ? »

Accourue pour faire les honneurs de sa maison à
cette spectatrice inattendue, la Foire s'apitoie ironi-
quement sur ce brusque malaise, dont elle a la
cruauté de vouloir expliquer la cause.

LA FOIRE.

Ah ! je vois la cause de votre défaillance. Vous êtes
fâchée de voir ici bonne compagnie, n'est-ce pas ?

MEZZETIN.

Voilà l'enclouûre. Hé, ventrebleu, Madame, que ne
faites-vous comme nous ? Mettez-vous en quatre pour
plaire au public.

LA FOIRE.

Il a raison. Il semble que vous preniez plaisir à vous laisser mourir de faim. Donnez des nouveautés.

LA COMÉDIE FRANÇAISE.

La bonne drogue, que des nouveautés! Ne fais-je pas mieux? Je donne tous les chefs-d'œuvre de mon théâtre,

Mes pièces les plus excellentes,
Tartuffe et *les Femmes savantes*,
Amphitryon et *le Grondeur*,
Et presque tous les jours *l'Avare*.

MEZZETIN.

Bon! l'on sait ces pièces par cœur.

LA COMÉDIE FRANÇAISE.

Non, non, le public est bizarre.

LA COMÉDIE ITALIENNE.

Effectivement; on ne sait comment faire pour le contenter. Il est soûl des vieilles pièces, les nouvelles le rassasient dès la première représentation.

LA FOIRE.

Il est vrai que vos nouveautés passent comme des ombres.

LA COMÉDIE FRANÇAISE (*levant les yeux au ciel*).

Que Paris est aujourd'hui de mauvais goût!

LA FOIRE.

Vous le trouvez raisonnable
Lorsqu'il va s'amuser chez vous;
Mais vient-il s'amuser chez nous,
Son goût vous paraît détestable.
Mais vient-il s'amuser chez nous,
Son goût vous paraît détestable. »

Cinq ans plus tôt ces impertinences et toutes celles qui suivent eussent amené une répression prompte et brutale. Car ce n'était plus seulement dans leurs privilèges, c'était aussi dans leur dignité qu'on atta-

Les funérailles de la Foire.

quait les Comédiens du Roi. Mais le Régent, qui
commençait à permettre toutes les audaces et qui
conservait des plaisirs forains — on l'avait souvent
rencontré, chez le père Dubois, en joyeuse compagnie — un souvenir reconnaissant, ne songea pas à
sévir ; bien au contraire : il fit représenter *la Querelle
des Théâtres* sur la scène même de l'Opéra. Et la
même faveur fut accordée à *la Princesse de Carizme*,
cette merveilleuse beauté qui rend fous tous ceux
qui la contemplent, à *l'Ile des Amazones* et aux
Amours de Nanterre. Quel triomphe pour les
Forains !

Triomphe bien éphémère. Ces attaques inces-
santes et ces empiétements scandaleux exaspérè-
rent la Comédie Française, qui rédigea une nouvelle pétition ; et la Cour ayant décidé la suppression de tous les spectacles forains, le Régent n'osa
pas résister. Du moins voulut-il donner à ces vieux
amis, qu'il sacrifiait à contre-cœur, un dernier témoignage de sympathie. Il fit jouer au Palais-Royal *les
Funérailles de la Foire*, et honora de sa présence cette comique oraison funèbre, composée et
dite par les défunts eux-mêmes. Les Forains faisaient rire jusqu'après leur mort, et de leur mort.
« L'Opéra-Comique, disait le Duc en sortant de
la représentation, ressemble au cygne, qui ne
chante jamais plus mélodieusement que quand il va
mourir. »

Mais les victimes ne voulurent pas mourir sans
vengeance. De la scène même du Palais-Royal, cette
ancienne scène des Comédiens du Roi, ils lancèrent

cisque, mais il jouera demain, sous l'habit de Pierrot, au Théâtre Italien de la rue Mauconseil. C'est à la Foire encore, dans la troupe d'Octave, où il faisait les rôles d'amoureux, qu'avait débuté Romagnesi, fils de Cinthio, acteur du théâtre italien. Les pièces elles-mêmes se ressemblaient, et les Forains n'avaient pas toujours méprisé celles de leurs camarades étrangers. C'est à eux qu'ils avaient emprunté l'idée des parodies, dont ils abuseront peut-être tout à l'heure; et, de même qu'après la malencontreuse représentation de *la Fausse Prude*, ils s'étaient attachés quelques-uns des acteurs en déroute, de même ils n'avaient pas hésité à puiser dans le répertoire italien et a adopter plusieurs des canevas, scènes ou comédies publiés en 1694 par Gherardi.

Mais les haines partagées unissent mieux que les services rendus, et les deux comédies, la Foraine et l'Italienne, avaient eu longtemps une haine commune. Même, les Italiens avaient précédé les Forains dans la guerre contre la grande ennemie, dont ils redevenaient aujourd'hui les alliés sans rancune. Huit ans avant de se tourner contre Bertrand, les Comédiens du Roi s'étaient attaqués à ceux dont ils avaient été si longtemps, sur les scènes du Palais-Royal et de la rue Guénégaud, les voisins pacifiques. Ils leur reprochaient d'avoir, à peine installés à l'Hôtel de Bourgogne, donné des représentations en français; et ce reproche était parfaitement justifié. Il y a des gens qui, à peine ont-ils mis un pied chez vous, en prennent quatre. Les Italiens avaient procédé d'autre sorte, avec un sans-gêne plus prudent.

Pour empiéter sur les privilèges de la Comédie Française, ils avaient attendu d'en être sortis. Mais
aussitôt délivrés de la surveillance immédiate de
leurs amis de la veille, comme ils avaient vite regagné
le temps perdu ! A peine établis sur un théâtre à eux,
dès 1683, il avaient osé donner des pièces françaises,
Arlequin, *Mercure galant*, suivi bientôt d'*Arlequin
lingère du Palais*, de *la Matrone d'Éphèse*, d'*Arlequin empereur dans la lune* ; et le succès de ces comédies, de la dernière surtout, que les Forains s'appro-
prièrent en 1712, et qu'on jouait encore en 1752,
avait été tel, que la salle, dit un contemporain, s'é-
tait trouvée trop petite pour l'affluence du monde
qui y accourait.

Victimes d'une concurrence qui devenait redoutable, les Comédiens Français n'avaient pas eu recours,
comme on a vu qu'ils s'y résignèrent ensuite dans
leur lutte contre les Forains, aux procédures embar-
rassantes, aux sergents, procureurs, avocats, substi-
tuts, rapporteurs, juges et leurs clercs. Ayant affaire
à des étrangers, et décidés à frapper vite un grand
coup très fort, ils avaient porté au roi lui-même leurs
doléances, académiquement développées par Baron.
Invité à présenter la défense de ses camarades,
l'orateur de la troupe italienne, Dominique, avait
débuté par ces mots : « Quelle langue Votre Majesté
désire-t-elle que je parle ? » — « Parle comme tu
voudras », avait répondu Louis XIV. — « Je n'en
demande pas plus, s'était alors écrié Dominique ;
Sire, ma cause est gagnée. » — Et le roi, riant
d'avoir été surpris ainsi, avait répliqué : « Ma foi,

la parole est lâchée; je n'en reviendrai pas ». — Et
c'est ainsi que le roi Louis XIV avait ouvert lui-
même une première brèche dans les privilèges de ses
Comédiens.

Fiers de ce triomphe, les Italiens s'étaient empres-
sés de donner à la décision royale une éclatante publi-
cité. Le 9 septembre 1684, dans une parodie française, *Arlequin Jason* ou *la Toison' d'or comique*,
Médée annonçait aux spectateurs la nouvelle con-
quête de celui qui avait déjà conquis son cœur et
la toison.

> « Le burlesque Jason
> A conquis la toison :
> Il est tout fier de cette victoire.
> Tout retentit du bruit de sa gloire.
> Mais le plus grand de ses exploits
> Est de parler françois[1]. »

Et ce parler français, les Italiens s'en étaient
aussitôt servis contre ceux qui prétendaient le leur
interdire. Auteurs, acteurs et répertoire, rien n'avait
été épargné. Ce fut pendant quelques mois un joyeux
débordement de représailles. « Croiriez-vous, dit
Jason dans *la Toison comique*, que cet animal d'Arlequin s'est permis, dans je ne sais quelle farce, de
tourner en ridicule un empereur romain, nommé
Titus? C'est bien à lui, ma foi, de berner un homme
de cette qualité-là ! Voyez, je vous prie, le bel emploi

---

1. « Ce qui donna lieu à ces vers, raconte Gherardi, ce fut
que les Comédiens Français s'étaient plaint au roi, il n'y
avait pas longtemps, de ce que les comédiens italiens parlaient français dans leurs pièces, et que le roi leur avait
répondu : « Parlez italien, vous autres. »

de railler Bérénice, qui a fait pleurer toute la France,
et qui fera rire dorénavant les halles et la friperie.
Voilà de ces sortes de choses qui font saigner le
cœur[1]. » On s'est étonné que cette parodie de
Bénénice ait pu être donnée sur la scène de l'Hôtel
de Bourgogne treize ans après la représentation de
la tragédie. « On ne conçoit pas, remarque M. Des-
pois, quel à-propos pouvait alors présenter cette

---

1. Voici un fragment de cette parodie :

ARLEQUIN.

Mais enfin, ma princesse, il faut nous séparer.

COLOMBINE.

Ah! coquin, est-il temps de me le déclarer?
Qu'avez-vous fait, maraud? Je me suis crue aimée.
Au plaisir de vous voir mon âme accoutumée ...

ARLEQUIN.

La friponne!

COLOMBINE.

Seigneur, écoutez mes raisons.
Vous m'allez envoyer aux Petites-Maisons.
Car enfin, après vous je cours comme une folle.
Oui, j'expire d'amour et j'en perds la parole....
Répondez-moi. (*Elle le tire par la manche et la lui déchire.*)

ARLEQUIN.

Hélas! que vous me déchirez!

COLOMBINE.

Vous êtes empereur, Seigneur, et vous pleurez!

ARLEQUIN.

Oui, madame, il est vrai, je pleure, je soupire,
Je frémis ; mais enfin, quand j'acceptai l'empire,
Quand j'acceptai l'empire.... on me vit empereur.
Ma mignonne, m'amour, redonne-moi mon cœur.
Pour Bérénice, hélas! c'est un grand coup de foudre.
Mais, mon petit tendron, il faut vous y résoudre.
Car enfin aujourd'hui, je dois dire de vous,
Lorsque vous m'étranglez pour être votre époux :

    Puisqu'elle pleure, qu'elle crie,
    Et qu'elle veut qu'on la marie,
    Je veux lui donner de ma main
    Le jeune et l'aimable Paulin. »

courte farce[1]. » Rien cependant n'est plus facile à
comprendre. Les Italiens viennent d'avoir avec les
Comédiens Français le démêlé que l'on sait, et d'où
ils sont sortis vainqueurs. Ils peuvent et veulent se
venger; et tout naturellement ils choisissent une des
pièces les plus souvent reprises à cette époque,
comme l'atteste le registre de La Grange, une de
celles qui avaient été le plus critiquées et qui prêtaient le mieux à la parodie. Et cette parodie paraissait d'autant moins surannée, qu'elle s'adressait surtout aux acteurs qui jouaient alors la tragédie. Les
Italiens n'en voulaient pas à Racine : ils se souvenaient avec reconnaissance que *les Plaideurs* leur
avaient été destinés, et qu'ils les auraient joués si le
départ de Scaramouche n'avait brusquement inter-
rompu ce dessein. Ils ne songeaient pas plus à con-
trister l'auteur de *Bérénice*, alors retiré du monde et
désintéressé des choses du théâtre, qu'ils ne pense-
ront troubler l'ombre de Corneille, lorsque, en 1695,
dans *le Tombeau de maître André*, ils parodieront la
grande scène de Chimène et de Rodrigue :

« Ma chère, l'eusses-tu dit? — Arlequin, l'eusses-tu cru,
Qu'il fût mort, le pauvre homme, aussitôt qu'il eût bu? »

En réalité, c'est aux Comédiens qu'en voulaient
les Italiens, et ils le montrèrent bien plus nettement l'année suivante, dans *la Toison d'or comique.*
Cette fois, l'attaque est directe et bien franche.

1. *Théâtre Français sous Louis XIV*, p. 65, note 1.

Médée se promène avec Jason dans un jardin peuplé
de statues. Il fera bien de charrier droit, le préten-
tieux et grotesque propriétaire de la toison ; car la
magicienne pétrifie tous ceux qui la fâchent, et ces
statues cachent de pauvres diables victimes de son
ressentiment. Celui-ci, au visage couleur de pain
d'épice, est un médecin trop amoureux de la saignée
et de l'émétique ; Médée ne lui pardonne pas ses
coups de lancette et ses vomitifs. Celui-là, coiffé
d'un large chapeau à plumes, est un acteur italien.
— « Sans doute, dit Jason, vous l'avez châtié pour
s'être mêlé de parler français. » — « Non, répond
Médée, mais il m'a rendue malade à force de me
faire rire. » — « Et cet autre, à côté, ce vertugadin ? »
— « C'est un Comédien Français, qui m'a ennuyée
avec ses grands rôles ». — « Comment, diable ! un
Comédien Français, un de ces grands acteurs qui
jouent de si belles choses, qui charment tout le
monde, et qu'on ne peut entendre sans admiration ! » — « Puisque tu les aimes, reprend l'amoureuse épouse, prête à tous les sacrifices, sur ta
prière je leur fais grâce.... » — Et voici la statue qui
saute à bas de son piédestal et se prosterne devant
son sauveur. « Pour tout remerciement, lui dit alors
Jason, donnez-moi donc cinq ou six de ces vers
pompeux, délayés dans le bon sens, et qu'on savoure
comme un précis de raison.... Et là... de ces vers...,
enfin de ces beaux vers qui vous mettent en réputation. » Et le Français aussitôt déclame :

    « *Du grand flambeau des cieux la clarté vagabonde....*

JASON.

Ah! que cela débute bien! *Du grand flambeau des cieux....* Après, Monsieur, après.

LE FRANÇAIS.

Du grand flambeau des cieux la clarté vagabonde
De ses rayons dorés perçait l'émail de l'onde....

JASON.

Il n'y a point là de verbiage. Ce sont des choses, et des meilleures.

LE FRANÇAIS.

Du convexe azuré lançant ses premiers traits
Peignait les flots errants de ses brillants attraits....

JASON.

Ah! jernie! Voilà ce qu'on appelle des vers. Que dites-vous de cela, vous autres bateleurs italiens?

LE FRANÇAIS.

Lorsque la foudroyante et terrible Hippolyte,
Reine du Thermedon, redoutable au Cocyte....

JASON.

Il y a bien du beau là-dedans.

LE FRANÇAIS.

Faisait trembler l'Afrique et le pôle des cieux,
En jetant la frayeur jusqu'au trône des dieux....

JASON.

Cette moelle de vers!

LE FRANÇAIS.

Sa frénétique ardeur, malgré tous les obstacles,
Enfantait par ses coups l'horizon des miracles.

JASON.

Ah! morbleu, il n'y a pas moyen de tenir là contre :
Enfantait par ses coups l'horizon des miracles!
Avec ces grands vers-là, on crève de monde chez vous?

LE FRANÇAIS.

Nous n'avons pas une âme, et il semble....

JASON.

Quoi? Le sérieux ne vous amène pas toute la France?

LE FRANÇAIS.

Oh! que non, Monseigneur; on fuit tous les endroits où l'on parle raison.

JASON.

Hé bien, si le sérieux ennuie le monde, que ne jouez-vous des pièces comiques? Il y a assez de gens qui ne cherchent qu'à rire.

LE FRANÇAIS.

Hélas! Nous ne représentons autre chose.

JASON.

Oui, mais ce sont peut-être des vieilles pièces.

LE FRANÇAIS.

Pardonnez-moi, Seigneur : nous ne mettons que des nouveautés sur le théâtre.

JASON.

Et avec cela?

LE FRANÇAIS.

Et avec tout cela, nous ne gagnons rien.

JASON.

Vous ne jouez donc que pour l'honneur?

LE FRANÇAIS.

Nous ne jouons que pour nous tenir en haleine.

JASON.

Quel dommage!

LE FRANÇAIS.

Nous ne faisons plus rien depuis que les Italiens ont

donné *Protée*[1], *le Banqueroutier*, *l'Empereur dans la lune.*

JASON.

Et si! Ce ne sont que des farces et des enfilades de quolibets.

LE FRANÇAIS.

Et avec ces farces et ces enfilades de quolibets, ils attirent tout le monde chez eux. »

Ne croirait-on pas entendre les Forains eux-mêmes, et ceux-ci s'y prirent-ils d'autre sorte, quelques années plus tard, quand leur tour vint d'entrer dans la bataille? La seule différence, c'est qu'ils se montrèrent plus persévérants. En 1718, et le soir même de leur mort, ils luttent encore dans leurs derniers retranchements, tandis que les Italiens, auteurs des premières attaques souvent renouvelées jusqu'à leur expulsion[2], sont redevenus, à cette date, les amis de la Comédie Française, et les ennemis

---

1. C'est dans cette pièce que se trouve la parodie de *Bérénice.*

2. Par exemple, dans *l'Union des deux Opéras* et dans *la Descente de Mezzetin aux Enfers.* Ce qui donna lieu, raconte Gherardi, à la première de ces pièces, ce fut *l'Opéra de Village*, que MM. les Comédiens Français osèrent donner quelque temps après que les Italiens avaient représenté *l'Opéra de campagne.* « Vous avez pris mon nom et mon enseigne, dit la pièce italienne, pour attirer les chalands. Prenez la peine de dénicher : vous n'avez que faire où je suis, et si vous ne sortez pas d'ici, par la mort.... » — « Tais-toi, réplique la pièce française, tu n'es qu'un opéra de balle. » Et sans l'intervention d'Arlequin, les deux ennemies en découdraient. — Dans *Mezzetin aux Enfers*, Colombine apprend au hardi voyageur que jamais à la Comédie Française on ne joue deux fois la même pièce. « Quand elle va jusqu'à deux, ma foi, l'on s'ennuie. C'est pourquoi tout Paris venait se crever à la première représentation. Car personne ne voulait attendre la seconde, de peur de ne la point voir. »

de ses ennemis, leurs alliés d'autrefois. Quelles avaient donc été l'origine et la cause de cette volte-face?

Les comédiens italiens revinrent à Paris en 1716. Il leur eût été facile, s'ils l'avaient voulu, d'y reprendre leur place et leurs jeux aussitôt après la mort de Louis XIV. Les anciennes critiques sur les affaires du temps, la satire de la royale fausse prude, causes de leur disgrâce, ne pouvaient avoir laissé de fâcheux souvenirs au nouveau maître, et devenaient même des titres à sa faveur. Le duc d'Orléans n'avait-il pas, lui aussi, fait de l'opposition, et Mme de Maintenon n'était-elle pas la plus détestée de ses ennemis, celle qui surtout, comme dit Saint-Simon, avait essayé de lui aliéner le vieux roi? Cependant, aucune troupe italienne ne se montrait à l'horizon. Que pouvait-il rester de l'ancienne après vingt ans d'exil? La mort avait pris les uns; d'autres, retournés en Italie, avaient vieilli et oublié le français, qu'ignoraient leurs enfants et leurs élèves; plusieurs enfin, comme Dominique et Octave, restés à Paris et engagés chez les Forains, n'avaient aucune raison de quitter des théâtres, où ils trouvaient gloire et profit. Il y avait bien alors à Modène un jeune directeur de troupe, très intelligent, très actif et très entreprenant, Ludovico Riccoboni, qui eût pu tenter avec succès l'aventure; mais, à ce moment-là même, il poursuivait dans sa patrie une réforme qui lui tenait fort au cœur : il cherchait à dégoûter ses concitoyens de la comédie à masque, de la grosse farce, pour lui substituer la vraie comédie littéraire, celle

de Molière, dont il avait traduit et joué plusieurs
pièces. Il ne songeait donc pas à s'expatrier.

On y songea pour lui. Le Régent ayant pris l'initiative du rappel des exilés, écrivit au duc de Parme
pour lui demander des acteurs italiens ; et Antoine
Farnèse s'adressa à Riccoboni. Celui-ci, voyant que
ses efforts n'aboutissaient pas, et que la farce de-
meurait maîtresse du champ de bataille, accepta
l'offre ; et au mois de mai 1716 il arrivait à Paris avec
sa jeune femme, la Flaminia, et des acteurs soigneusement recrutés.

Le duc d'Orléans les reçut à merveille. Il les auto-
risa à prendre son nom ; et, en attendant que l'Hôtel
de Bourgogne, qui pendant les dernières années du
précédent règne avait servi au tirage des loteries,
fût remis en état, il leur ouvrit le Palais-Royal pour
les jours où il n'y aurait pas d'opéra ; et même
après leur installation à la rue Mauconseil le droit
leur sera conservé pendant quelques années d'y
jouer deux fois par semaine, le lundi et le samedi.
Une ordonnance sévère les protégea contre les abus
les plus fréquents et les plus malaisément réprimés,
l'entrée sans payer et les insolences des officiers, les
désordres dans la salle, surtout dans les coulisses,
l'encombrement de la rue, et les bruyantes disputes
des laquais devant la porte du théâtre. Tout semblait donc promettre le succès, et les nouveaux venus
l'escomptèrent en ornant leur toile d'un orgueilleux
phénix perché sur un bûcher ardent, avec ces mots :
Io rinasco [1].

1. C'était une toile de circonstance. En 1722, elle fut rem-

Ce fut en effet une renaissance qui s'annonça glorieuse. La faveur dont le Régent honorait ses protégés, sa présence assidue aux représentations, le
très grand mérite de la troupe, à laquelle vint bientôt, par ordre, se joindre Dominique, et la nouveauté
d'un spectacle exclusivement italien (les vieillards
seuls se souvenaient et se vantaient d'avoir vu, quarante ans auparavant, jouer des pièces dans cette
langue), attirèrent tout Paris à l'Hôtel de Bourgogne. Les dames élégantes voulurent apprendre
l'italien, et la mode s'imposa d'avoir dans sa loge
des professeurs qui traduisaient les paroles des
comédiens.

Malheureusement, le gros public, celui qui remplit les caisses, ne pouvant se payer ces coûteux
ciceroni, ne tarda pas à lâcher pied, et le petit nombre des spectateurs qui savaient ou voulaient
paraître savoir l'italien ne fournissant pas à la
dépense et aux frais nécessaires, les comédiens se
virent bientôt à bout de ressources. Ils songeaient
même à retourner chez eux, quand des amis leur
conseillèrent de distribuer dans la salle des arguments français qui exposeraient en quelques mots
le sujet de la pièce. L'expédient ayant réussi, on
le perfectionna. Ces courtes analyses devinrent

placée par une autre qui représentait la Muse de la Comédie, Thalie, couronnée de lierre, tenant un masque à la main
et chaussée de brodequins. Cette figure, grande comme
nature, était accompagnée de quatre médaillons, deux de
chaque côté, d'Aristophane, d'Eupolis, de Cratinus et de
Plaute. Un soleil occupait le haut de la toile. On lisait aux
pieds de la Muse : *sublato jure nocendi*.

bientôt des canevas, où chaque scène était résumée :
il n'y manquait que le dialogue. On le donna bientôt ; et ainsi les spectateurs lisaient, imprimée en
français, la pièce qu'on jouait en italien.

N'était-il pas plus simple de la jouer en français ?
C'est la grande décision que Riccoboni et Dominique
prirent en 1718, aussitôt que leurs camarades, venus
à Paris sans connaître un mot de notre langue, se
furent rendus capables de la parler et de la prononcer sans être ridicules. Et ce fut une séance curieuse, que celle où Thomasso Vicentini, chargé des
rôles d'Arlequin, tenta l'expérience, et du haut de la
scène risqua les premiers mots français. Ce soir-là,
on n'osa pas jouer toute une pièce : on commença
modestement par une fable de La Fontaine. Après
la représentation de *la Maggior Gloria d'un grande
e il vencer se stesso* (*Arlequin bouffon de cour*), Thomasso s'avança vers la rampe, et s'adressant aux
spectateurs dans un jargon moitié italien et moitié
français, il leur dit :

« Messieurs, je veux vous dire *una picciole* fable, que
j'ai lue ce matin ; car il me prend quelquefois envie de
diventar savant ; mais *la diro* en italien, et ceux qui
l'entenderanno, l'expliqueranno à ceux qui ne l'entendent
pas. »

Alors il raconta de la façon la plus comique, et
en mêlant les deux langues, la fable du *Meunier, son
Fils, et l'Ane.* Il accompagnait son récit de tous les
gestes qui lui étaient familiers : il descendait de
l'âne avec le meunier ; il y montait avec le jeune
homme ; il trottait devant eux ; il prenait tous les

différents tons, des marchands, des filles. Et après avoir fini ce récit comique, il ajouta en français :

« Messieurs, venons à l'application. Je suis le bonhomme; je suis son fils; et je suis encore l'âne. Les uns me disent : « Arlequin, il faut parler français : les dames ne vous entendent point, et bien des hommes ne vous entendent guère. Lorsque je les ai remerciés de leur avis, je me tourne d'un autre côté, et des seigneurs me disent : « Arlequin, vous ne devez pas parler français : vous perdrez votre feu. » Je suis bien embarrassé. Parlerai-je italien, parlerai-je français? Je vous le demande, Messieurs. »

Alors, quelqu'un du parterre, qui avait évidemment recueilli les voix, à moins que ce ne fût un compère, répondit : « Parlez comme il vous plaira; vous ferez toujours plaisir ».

Ce qui leur plaisait, c'était de parler français, et l'on s'y décida aussitôt. Le 19 janvier 1718, dans la *Métempsycose d'Arlequin*, Trivelin, qui prononçait peut-être bien le français, mais qui débitait des vers détestables, du dernier détestable, annonçait au public qu'on n'entendrait plus d'italien à l'Hôtel de Bourgogne :

> « Si notre métempsycose
> Rend notre théâtre plein,
> Quelle métamorphose!
> De cette métamorphose
> Je suis tout à fait content,
> Et de ma métempsycose
> Je bénis l'heureux instant. »

De ce jour, les Italiens entraient en concurrence avec les Forains. Ceux-ci cependant ne songèrent pas à protester. Ayant déjà à dos la Comédie Française, ils

ne voulaient point se faire de nouveaux ennemis,
qu'ils savaient protégés par le Régent. Que leur im-
portait d'ailleurs ce théâtre rival? L'ancienne troupe
italienne les avait-elle gênés jadis, et n'avaient-ils
pas une clientèle assurée et fidèle? Depuis plus de
trente ans le public prenait le chemin des Foires
Saint-Germain et Saint-Laurent, et le Parisien ne
renonce pas aisément à ses habitudes. Il resterait
d'autant plus attaché à ses vieux amuseurs, qu'il
avait été plus déçu et plus agacé récemment, en se
risquant à l'Hôtel de Bourgogne, d'y trouver des
pièces auxquelles il ne comprenait rien. Il se vengea
en n'y retournant pas.

Les Italiens se vengèrent à leur tour de cet abandon en faisant cause commune avec la Comédie
Française, et en poursuivant les Forains, qu'ils rendaient, non sans quelque raison, responsables de
leur insuccès. On comprend maintenant leur acharnement pendant la bataille et leur allégresse après
la victoire. La suppression des théâtres forains satis-
faisait leur rancune et allait sans doute les rappeler
à la vie. Désormais, le public parisien, qui ne peut
vivre sans spectacles, serait bien forcé de venir
chez eux.

« Formons un doux espoir : notre attente est remplie
    Nos spectacles seront courus;
    Apollon nous a secourus.
Tout comble nos désirs en dépit de l'envie;
    Apollon nous a secourus.
Quelle félicité ! la Foire ne vit plus,
    Et sa mort nous donne la vie.
    Nous n'avons plus de vœux à faire

> Chez nous Paris abondera.
>   Notre galère,
>   Laire lan laire,
>   O gué lon la,
>   Notre galère
>   Sans vent contraire
>   Voguera. »

Hélas, non ! Elle ne vogua pas, la galère, faute de
lest : le public refusait d'embarquer. D'où venait
cette mauvaise volonté ? Peut-être du port d'attache.
Les Parisiens ne gardaient-ils pas rancune à l'Hôtel
de Bourgogne, depuis que celui-ci, métamorphosé
en maison de jeu, en tripot officiel, avait englouti
leurs épargnes ? Si invraisemblable que fût cette
hypothèse, on songea, pour la vérifier, à se diriger
vers les Champs-Élysées, et à y ouvrir une loge où
des pièces seraient données « la nuit, pendant l'été ».
Cet ingénieux projet, que les fondateurs de cafés-
concerts reprendront plus tard, n'aboutit pas. Que
faisait donc le public ? Où se cachait-il ? « Si d'aventure, pensèrent les Italiens, il était resté aux Foires
Saint-Laurent et Saint-Germain, errant autour des
salles abandonnées et attendant naïvement une
impossible résurrection ? Rembarquons-nous et faisons voile vers ces parages lointains. Puisque les
spectateurs ne viennent pas à nous, allons à eux. »
Et c'est ainsi qu'au mois de juillet 1721 la troupe
italienne, désertant le quartier des Halles, s'installait à la Foire Saint-Laurent, dans la loge du chevalier
Pellegrin, magnifiquement restaurée pour la circonstance, et qui devint le *Théâtre du Faubourg
Saint-Laurent,* « propriété des comédiens italiens or-

dinaires de Monseigneur le duc d'Orléans, entretenus
par Son Altesse Royale ». On y débuta le 25 juillet
par une comédie française en trois actes et en vers,
Danaé[1], précédée d'un prologue de Dominique et de
Riccoboni. Cette petite scène d'ouverture, ce lever
de rideau italico-forain, annonçait au public la décision prise, et le mettait au courant de l'exode
accompli. Sur le seuil de l'Hôtel de Bourgogne, où
se balançait un écriteau avec cette inscription :
Hôtel à louer, un acteur apparaissait en tenue de
voyage; il descendait les marches, s'avançait vers
les spectateurs, et leur disait d'un ton moitié plain-
tif et moitié joyeux :

> « A l'Hôtel de la Comédie[2]
> On voit sécher sur pied Thalie.
> Pour éviter un triste sort,
> Elle veut devenir foraine.
>   La troupe italienne
>   N'a pas tort.
>
> Quoique notre troupe s'applique,
> Nos nouveautés n'ont rien qui pique :
> Chez nous le spectateur s'endort.
> Le changement ici l'entraîne.
>   La troupe italienne
>   N'a pas tort.
>
> L'espoir d'une bonne recette
> Nous fait déloger sans trompette.

1. On avait fait aussi de grands frais pour la pièce, dont
les décors étaient féériques, surtout le palais de la Fortune.
« Douze colonnes torses cannelées, rehaussées d'or, for-
maient un riche vestibule; elles tournaient constamment
entre leurs bases et leurs chapiteaux, symbolisant l'instabi-
lité de la Fortune, et elles jetaient un grand brillant. » (Frères Parfaict.)

2. L'Hôtel de Bourgogne.

> Messieurs, chorus : chantez bien fort,
> Et même jusqu'à perdre haleine :
> La troupe italienne
>   N'a pas tort. »

Peut-être n'aurait-elle pas eu tort, la troupe italienne, si elle avait été seule à ce moment, comme
elle y comptait bien, à régner à la Foire; mais une
fâcheuse surprise avait salué son arrivée. Ces détestables Forains, qu'elle croyait si bien morts et en-
terrés, étaient ressuscités : ils semblaient même fort
gaillards. Un public nombreux, qui n'errait pas autour de théâtres fermés, leur faisait fête, plus que
jamais.

Or, ce qui s'était passé entre octobre 1718 et
juillet 1721, le voici.

Aussitôt après la soirée du Palais-Royal où ils
avaient joué leur oraison funèbre, les Forains
s'étaient remis à la besogne. On les avait comparés à
des cygnes mourants; ils entendaient montrer qu'ils
étaient, tout comme les Italiens, des phénix qui
renaissent de leurs cendres. Sans doute, ils venaient
d'être supprimés; mais était-ce là une décision bien
irrévocable? N'avait-on pas, sous le précédent règne,
heureusement passé de pareilles traverses? Si l'on
avait pu éluder les ordres et la volonté redoutable du
feu roi, que ne pouvait-on espérer du Régent, qui
venait d'applaudir sur la grande scène du Palais-
Royal une troupe sacrifiée malgré lui, et dont tout
le monde connaissait la facilité, la faiblesse extrê-
mes? N'était-il pas naturel d'attendre de lui un de
ces « manquements de parole si nombreux, qu'on

Renaissance des Spectacles Forains.

pouvait compter pour rien les plus positives » ?

C'est donc avec confiance que les morts se prépa-
rèrent pour la Foire Saint-Germain de 1719. Une
pièce de circonstance, *le Rappel de la Foire à la vie*,
accompagnée de *l'Ile des Amazones*, que l'arrêt
rendu avait empêché de jouer, et de *la Statue merveilleuse*, comédie nouvelle, devait montrer que les
gens qu'on tue se portent quelquefois très bien.
Malheureusement, l'autorisation sollicitée ne vint
pas, et il fallut ajourner la manifestation projetée. Il
eût été vraiment bien hardi de donner *l'Ile des Amazones*, une pièce officiellement interdite par suite de
la suppression des théâtres qui devaient la jouer, et
plus téméraire encore de mettre sur la scène et de
célébrer la résurrection de gens publiquement condamnés à mort et notoirement exécutés. Quand on
persiste à vivre en dépit des ordonnances, on se fait
petit, on se cache. C'est ce que firent les Forains en
cette année 1719, si triste pour eux. Ne voulant pas
fermer leurs théâtres, ils devinrent sauteurs et danseurs de corde, ou s'abritèrent derrière des marionnettes. Mais ces marionnettes les cachèrent mal.
Payés pour savoir combien leurs ennemis avaient la
vie dure, et toujours aux aguets, les Comédiens Français et Italiens découvrirent le nouveau refuge et le
nouveau stratagème. Ayant appris que le public
venait en foule aux *Grandes Marionnettes*, cet empressement les inquiéta, et quelques-uns d'entre
eux, La Thorillière, Poisson, Dangeville et Duche-
min, se mêlèrent aux spectateurs. Très vite édifiés,
ils dépêchèrent un commissaire avec pleins pouvoirs,

et soumirent au Régent le procès-verbal que voici :

« Nous avons remarqué qu'il a été joué sur un petit théâtre des marionnettes, et qu'après le jeu des marionnettes fini, il a été annoncé, sur le même théâtre, par un particulier, que la comédie allait être jouée par des personnages naturels. Et en effet, un instant après, la toile ayant été levée, ce qui forma un plus grand théâtre éclairé de plusieurs lumières et orné de décorations, il a été représenté sur ledit théâtre une petite comédie dont le sujet était : *les Amours et le Mariage d'Isabelle avec Octave, troublés par le major de Bagnolet.* Dans ladite comédie étaient plusieurs acteurs et actrices faisant les rôles d'Arlequin, de Mezzetin, de Pierrot, d'Octave, d'un vieillard, d'Isabelle et de Colombine, les dits acteurs changeant quelquefois d'habillement et de personnages, savoir : le dit Pierrot déguisé en marchand d'eau-de-vie et en oublieux (marchand d'oublies) et le dit Arlequin en officier d'armée, sous le titre de Major de Bagnolet. Tous les dits acteurs se parlent et se répondent les uns aux autres pendant toute la pièce, depuis le commencement jusqu'à la fin, sur le sujet qu'ils représentent, ce qui forme une petite comédie suivie de scènes qui ont toutes rapport les unes aux autres. Et nous avons remarqué aussi que tant dans le cours de la comédie qui a été représentée jusqu'à la fin d'icelle, il a été chanté des chansons et dansé quelques danses par les dits acteurs et actrices accompagnés de quelques violons. »

Aucune nouvelle mesure de rigueur n'ayant approuvé cette dénonciation, le principal directeur des théâtres forains, Francisque, se hasarda l'année suivante, en 1720, à rouvrir son théâtre. Dans un prologue timide, et où l'on se faisait tout petit, Lesage et d'Orneval montraient la Foire sous la figure d'Arlequin, affamé et terriblement maigri depuis dix-huit mois, qui venait implorer le secours du *Diable d'Argent*, le plus puissant diable de la diablerie, celui qui règne en maître dans le cœur des humains, le grand factotum qui fait bouillir toutes les marmites du monde, qui ouvre la porte des cabarets, qui amène à Paris le fromage de Milan, cette merveilleuse machine qui fait aller et venir les hommes, et qui met les femmes en mouvement. Et le *Carissimo Diavolo*, à défaut du Régent, essuyait les larmes de l'infortuné, lui restituait sa batte, emplissait sa tête d'idées polissonnes, de fadaises, de balivernes, et le sacrait à nouveau grand prêtre de la folie foraine. Toutefois, comme cette autorisation était fort insuffisante, et très imparfaitement légale, la prudence commanda de s'abstenir au moins des libertés les plus sévèrement refusées autrefois, c'est-à-dire des vers, des couplets et des vaudevilles. Dans les pièces jouées cette année-là, *le Roi des Ogres* et *la Queue de Vérité*, le spectacle tenait la première place avec les sauteurs et danseurs. C'étaient surtout des jeux de scène, des cabrioles et des culbutes, des tours d'adresse et de passe-passe ; c'étaient des hommes qui se métamorphosaient en chats, et des singes qui devenaient des hommes ; c'étaient des géants qui portaient des bottes de sept pieds de haut et des ogres qui mangeaient des petits maîtres en rôti, des Parisiennes en ragoût et des procureurs à la daube. On y voyait encore le malheureux Arlequin, — sans doute la Foire elle-même, — mijotant dans un chaudron, tandis que des cuisiniers très méchants et très laids, — peut-être les Comédiens Français et Italiens, — attisaient le feu en exécutant des danses barbares et en vociférant des

mots mystérieux, aux désinences pleines de menaces
et de gourmandise.

Le comique des pièces suivantes, qui prudemment
sont toujours en prose, est plus fin et plus littéraire.
Il y a même, dans la Boîte de Pandore, une ingénieuse idée, artistement mise en scène. Au village
où vit la petite amie de Jupiter et où l'on s'apprête
à célébrer une noce champêtre, tout le monde est
heureux et pur. Les parents des jeunes époux sont
désintéressés; ceux-ci sont innocents et candides;
les belles-mères adorent leur gendre et leur bru;
la tante ne minaude pas pour effacer sa nièce; un
amant éconduit abandonne son bien au rival préféré.
La curieuse Pandore ouvre sa boîte; et voici, envolée
à travers une épaisse fumée noire, une foule de
petits monstres ailés, la Coquetterie, la Bouderie, la
Jalousie, la Médisance, la Haine, la Fureur et
l'Envie, — l'Envie, le plus détestable de tous les
fléaux, celui qui surtout déchaîne la guerre dans le
hameau paisible. N'est-ce pas elle aussi, d'ailleurs,
qui a interdit aux Forains les vers, le chant, la danse
et les décorations?

« Messieurs, dit le dieu Mercure aux spectateurs, nous
vous avions préparé un divertissement complet; mais
l'Envie, qui est sortie de la Boîte de Pandore, nous
oblige à vous donner des comédies toutes nues.

N'épargnez donc pas l'indulgence
A des acteurs infortunés
Qui sont aujourd'hui condamnés
A supprimer le chant, la danse,
Et, qui pis est, les décorations.
Plaire à l'esprit est donc notre unique ressource.
Si nous nous tirons bien d'un si grand embarras,

> Ce ne sera, par ma foi, pas
> Voler l'argent de votre bourse. »

On allait être tiré d'embarras, grâce, dit une note de Lesage, à des protecteurs d'une grande distinction, mais grâce surtout à l'arrivée des Italiens au faubourg Saint-Laurent. Loin de déplaire aux Forains, comme il semblait naturel, cette intrusion dans leur domaine les servit à merveille. La Comédie Française, par crainte d'un rapprochement entre les nouveaux locataires et les anciens propriétaires de la Foire, voyait avec un secret dépit l'exode de ses alliés de la veille.

> A votre honneur, âmes viles,
> Vous portez un coup mortel,

lui faisait dire Lesage dans le *Rappel de la Foire à la vie*. N'était-ce pas le cas de profiter de cette heureuse mésintelligence? Occupés de cette affaire, évidemment désireux de gêner les infidèles dans leur tentative, les Comédiens Français fermeraient sans doute les yeux sur les nouvelles libertés prises par ceux qui venaient fort à propos, dans *Arlequin Endymion*, de parodier une pièce de l'Hôtel de Bourgogne, *Diane et Endymion*, et qui seuls pouvaient faire avorter l'expédition italienne. Qui sait? Peut-être même les encouragerait-on. Ils osèrent l'espérer et publiquement manifester cet espoir par la bouche de Thalie elle-même.

> « Forains, ouvrez les yeux et connaissez Thalie.
> Elle vient par pitié vous offrir son secours....
>   Les seuls Romains, mes favoris,
>   Peuvent vous ôter la parole :

Je vais leur inspirer de la bonté pour vous.
Vous parlerez pendant la Foire.
Bien loin de s'en montrer jaloux,
Ce serait pour leur cœur un plaisir assez doux
Si sur tous vos voisins vous aviez la victoire. »

Il n'était pas téméraire d'espérer et d'escompter cette bienveillance, et partant celle du pouvoir royal, qui n'avait jamais persécuté les Forains qu'à contre-cœur, sur l'injonction des Comédiens Français. Au moment même où les Italiens ouvraient leur théâtre du faubourg Saint-Laurent, les Forains, sans autorisation régulière, mais sans opposition, reprenaient leurs anciens privilèges, et donnaient des pièces en vers, avec danses, chants, vaudevilles et décorations.

Qu'allaient-ils faire de cette liberté, tacitement accordée? Sans doute, pensait la Comédie Française, ils vont vivement trousser les intrus qui prétendent les déposséder; et ceux-ci, tués par les dépenses énormes qu'ils ont engagées et par des satires méritées, seront bien forcés de déguerpir.

« Ils verront l'événement.
Franchement,
Ils hasardent diablement.
En levant ici boutique
Ils prennent leur émétique. »

On fut d'abord loin de compte. Ravis de la mauvaise humeur des Grands Comédiens, flattés des humbles avances que leur firent en arrivant leurs amis d'autrefois, fort peu troublés par la menace d'une concurrence contre laquelle ils se sentaient de taille à lutter, les Forains accueillirent la troupe fugitive avec une franche cordialité. « Pour ma compagne

je vous prends », avait dit la Comédie Italienne.
« A vos tendresses je me rends », avait répondu la
Comédie foraine.

> « Accourez, acteurs d'Italie.
> Dansez, mettez-vous tous en train.
> Célébrez ce jour qui vous lie
> Pour jamais au peuple forain. »

Malheureusement, l'orgueil déplacé des nouveaux
venus, le nombre exorbitant de leurs affiches préten-
tieuses, leurs efforts pour éblouir le public et éclipser
les voisins avec une salle tout en or, des costumes
somptueux et des décorations ruineuses, l'idée
bizarre qu'ils eurent, pour rentrer dans leurs frais,
d'organiser, en plein été, des soirées dansantes,

> Et d'imaginer un bal
> Dans la ca, ca, ca,
> Dans la ni, ni, ni,
> Dans la cu, cu, cu,
> Dans la ca, dans la ni, dans la cu,
> Dans la canicule,

toutes ces maladresses prêtaient si bien à la satire,
que leurs hôtes, d'abord si bienveillants, ne surent
pas résister à la tentation ; et dans *le Régiment de la
Calotte*, joué le 1er septembre 1721, dans ce régiment
métaphysique où sont enrôlés tous les fous et tous
les grotesques, ils réservèrent un brevet, une place,
une calotte et une marotte d'honneur à la Comédie
italienne, représentée par Pantalon.

LA FOLIE.
« Je vous présente le seigneur Pantalon.

MOMUS.
Eh ! que vient-il faire ici ?

PANTALON (*saluant Momus*).

Son deputato della mia Compania....

MOMUS, *le contrefaisant.*

Mia Compania.... Oh! que diable, gardez votre italien
pour la ville; il faut parler français dans les faubourgs.

PANTALON.

Mes camarades voudraient être
Acteurs de votre régiment.
Je viens ici, souverain maître,
Vous demander votre agrément.

MOMUS.

Voilà les Italiens! Ils veulent être partout.

LA FOLIE.

Momus, il faut les recevoir.

On les reçoit, en effet, et la cérémonie, pour être
copiée sur celle du *Malade imaginaire*[1], n'en est pas
moins plaisante; au contraire.

L'orchestre joue une marche folle. Trois danseurs
et trois danseuses paraissent, suivis d'une douzaine
de calotins vêtus de robes à longues manches, par-
semées de rats. Ils ont la calotte en tête et la marotte à la main. Derrière eux marchent deux enfants

---

1. Molière est souvent imité et parodié aux théâtres forains.
Dans *Les Animaux raisonnables*, Ulysse, autorisé par Circé,
propose à ses compagnons, métamorphosés en bêtes, de
reprendre leur forme première, et le porc lui répond :

« Quand vous me pourriez donner
    Circé votre mie,
Pour me faire abandonner
    Mon aimable truie,
Je dirais, sans barguigner
    Reprenez votre Circé,
    J'aime mieux ma truie,
        O gué,
    J'aime mieux ma truie! »

vêtus de même, et portant, l'un une grosse calotte,
l'autre une marotte. Momus, la Folie et Pantalon
ferment la marche. Après quoi, on apporte une
chaire de professeur où Momus prend place. Pantalon s'assied au bas de la chaire, sur un tabou-
ret. Les calotins examinateurs se groupent sur des
bancs, des deux côtés de la scène. Quand chacun
a pris sa place, Momus adresse ce discours à l'Assemblée :

MOMUS.

« Messores Calotini,
Meo favore si digni,
Dans le grand besoin qu'avetis
De bonis comedianis,
Vous ne pouvez mieux facere
Qu'Italianos prendere.
Volunt cum vobis essere,
Pour vous bene divertire,
Tant par bonis comediis
Que par balis magnificis.
Habilis homo que voici
Pour cet effectu vient ici.
Recevendo istam barbam,
Recevretis totam troupam.
Illum, in choisis theatri,
Vous pouvez interrogeare,
Et a fond examinare,
S'il a l'esprit Regimenti.

PREMIER CALOTIN.

Cum Momi permissione,
Tres docte comediane,
Tibi ferai questionem
A mon avis importantem.
Quando vestræ pièces novæ
Vous sembleront trop frigidæ,
Pour bien illas rechaufare,
    Quid illis facere?

La Comédie Italienne à la Foire.

PANTALON.

Theatrum decorare,
Postea cantare,
Ensuita dansare.

LE CHOEUR.

Bene, bene respondere;
Dignus, dignus est intrare
In Calotino corpore.

DEUXIÈME CALOTIN.

Si voisini dans leurs pièces
Avaient bellas novitates,
Bene scriptas et salaces,
Quid, pour illis resistare,
Trovas à propos facere?

PANTALON.

Theatrum decorare,
Postea cantare,
Ensuita dansare.

LE CHOEUR.

Bene, bene respondere..., etc

TROISIÈME CALOTIN.

Mais si, malgré vos lepores,
La foule des spectatores
Allait aux acteurs forenses,
Pour chez vous la ramenare,
    Quid alors facere?

PANTALON.

Theatrum decorare..., etc.

LE CHOEUR.

Bene, bene respondere,... etc.

MOMUS.

Juras gardare statuta
A la raison contraria,
Observés in Regimento?

PANTALON.
    Juro.

MOMUS.

De non jamais te servire
D'auteurs qui soient meliores
Que vos auteurs ordinaires,
Troupa dût-elle crevare
Ou sortire du Royaumo?

PANTALON.

Juro.

MOMUS, *prenant la calotte et la marotte des mains
des deux enfants.*

Ego, cum ista calota,
Auriculis decorata,
Atque cum ista marota
Aux originaux debita,
Tibi tuisque confreris
In paradibus versatis
Plenam puissantiam dono
      Decorandi,
      Cantandi,
      Balandi,
Baragouinandi
Et ennuyandi
Tant in villa qu'au faubourgo. »

L'orchestre reprend sa marche et les calotins vont,
l'un après l'autre, saluer Pantalon. C'est ainsi que,
comédiens ordinaires du duc d'Orléans, les Italiens
sont devenus aussi, de par la décision foraine, comédiens extraordinaires du régiment des Fous.

Jouée à la Foire Saint-Laurent de 1721, cette farce
satirique fut, trois semaines plus tard, par ordre de
Son A. R. Madame, donnée, en même temps que le
Rappel de la Foire à la vie, au théâtre du Palais-Royal,
et le Régent, qui avait proscrit les Forains et appelé
les Italiens, prit grand plaisir à voir ses protégés ba-
foués par ses victimes, ressuscitées sans permission.
C'était, décidément, un homme très singulier.

Quant aux serments faits par Pantalon, ils seront, jusqu'en 1725, loyalement tenus par la troupe italienne. Mais celle-ci, après avoir décoré, beaucoup dansé et peu fait danser, chanté et ennuyé tout l'été, se trouvera fort dépourvue au retour de la première bise, et tout à fait ruinée au retour de la seconde. Heureusement pour elle, la mort de son protecteur, le duc d'Orléans, et le titre de Comédiens ordinaires du Roi accordé alors à Riccoboni et à ses camarades, viendront tout à point légitimer une retraite honorable. Des gens au service de Sa Majesté peuvent-ils décemment rester au faubourg et jouer des farces dans une loge? On reprendra donc le chemin de l'Hôtel de Bourgogne, dont la façade sera ornée d'un beau frontispice aux armes royales, et d'une belle plaque en marbre noir avec le nouveau privilège gravé en lettres d'or.

Mais comme les enseignes ne suffisent pas toujours pour attirer le public, on fera sur le théâtre même des changements plus sérieux. Naguère, en s'installant au faubourg Saint-Laurent, les Italiens avaient déclaré qu'ils renonçaient à la haute comédie pour ne plus jouer que des farces :

> « Et nous vous donnerons sans cesse
> De nouveaux lazzis d'Arlequin. »

En retournant rue Mauconseil, à la fin de la Foire Saint-Laurent 1723, ils déclareront qu'ils renoncent à la farce pour ne plus jouer que de fines comédies; et deux personnages d'un Prologue se chargeront d'annoncer cette nouvelle métamorphose :

ment, on brandit l'arrêt de mort signé par le Régent,
et Francisque fut invité à réintégrer sa tombe. Cependant, à force de démarches et de prières, il obtint
de jouer des monologues. Cela valait mieux sans
doute que de danser sur la corde; mais la portion
n'en devait pas moins paraître très congrue à des
auteurs, des acteurs et des spectateurs qui avaient
fait, joué et applaudi des pièces complètes, en prose
et en vers, et des opéras-comiques. Pour se résigner,
après quinze années d'efforts et de progrès, après
tant d'étapes péniblement franchies, à retomber aussi
bas que l'on était en 1707, il fallait un fier amour du
théâtre, une âme fortement chevillée dans le corps.
Lesage et ses collaborateurs ne se sentirent pas le
courage nécessaire à cette reculade; et quand Francisque vint leur demander des monologues, ils lui répondirent par un refus exaspéré. « Nous ne voulons
pas, dirent-ils, obéir aux sommations de messieurs
les Grands Comédiens; nous nous refusons à fabriquer ces sortes de pièces stupides qu'on prétend nous
imposer. Ces tours de force, ces exercices de voltige
littéraire se faisaient au temps jadis, quand nous
étions jeunes, sans ressources et sans appui. L'époque est aujourd'hui passée pour nous de pareils ap-
prentissages. » — « Nos persécuteurs, gémit alors
Francisque, vont donc savourer la joie de vous avoir
réduits au silence. — Vous ne le voudriez pas,
répliqua Lesage. — Certes non; mais que comp-
tez-vous faire? — Vous le saurez bientôt. En ce
moment, nous ne pouvons rien pour vous. Prenez
un jeune. »

Et Francisque courut chez Piron. C'était peut-être
Lesage lui-même qui avait donné ce conseil. L'auteur
de *Gil Blas* rencontrait souvent au Café Procope ce
nouveau venu dans les lettres ; et, comme les autres
habitués de l'endroit, l'abbé Desfontaines, Duclos,
Fréret, il se divertissait fort de l'entrain, de la verve
originale et des saillies un peu grasses de ce Bour-
guignon, que Voltaire allait dédaigneusement appeler
Gilles. — « Je suis entrepreneur de l'Opéra-Comique,
dit Francisque à Piron. La police m'interdit de
faire paraître plus d'un acteur parlant sur la scène.
MM. Lesage et Fuzelier m'abandonnent. Je suis
ruiné, si vous ne venez pas à mon secours. Vous
êtes le seul homme qui puissiez me tirer d'affaire.
Tenez, voilà cent écus. Travaillez, et comptez que
ces cent écus ne seront pas les seuls que vous rece-
vrez. » Il dit, se lève, tire la porte et disparaît.

Récemment arrivé à Paris, encore inconnu du public, et obligé pour vivre de copier chez le chevalier de
Belle-Isle de vieux grimoires qu'on ne lui payait pas,
Piron fut vivement stimulé par cette visite flatteuse
et par cette pile d'écus arrivés fort à propos, et qu'il
voulut loyalement gagner. Le surlendemain, il apportait à Francisque le monologue demandé. — « Tenez, lui dit-il, voilà votre pièce et votre argent. Si
l'ouvrage est bon, vous serez toujours à temps de me
payer ; s'il est mauvais, jetez-le au feu. » Au lieu de
reprendre les cent écus, l'entrepreneur lui en compta
cent autres.

C'est qu'il était enchanté, l'entrepreneur, et il y
avait de quoi. *Deucalion-Arlequin* est, en même

temps qu'un surprenant tour de force, le chef-d'œuvre du genre. On verra, quelques années plus tard,
le même sujet échouer au Théâtre Français, parce
que l'auteur, dont rien cependant ne gênait la liberté,
n'avait mis en scène que deux personnages [1]. Réduit à n'en faire parler qu'un seul, Piron obtint,
après une courte hésitation du public déshabitué de
ces sortes de pièces [2], un succès étourdissant, et qui
marque encore. Ce coup d'essai et de maître est une
date dans l'histoire du monologue et des spectacles
forains, comme *le Cid* et *Hernani* dans l'histoire de
la tragédie et du drame romantique.

Seulement, Piron se soumettait mieux que Corneille aux nécessités du genre. Embusqués derrière
Aristote, les Mairet et les Scudéry avaient pu refuser
au *Cid* le titre de tragédie. Le commissaire envoyé
chez Francisque par les Comédiens Français aurait
été bien empêché de constater dans son procès-verbal que *Deucalion* n'était pas un monologue. Au lieu
de cette satisfaction, que la longue liste affichée des
acteurs de la pièce lui permettait d'espérer, le pauvre homme eut le gros ennui de se voir livré par la
malice du poète à la risée du public. A un certain

1. *Deucalion et Pyrrha*, comédie en un acte, en prose,
par M. de Sainte-Foix, au Théâtre Français, 1741.
2. C'était peut-être aussi la faute du *Romulus*, de La Motte,
alors dans sa nouveauté au Théâtre Français, et d'un
Timon le Misanthrope, qui attirait la foule aux Italiens. Dans
la première scène de son monologue, Piron fait allusion au
petit nombre des spectateurs de la première représentation. « Ah! dit Deucalion, que nous allons faire un beau
soliloque! Quel dommage de n'avoir point d'auditeurs! Que
de bons mots perdus! » Les jours suivants, on refusait le
monde.

moment, Thalie arrive sur la scène, jouant des casta-
gnettes, dansant, solfiant des airs légers et faisant
des entrechats. Elle s'approche de Deucalion, prête
à parler, la bouche ouverte. Celui-ci, vivement, la
lui ferme avec la main, et appelle à son secours le
délégué des Grands Comédiens : « Monsieur le Commissaire, alerte! Empêchez-la de parler, je n'en ré-
ponds pas. Sauvez-nous l'amende. » Et les spectateurs
de rire, tournés vers le trouble-fête officiel, qui ne
savait où se cacher!... « Parlera, parlera pas!... » Il
ne parla pas, et fit bien. S'il avait intimé à Thalie l'ordre de respecter l'arrêt, ou simplement protesté contre
cette comique apostrophe, il aurait lui-même introduit le dialogue dans la salle, et commis la contraven-
tion. C'est contre lui-même qu'il eût dû verbaliser.

Un monologue, nous disent les dictionnaires, est
une scène où un auteur est seul et se parle à lui-même.
Tel n'est pas le monologue de Piron. Deucalion n'est
presque jamais seul, et il parle à une douzaine de
personnages, Melpomène, Thalie, Apollon, l'Amour,
Polichinelle, Pyrrha, un capitan, un robin, un laboureur, un artisan. Et tous ces acteurs, pour être muets,
n'en sont pas moins très vivants et très comiques. Ce
monologue est en même temps une pantomime. Melpomène, c'est-à-dire la Tragédie, vêtue à la romaine,
exactement comme les actrices du Théâtre Français,
ne parle pas; mais comme sa démarche prétentieuse,
ses mines passionnées, ses grands gestes, la trompette épique qu'elle a volée à Calliope[1] et qu'elle

1 Une note de l'auteur explique la critique qu'il prétendait
faire. « Ce mélange des deux attributs, dit-il, est une allu-

celui du sifflet-pratique. Il faut encore qu'il se ren-
ferme dans son institution, qui est d'avoir sur le
théâtre un voisin ou compère qui l'interroge par de-
mandes, et à qui Polichinelle répond avec sa précision
polissonnique ordinaire. »

Piron n'avait donc pas violé les ordonnances, et
sa pièce était bien un monologne.

C'était aussi, comme toutes les farces foraines,
une comédie à grand spectacle, jeux de scène et
tours de force, une pièce ingénieusement combinée
pour permettre à l'agilité des sauteurs et danseurs
de se déployer librement. Il y avait du tonnerre, de
la grêle, des éclairs, une pluie diluvienne, toute une
machinerie compliquée. Deucalion apparaissait,
jambe de çà, jambe de là, en équilibre sur un tonneau ballotté par les ondes. Puis on le voyait, à cali-
fourchon sur Pégase, s'envoler vers les frises, et,
par un saut périlleux, dont Francisque se tirait en
maître de l'art, retomber des nues sur le théâtre.
Pyrrha elle-même faisait son entrée par le haut du
cintre, assise sur ce même Pégase, un Pégase
bizarre, qui avait des oreilles d'âne et des ailes de
dindon, et dont le poitrail était caparaçonné des
annonces de pièces tombées cette année même à la
Comédie Française. Il y avait aussi des soli de flûte
très divers, les uns gais, les autres plaintifs, tous
remarquables. On se serait cru au concert du roi. Il
y avait des danses de sylphes exécutées par les
meilleurs sauteurs de la troupe, vrais enfants de l'air,
et des pas de deux, où la bientôt célèbre mademoi-
selle Sallé, charmante dans son costume de Grâce,

et son frère en Cupidon, se firent, pour la première
fois, applaudir des Parisiens. On se serait cru à
l'Opéra. Il y avait enfin toute la scène de la nouvelle
création des hommes et des femmes, qui sortaient
brusquement, on ne savait d'où, à chaque pierre,
plus précieuse que la pierre philosophale, jetée par
la muette Pyrrha et le bavard Deucalion. Et pendant que des Amours, des Sylphes et des Grâces
célébraient par une danse finale cet accouchement
peu ordinaire et ce retour des humains à la vie, un
coucou, qui ne voulait pas même attendre la seconde
génération, chantait dans la coulisse son refrain
malicieux.

Monologue inattaquable, féerie féconde en surprises, en spectacles variés, toujours très naturellement amenés, *Arlequin-Deucalion* était aussi une
satire, la plus gaie, la plus vive et la plus complète
des satires. Rien n'échappe à la verve audacieuse et
narquoise de celui que Grimm définira plus tard :
« une machine à saillies ». Tous reçoivent en passant
un coup de la batte d'Arlequin : les hommes de
guerre qui s'imaginent être formés d'une pierre plus
précieuse que les autres, parce qu'ils savent tuer avec
une pincée de poudre et du plomb gros comme rien,
lancé de loin, traîtreusement ; les gens de justice,
hommes de loi, robins et procureurs, tous garçons
de boutique de Thémis la vendue, dont les yeux sont
fripons, les mains crochues, et le nez tourné à la
friandise ; les financiers, avec leurs sacs d'écus, sacs
aux forfaits, vraies boîtes de Pandore ; les hommes
de lettres qui se sont tignonnés, se tignonnent, et

longtemps encore se tignonneront pour ou contre
Homère ; les gens d'Église, qui nous menacent de la
part des dieux offensés, qui nous chantent les
mœurs innocentes des premiers temps, et qui multiplient les crimes comme ils se multiplient eux-
mêmes, sans que le mariage s'en mêle et sans avoir
jamais chez eux de femme en couche. Quoi encore ?
On ne suppose pas que Piron ait pu oublier dans ce
nouvel Enfer burlesque les éternels ennemis de ceux
qui ont invoqué son aide. La voilà bien en effet, la
Comédie Française, représentée par la gesticulante
et haut guindée Melpomène qui est de pied en cap
toute convulsion, et par Thalie, qui n'ouvre la gueule
que pour médire du tiers et du quart, et dont la
langue perfide a allumé contre les Forains le courroux
céleste. Les voilà bien aussi, tous les fournisseurs
ordinaires du Théâtre Français, les La Motte, les
Crébillon, Voltaire lui-même et Marivaux. Pour les
livrer aux rires du public, il suffira de deux ou trois
vers de *Romulus*, de *Rhadamiste*, d'*Artémise* et d'*An-
nibal*, gaiement parodiés par Piron et déclamés par
Francisque avec une emphase grotesque. Lesage et
Fuzelier, coupables d'avoir lâché leurs amis dans la
peine, recevront, eux aussi, quelques coups de fouet
bien cinglés. Jeter à la mer Polichinelle, comme le
fait Deucalion, c'était, on le verra bientôt, y jeter les
déserteurs de l'opéra-comique, descendus au métier
de joueurs de marionnettes[1].

---

1. L'allusion est plus transparente et l'attaque plus directe
dans ces deux passages : Deucalion (jetant des pistolets
dans la mer) : « Allez-vous-en à tous les diables, d'où vous

Piron disait qu'il *éternuait* ses épigrammes. Que de fois il dut éternuer pendant les deux jours qui lui ont suffi pour imaginer, composer et écrire cette longue épigramme, mimée et monologuée en trois actes, qui s'appelle *Deucalion-Arlequin* !

Cinq semaines plus tard, à cette même Foire Saint-Germain de 1722, Francisque donnait une nouvelle pièce de son nouveau collaborateur, *l'Antre de Trophonius*, opéra-comique en trois actes, où il n'y avait pas moins de neuf personnages, tous parlant à qui mieux mieux ; et la pièce fut jouée pendant huit jours, sans même que M. le Commissaire se montrât avec sa verge, à son banc *formidable*. Pourquoi cette audace des uns et cette abstention de l'autre? C'est que cette représentation était donnée dans les derniers jours de carême ; et pendant la semaine sainte, tous les théâtres, excepté ceux de la Foire, étant fermés, les privilèges des Comédiens Français se trouvaient provisoirement suspendus: les acteurs forains pouvaient donc parler.

Ils profitèrent largement de cette tolérance forcée, et les Parisiens, privés à ce moment de tous les autres spectacles, et ravis d'avoir, comme dans les bonnes années d'autrefois, des pièces foraines complètes, firent à ce second essai de Piron un accueil très chaud. Par modestie ou par prudence, l'auteur l'avait annoncé comme une « simple pièce d'intrigue

venez; et que d'ici à la fin des temps on n'entende plus parler de pistolets, de fusils, ni de *Fuzelier*. » — « Pourquoi le Fou, de temps en temps, ne dirait-il pas de bonnes choses, puisque *Le Sage*, de temps en temps, en dit de mauvaises? »

telle quelle », faite en quelques heures pour ne pas
laisser échapper la bonne aubaine offerte par les
ordonnances ecclésiastiques. En réalité, c'était plus
et mieux qu'une comédie farce. Cette description
de l'antre de Trophonius, vraie caverne d'Ali-Baba,
où l'on fumige les pèlerins qui venus, gais, s'en
retournent tristes, à la différence des pèlerins de la
Foire qui laissent au théâtre de Francisque les pensées les plus mélancoliques, et l'histoire de ce vieux
financier amoureux d'une jeune coquette auraient
peut-être faiblement diverti, si Piron n'avait sau-
poudré sa pièce, à la fois banale et extravagante, des
satires les plus malicieuses contre les médecins, les
procureurs, les marchands, les poètes, les hommes
d'argent, les fermiers généraux et la gent irritable
des critiques. En vérité, voici qui fait honneur à la
clientèle de Francisque. On la savait très friande de
gaberie et volontiers frondeuse ; mais il fallait qu'elle
fût aussi bien au courant des choses de l'esprit et
lectrice assidue des gazettes littéraires pour s'amuser, comme elle le fit, et comme le constate joyeusement l'auteur, des plaisanteries mordantes jetées à
plume débridée, avec autant d'audace que d'irrévé-
rence, sur le puissant dispensateur de la gloire et
des pensions, *le Mercure Galant*, ce même *Mercure*
sur lequel, trente ans plus tard, Piron sera gratifié
par le roi d'une rente de deux mille francs.

« Ne faites-vous pas toujours, demande Arlequin à
Mercure, les commissions amoureuses de Jupiter?

— Non, répond le messager divin. Depuis que tous
les dieux et les demi-dieux de l'Olympe se les arrachent

des mains, il n'y a pas là-haut de l'eau à boire dans
ce métier-là. J'ai été obligé de venir chercher ici-bas de
l'emploi; et, de dieu que j'étais, de me faire un misérable colporteur, dont il n'est pas que vous n'ayez
entendu parler sous le nom de *Mercure Galant*.

— Ah! quel déchet! répond Scaramouche. C'est donc
vous qui courez après les pièces fugitives, qui nous
annoncez les morts, les mariages, les naissances, les
promotions....

— Et les généalogies, ajoute Mercure....

— Toutes choses bien intéressantes pour les lecteurs!

— Assurément. Et un air tendre, une chanson à
boire, un commencement de roman sans queue, une
énigme ou deux, deux ou trois jolis logogriphes, pour
laisser des os à ronger aux beaux esprits de la Cour, de
la ville et des provinces, et les amuser jusqu'à mon
retour lunaire, n'est-ce donc rien?

— Peste! reprend Arlequin, nous ne disons pas cela.
Che gusto! Continuez. »

Exaspérés de cette satire très importune, qui avait
la malice d'arriver juste au moment où *le Mercure*
s'efforçait de se faire agréer par le roi et de devenir
journal officiel[1], les auteurs de cette fameuse com-
pilation cherchèrent une vengeance, et les Forains
vinrent la leur offrir eux-mêmes, très imprudemment.

En vue de la Foire Saint-Laurent de cette année,
Francisque avait multiplié ses démarches afin de
recouvrer la parole. Le succès lui tenait d'autant
plus à cœur, qu'il revenait d'une tournée dans les
provinces complètement ruiné. Un incendie avait
brûlé son théâtre à Lyon, et les Parisiens qui, dans
Deucalion, l'avaient vu si péniblement échappé des

1. C'est deux ans plus tard, en 1724, que *le Mercure galant*
fut dédié au Roi, et qu'il prit le nom de *Mercure de France*.

eaux, allaient le retrouver échappé du feu à grand'-
peine. L'autorisation ayant été refusée, le pauvre
entrepreneur s'était offert à racheter le droit de con-
travention : on l'avait mis à un prix inabordable.
« Tant pis, s'était-il dit, je jouerai quand même ;
arrive qui plante ! » Et il avait demandé une pièce à
Piron, une vraie pièce, qui pût lui procurer une
grosse recette. Il aimait mieux coucher en prison
que mourir à l'hôpital. Et quelques semaines plus
tard, sans autorisation, et malgré les objurgations de
Piron qui n'en avait pas moins fait la pièce réclamée,
malgré les terreurs de ses camarades qu'il avait
despotiquement mis à la besogne, Francisque affi-
chait et jouait *Tirésias*.

Au moment d'épouser Cariclée qu'il aime et que
Jupiter convoite, Tirésias est changé en femme. Le
voilà bien embarrassé, le pauvre amoureux, qui a
gardé son costume masculin, pour courtiser sa fiancée, ignorante de cette métamorphose et fort humi-
liée d'une froideur très inattendue. Il s'enfuit enfin,
avec les vêtements qui conviennent à son nouveau sexe, et pour le rejoindre la jeune fille prend
des habits d'homme. Tirésias qui, en devenant Tiré-
sie, n'a pas perdu ses instincts amoureux, s'éprend
de ce bel adolescent en qui il ne reconnaît pas Cariclée, et lui fait les avances les moins déguisées et les
plus compromettantes. Les choses iraient loin, si la
jalouse Junon n'intervenait fort à propos et, pour se
délivrer d'une de ses nombreuses rivales en la
donnant à Tirésias, ne rendait à celui-ci sa forme
première.

Surexcitée par la présence du Commissaire et par le
danger suspendu sur les têtes, par le comique du
sujet, par la hardiesse des situations, souvent sca-
breuses, des quiproquos très licencieux et des plaisanteries les plus grivoises, la troupe enleva la pièce
avec un merveilleux entrain. Francisque surtout, qui,
jeune et beau, aimait à jouer et jouait à ravir les
rôles de femme, fut le plus séduisant des Tirésias et
la plus polissonne des Tirésies. Les rires et les applaudissements furent tels, si universels et si continus
dans les loges, à l'amphithéâtre et au parquet, que
M. le Commissaire, craignant d'être malmené par le
public, n'osa pas interrompre les acteurs et arrêter
la représentation. Il demeura à sa place, immobile,
silencieux, stupéfait, suffoqué. Et ce qui le suffo-
quait, le pauvre homme, c'était bien moins la hardiesse des comédiens, violant l'arrêt, que la hardiesse
de la comédie, violant toute pudeur. Peu à peu, à
mesure que les scènes se succédaient, le délégué des
Comédiens Français se transformait en censeur volon-
taire de la police, en défenseur de la morale outragée. Et c'est à ce titre que, le rideau baissé, il fit,
avec des gens armés, irruption dans la loge de Francisque, l'empoigna, lui et ses camarades, et les fit
jeter dans un cul de basse fosse. Quand on murmura
contre la rigueur de ce châtiment, il objecta pour la
justifier, la licence qui régnait dans la pièce. « Tirésias, disait-il, souillait la scène par un spectacle
scandaleux. »

En ces fâcheuses circonstances, Francisque, du
fond de son cachot, eut encore recours à Piron, et

celui-ci, directement mis en cause comme auteur
immoral[1], piqué au vif par les attaques du pudibond
Commissaire, rédigea au nom de l'entrepreneur et
adressa à M. d'Argenson une lettre qui était beaucoup moins une supplique qu'un manifeste. Elle
n'épargnait ni les théâtres protégés, dont les dernières indécences étaient précieusement relevées et
mises bout à bout, ni surtout M. le Délégué, « cet
homme emporté qui se servait odieusement des
armes sacrées de la Justice pour satisfaire un mécon-
tentement particulier». Ainsi pris à partie, le Commissaire jeta feux et flammes, parla hautement de
réparation d'honneur, et n'exigea pas moins, pour
dommages et intérêts, que l'envoi de Francisque
aux galères. M. d'Argenson était un homme doux,
ennemi des exagérations : il se contenta de renvoyer
la troupe à son théâtre, mais avec de plus sévères
défenses encore qu'auparavant d'ouvrir la bouche.

Au moins, pouvait-on rouvrir le théâtre. Mais
n'était-ce pas une liberté très illusoire, puisque le
monologue lui-même se trouvait interdit? Il ne restait
donc que le tremplin et la corde tendue, à moins
cependant.... Et Francisque songea à Lesage, dont
il connaissait maintenant le projet mystérieux.

« Les auteurs de l'Opéra comique, dit un *Avertissement* du *Théâtre de la Foire*, voyant encore une fois
leur théâtre fermé, plus animés par la vengeance
que par un esprit d'intérêt, s'avisèrent d'acheter une
douzaine de marionnettes, et de louer une loge où,

---

1. Et depuis son *Ode à Priape* il était payé pour savoir
combien ces réputations-là sont durables et fàcheuses.

comme les assiégés dans leurs derniers retranchements, ils rendirent encore leurs armes redoutables. »

D'autant plus redoutables, qu'on était protégé
contre toute attaque. Les précautions les plus minu-
tieuses avaient été prises pour éviter toute vexation.
Lesage entendait n'avoir plus aucun rapport avec les
Comédiens Français. Le nouveau théâtre était au nom
de Dolet et La Place, hommes très pacifiques alors,
qu'on laissait en paix; et non seulement les acteurs
étaient en bois, mais c'étaient même des *marionnettes
étrangères.* Ces deux mots se lisaient en grosses lettres à la porte de la loge; et dans un prologue, *l'Ombre du cocher-poète,* un de nos premiers poètes con-
ducteurs de fiacres, les auteurs avaient pris soin de
faire à ce sujet une déclaration publique.

POLICHINELLE, *à part.*

« *O che fatiga!* Me voici donc arrivé à Paris par la commodité de mes sabots, comme un apprenti financier.

LE COMPÈRE, *courant embrasser Polichinelle.*

Eh! C'est le compère Polichinelle !

POLICHINELLE, *faisant deux pas en arrière.*

Vous êtes bien familier, mon ami! Est-ce que nous
aurions gardé les cochons ensemble?

LE COMPÈRE.

Je vous demande pardon, Monsieur; j'ai pris votre
nez pour mes fesses. Je vous ai cru le Polichinelle de
Paris.

POLICHINELLE.

Non Je suis le Polichinelle de Rome.

LE COMPÈRE.

Quoi? Vous seriez ce Jean Polichinelle de Rome,

oncle et légataire universel de Mme Perrette, la Foire,

POLICHINELLE.

Oui, vraiment.

LE COMPÈRE.

Et vous venez sans doute, Monsieur notre Oncle,
recueillir sa succession?

POLICHINELLE.

C'est mon dessein. Je viens tenir sa place à Paris. »

Pouvait-on chercher noise à des acteurs en bois,
hauts de quelques pouces, et venus d'Italie, comme

J'en valons bien d'autres.

la troupe protégée de l'Hôtel de Bourgogne? Non,
vraiment; et, en effet, on les avait laissés bien tranquilles, et tout Paris s'était donné rendez-vous à ce
petit théâtre, dont l'enseigne était un beau Polichi-

nelle, avec cette devise : « *J'en valons bien d'autres* ».
Le Régent lui-même avait fait fête à ces humbles
personnages, et les avait invités à jouer au Palais-
Royal *le Remouleur d'Amour*, gracieuse pochade
bien faite pour des marionnettes, et *Pierrot-Romulus*,
ingénieuse parodie d'une tragédie nouvelle de La
Motte. Ainsi, dans un théâtre officiel et subventionné,
sur la scène même de l'Opéra, on avait entendu Polichinelle, transformé en grand prêtre, baragouiner
avec son sifflet-pratique des vers pompeux d'acadé-
micien, qu'on déclamait à la même heure à la Comédie Française ; on avait vu Pierrot en Romulus,
un petit Romulus tout enfariné, timide et matamore,
un Gascon-Céladon ; on avait entendu Colombine,
devenue princesse Hersilie, raconter comment elle
avait été ravie par les Romains pendant qu'elle achetait des pots à la Foire Saint-Laurent, et combien
elle était malheureuse, entre son père vaincu, qu'elle
aimait bien, et Romulus vainqueur, qu'elle aimait
bien aussi. Pauvre petite ! L'amour et le sang faisaient dans son cœur un terrible charivari.

> « Nous concevons bien sa peine.
> Dans les siècles futurs même chose on verra ;
>   Un auteur sur la scène,
>   Faridondaine
>   Et lon lan la,
>   Doit mettre une Chimène,
>   Faridondaine,
>   En ce cas-là. »

Décidément, ce Polichinelle, que l'auteur de *Deucalion* avait si dédaigneusement jeté à la mer, ne
s'était pas noyé ; il savait même très bien nager.

« Je n'ai plus besoin de toi », lui avait dit Arlequin. Quelle erreur et quelle imprudence! Les directeurs de théâtres, comme les enfants et les peuples, peuvent toujours avoir besoin d'un Polichinelle.

Et c'est lui, en effet, que Francisque, dépité et stimulé par le succès de ses anciens collaborateurs, des trois « compères » Lesage, Fuzelier et d'Orneval, appela à son secours, quand il fut sorti de prison. Il commanda au tourneur une troupe de bois très complète. Mais comme son théâtre, désormais *Théâtre des Grandes Marionnettes*, avait conservé les dimensions ordinaires, il les fit fabriquer grandeur naturelle. Les figures des musées Tussor et Grévin peuvent en donner une idée. On devine comme il était difficile, presque impossible même, de conduire du haut de la charpente les fils auxquels étaient attachés ces lourds pantins, qui devaient paraître d'autant plus maladroits et mannequinés, que Piron allait leur demander un jeu très animé et leur faire dire des choses très légères.

C'est dans ces conditions très défavorables que fut représenté, à la Foire Saint-Laurent de 1722, *le Mariage de Momus*, qu'ont bien connu les auteurs de *la Belle Hélène*[1], et auquel il ne manque que la musique d'Offenbach. Dans l'opéra-bouffe de 1864, les rois apparaissent bien tels que les proclamait la théorie du droit divin, c'est-à-dire comme les représentants sur la terre des dieux mis en scène dans l'Opéra-Comique de 1722. Agamemnon et Jupiter, le bouillant

[1]. Dans *les Acteurs déplacés*, de Laffichard, il y a aussi une première ébauche de *la Belle Hélène*.

Achille de Meilhac et l'impétueux Mars de Piron
sont bien de même famille, et la cascadeuse Hélène
ressemble trop à Vénus « au teint plombé », pour
que Pâris puisse lui refuser une pomme. Les épisodes, eux aussi, se retrouvent presque identiques
dans les deux pièces. Comme Calchas se plaint à
Philocome des piètres offrandes des Spartiates, les
ministres du temple de Memphis déplorent (et leurs
lamentations sont plus naturelles et mieux expli-
quées, puisqu'ils sont les Prêtres de la Vertu) le
peu de zèle et la parcimonie des Égyptiens licencieux.

« Il est passé, gémit Calchas, le temps des troupeaux
de bœufs et de moutons.... Deux tourterelles, une
amphore de laitage, trois petits fromages, des fruits
très peu, et des fleurs beaucoup. Les dieux s'en vont,
les dieux s'en vont! » — « O siècle, ô mœurs, gémis-
sent les prêtres d'Arétè: n'avoir pas étrenné! Quoi!
Pas le moindre denier, pas le moindre poulet, pas la
moindre poulette! Il n'y a point de temple si désert que le nôtre. » Comme les rois de la Grèce jouent
aux charades, aux bouts rimés et à l'oie, les dieux de
l'Olympe s'exercent aux devinettes. « Quel est cet
homme que je représente? » dit Momus, qui se met à
exécuter une série de sauts périlleux et un cavalier
seul des plus réussis. Et toutes les déesses de répondre en chœur: « c'est Francisque. » — « Et quel est
celui-ci? demande Apollon qui commence à aller et
revenir majestueusement, branlant les deux bras sur
les hanches, battant des timbales avec ses talons, touchant à sa perruque, nasillonnant, et chantant sur le

ton de la vieille déclamation. — « Mais cela saute aux
yeux : c'est un Comédien Français. »

Elles sont gaies et vives, ces scènes, renouvelées
depuis ; mais elles sont autre chose encore. Cette parodie burlesque est en même temps une satire, d'autant plus libre et mordante, qu'elle est faite par d'in-
dépendantes marionnettes. Et elle apparaît surtout,
la satire, quand il s'agit de marier Momus. On veut
lui faire épouser Melpomène ; mais il ne se soucie
pas de cette vieille radoteuse, pleureuse et grincheuse,
qui ne sert plus de rien au Parnasse. Thalie serait
moins inacceptable ; elle a, par malheur, un petit
défaut : elle veut parler toute seule où elle est ; et si
quelqu'un de la compagnie ose prendre le dé, elle est
femme à lui verrouiller le bec du revers de sa main.
Et Momus l'envoie au diable. Il est né parole en gueule,
aussi bien que Thalie, et prétend avoir son tour comme
un autre. D'ailleurs, il n'aime pas les femmes bavar-
des, et Thalie a deux langues, l'une avec laquelle elle
ennuie à la Comédie Française, l'autre avec laquelle
elle scandalise à la Comédie Italienne[1]. Il voudrait
une femme muette.

« Eh ! que ne parlez-vous ? s'écrie Apollon ; vous allez
être servi. Holà ! Mercure ! va nous chercher la dixième
Muse.

MOMUS.

Qui donc est celle-là ? Je n'en ai pas ouï parler.

---

1. Voir la lettre adressée à M. d'Argenson par Piron qui
relevait tous les lazzis dissolus et quelques-unes des « mille
ordures » des dernières pièces jouées à l'Hôtel de Bourgogne. (Œuvres de Piron, Ed. Rigoley de Juvigny, T. IV,
p. 445 et suiv.)

APOLLON.

C'est une Muse encore toute neuve; jolie comme
l'amour, gaie, badine, amusante. Vous serez charmé de
cette pantomime.

MOMUS.

Quel âge?

APOLLON.

Vingt ans.

MOMUS.

Et elle est muette?

APOLLON.

Muette et vive comme un poisson.

MOMUS.

Son nom?

APOLLON.

La Foire. Elle est fille de Bacchus et de Vénus. Elle
tient de son père pour le jeu et de sa mère pour les
grâces.

MOMUS.

C'est dommage pourtant qu'elle soit muette. Et cela
lui vient-il de naissance?

APOLLON.

Non. Elle jasait comme une pie dénichée, quand
Thalie, jalouse comme je vous l'ai dépeinte, lui coupa
la langue, au grand regret de nous tous. Tenez, la
voici. Avez-vous jamais rien vu de si riant?

MOMUS, *après que la Foire a dansé.*

Ah! Grands Dieux! que j'entrevoi
De plaisir et de gloire
D'avoir tant d'appas à soi!
Ah! Jupiter, donnez-moi
  la Foire![1]

JUPITER.

Volontiers. Je te la donne. »

1. Pour traduire très exactement l'idée de l'auteur, il
faudrait, je crois bien, écrire *Foire* avec une *f* minuscule.

Mais dans quelles fâcheuses circonstances se célébrait cette union! Momus et sa fiancée étaient en bois;
et ils parurent si gauches, les fils qui les dirigeaient
mal à cause du poids des acteurs et de la hauteur du
cintre s'embrouillèrent si malheureusement, que tout
alla de travers, et la chute fut complète. Pour sur-
croît de disgrâce, Francisque, voulant faire une sorte
de rapprochement entre son état passé et son état
présent, et jeter un peu d'héroïsme sur ses guenilles,
avait eu la malencontreuse idée d'orner l'affiche qui
annonçait *le Mariage de Momus* de ce demi-vers de
Virgile: *Quæ sit rebus fortuna videtis.* Cette nouveauté
ridicule d'une citation latine dans une affiche, et
surtout dans une affiche de marionnettes, fut tympa-
nisée, comme elle le méritait. Fuzelier, rival de
Francisque et rédacteur du *Mercure*, ne manqua pas
de la signaler dans son journal et de s'égayer sur le
compte du pauvre entrepreneur, « lequel, disait-il,
n'avait pas brillé avec ses marionnettes, malgré l'exclamation latine dont il avait embelli son affiche ».
Et il affectait de prendre pour un cri de triomphe
une exclamation simplement plaintive. Francisque
ne voulait, avec sa citation, qu'étaler sa disgrâce et
montrer combien, étant réduit à ses marionnettes, il
était déchu de sa gloire. Piron protesta bien contre
la mauvaise foi et le contresens du *Mercure*; mais le
coup avait porté. Il est souvent malaisé de faire revenir les imbéciles sur une idée qu'ils ont trouvée
dans leur journal.

Ce nouvel insuccès et ces infortunes répétées
étaient d'autant plus lamentables, que Francisque,

un vaillant en somme et bien digne d'un meilleur
sort, aurait pu facilement, avec un peu de modestie,
avoir la paix et la fortune. Quand on voit le grand
nombre de danseurs, voltigeurs et sauteurs qui de
partout, d'Allemagne, d'Angleterre et d'Écosse,
d'Italie et de Hollande, viennent à Paris à cette
époque, et y font d'excellentes affaires[1], on déplore
que Francisque, très au-dessus d'eux par le mérite
et la célébrité, ne se soit pas borné à faire le métier
lucratif qu'il avait appris d'abord, et pour lequel
son extraordinaire agilité le douait merveilleusement.
Ah ! C'est que quand l'amour du théâtre vous tient,
on peut bien dire : adieu, prudence !

Imprudent, certes il l'était, le pauvre ambitieux ;
mais il était aussi bien ingrat. C'est ce talent d'acro-
bate dont il faisait fi, mais dont tout le monde, à la
Cour comme à la ville, faisait grand cas, et que
Piron célèbre presque à chaque pièce de son théâtre
forain, qui allait le tirer d'affaire.

La semaine même où Francisque, au faubourg
Saint-Laurent, mariait Momus à la Foire, on sacrait
à Reims le jeune roi Louis XV (octobre 1722).
Quelles fêtes allait-on, pour la circonstance, donner
à Chantilly ? Un bal ? La Comédie ? L'Opéra ? Le petit
roi ne voulait pas en entendre parler : il détestait
ces divertissements. On se souvint alors du plaisir
humiliant et bête qu'il avait pris un jour à voir

---

1. *Grande Troupe allemande, anglaise et écossaise,* aux
gages de Pierre Alard ; *Grande Troupe hollandaise,* chez la
veuve De La Vigne ; *les Danseurs de corde,* de Jean Colin ;
les Sauteurs anglais, de de la Meine ; *la Grande Troupe* de
A.-F. Teste, etc., etc.

danser un ballet par des enfants vêtus en chiens. Et
Francisque, dont la troupe était coutumière de ces
sortes de métamorphoses, fut mandé au château par
le duc d'Orléans. « Les fêtes que Louis XIV donna
dans sa jeunesse, dit Voltaire, méritent d'entrer dans
l'histoire de ce monarque, non seulement par leurs
magnificences singulières, mais encore par le bon
heur qu'il eut d'avoir des hommes célèbres en tous
genres, qui contribuaient en même temps à ses plaisirs, à la politesse et à la gloire de la nation. » La
première fête donnée par le nouveau roi ne devait
contribuer à rien de tout cela. Louis XV n'était pas
Louis XIV, Francisque n'était pas Molière ; et *les
Plaisirs de l'Ile enchantée* furent remplacés par une
exhibition de fausses bêtes féroces. « Lorsque le roi
fut entré dans la ménagerie organisée à Chantilly,
le sieur Aubert, musicien, représentant Orphée et
placé sur une espèce de théâtre ingénieusement
décoré, attira par les sons enchantés de son violon
des animaux qui sortaient de deux bosquets de
lauriers. C'étaient des sauteurs et des voltigeurs,
parfaitement déguisés en lions, tigres, léopards,
ours, etc. Ils imitaient d'une manière surprenante
non seulement la figure de ces animaux, mais encore
leur allure, leurs sauts, leurs cris. Tout d'un coup,
un bruit éclatant de cors de chasse troubla toutes
ces bêtes, et les épouvanta d'une façon tout à fait
divertissante. Des chiens poursuivaient l'ours (Francisque) qui, cherchant un asile, grimpa sur plusieurs
arbres, et, voltigeant de l'un à l'autre, se réfugia sur
une corde, qui donna lieu à faire paraître la sou-

plesse et l'agilité du faux ours. Cependant ses camarades faisaient divers tours et divers sauts avec une
adresse et une légèreté admirables, en conservant
toujours le caractère des animaux qu'ils représentaient. »

Ce succès méritait une récompense, et Francisque
l'obtint sans peine : il eut le temps, avant la clôture
de la Foire, de jouer *le Mariage de Momus* avec de
vrais acteurs. C'était de bon augure pour la saison
prochaine, que le roi devait inaugurer lui-même. En
effet, le 5 Février 1723, il vint faire l'ouverture de la
Foire Saint-Germain ; et, accompagné de M. d'Argenson, se promena à pied au milieu des marchands.
Et tandis qu'il honorait ainsi les Forains, il refusait,
la même semaine, d'aller à la Comédie. « On joua le
lundi au Palais-Royal, comptant que le roi irait : on
afficha même au double. Il ne voulut aller ni le lundi
à la Comédie, ni le mardi à l'Opéra, quelque instance
que lui en ait faite M. le duc d'Orléans[1]. »

On s'était préparé à cette Foire Saint-Germain de
1723 avec d'autant plus de confiance et d'activité,
que les deux principaux entrepreneurs de spectacles
se trouvaient heureusement associés. Abandonné par
Lesage, Fuzelier et d'Orneval, qui, las des marionnettes, voulaient faire un petit tour chez les Italiens,
Dolet s'était vu fort en peine : il n'avait plus d'auteurs
pour lui faire des pièces, et l'interdiction de jouer
avec d'autres acteurs que des pantins pesait toujours
sur lui. Alors, il avait tourné vers la fortune, c'est-à-

---

1. *Journal de Barbier*, t. I, p. 254 et 259.

dire vers Francisque, bien en cour, libre de parler et
fourni par un auteur aimé du public, le long nez
qui, dans les rôles de niais, faisait de lui le plus
désopilant des comiques. Entre ces deux acteurs,
qui se complétaient si bien l'un l'autre, le traité
avait été vite conclu, et Piron s'était chargé de le
ratifier en composant un opéra comique où les deux
nouveaux alliés pourraient côte à côte exhiber leurs
mérites.

Cette pièce, c'est *l'Endriague*, œuvre bizarre,
féerie en apparence puérile, mais très ingénieusement adaptée aux circonstances, aux acteurs qui
devaient la jouer, aux publics les plus différents,
comme étaient ceux des spectacles forains. Les
amateurs de mise en scène y trouvèrent une machine
extraordinaire, l'Endriague, énorme crocodile dont
la largeur emplissait presque tout le théâtre et que
faisaient marcher quatre hommes enfermés dans ses
pattes, plus grosses que celles d'un éléphant. Les
âmes sensibles pleurèrent sur les infortunes de la
pauvre Grazinde, nouvelle Andromède, livrée au
monstre qui ne se nourrit que de vierges, et délivrée
par un nouveau Persée, le chevalier errant Espadavan-
tavellados. Les amateurs de sauts admiraient les
exercices et l'agilité de Francisque; c'était merveille
de le voir s'élancer de loin dans la gueule du monstre,
qui bondissait et se tordait, puis reparaître à l'autre
orifice pour rentrer et sortir encore, léger, grâcieux,
voltigeant et culbutant. Les amateurs de bouffon-
neries se divertirent de la simplicité niaise, des
mines ahuries et des gaffes prodigieuses de Dolet,

qui jouait le sot de pure nature, mieux même que
le fameux Dangeville, son rival du Théâtre Français.
Les amateurs de danse y virent la Petitpas à ses
débuts, et les amateurs de musique y entendirent les
premiers airs de Rameau[1]. Il y eut enfin de quoi
satisfaire l'esprit satirique des Parisiens, même les
plus délicats. Écoutez en effet Scaramouche, nouveau *Diable boiteux*, se promenant dans les rues de
Cocqsigrüopolis, dont les habitants viennent d'être
pétrifiés par le redoutable Popocambéchatabalipa.

> « J'ai pris sur le fait des cabaretiers achevant d'em-
> poisonner en catimini de mauvais vin qui n'était déjà
> que trop malfaisant ; des pâtissiers empestant leur pâte ;
> des boulangers sophistiquant la leur ; des bouchers qui
> masculinisaient les vaches et les brebis ; des rôtisseurs
> qui donnaient le fumet de garenne à de vieux clapiers,
> et cent autres friponneries d'arrière-boutique.
> J'ai vu, dans ce bel hôtel, là-bas, le maître du logis,
> en robe de chambre et en pantoufles, qui tranche du
> sultan avec une princesse de théâtre, chargée de pier-
> reries, pendant que, dans son appartement, Madame,
> mise à la Gribouillette, s'humanise, au contraire, avec
> un jeune Haute-contre, paré comme un prince. »

Et de ce lieu plaisant Scaramouche passe dans
un autre bien différent, inconnu des spectateurs de la
Foire, marchands de vin et gargotiers.

> « Autour d'un bureau vert, en quarré long, et qu'on
> prendrait pour un jeu de billard, sont assis une qua-
> rantaine de graves personnages, qui paraissaient
> dédaigneusement s'ennuyer les uns les autres. Il y en

1. Ce n'est pas, comme on l'a dit, dans l'*Hippolyte* de
l'abbé Pellegrin, c'est, dix ans plus tôt, dans l'*Endriague* de
Piron, que Rameau débuta au théâtre. Cette simple farce de
foire eut donc le mérite de faire connaître à la fois Rameau
et la Petitpas.

a un de trois en trois qui bâille, et les autres prennent
du tabac. On voit clairement qu'ils étaient là sans
savoir qu'y dire ni qu'y faire. Il semble pourtant que
des objets de la plus grande importance avaient fait
convoquer cette assemblée; car elle avait l'air d'une
tenue d'États. Il y avait Tiers-État, Noblesse et Clergé.
Mais, encore une fois, l'ennui y présidait si fort, qu'il
n'est pas resté grand'chose à faire à la pétrification. Je
les ai tous fouillés, espérant rafler les trésors au
moins d'une province : rien moins que cela! Je n'ai
rien trouvé dans la poche de la Noblesse et du Haut-
Clergé. J'ai bien trouvé dans la poche du Tiers-État
quelque argent, mais monnayé, je ne sais où, à l'im-
mortalité; j'aimerais autant dire aux espaces imagi-
ginaires. Cela n'aurait cours nulle part; aussi je m'en
suis défait au premier endroit. »

Dans les nombreuses autres pièces de Piron, jouées
cette année-là et les années suivantes, jusqu'en 1726,
on retrouve la même extravagante imagination et le
même esprit malicieux. Est-ce parce qu'il veut protester à sa manière contre les sujets toujours antiques,
toujours les mêmes, qui sont les maîtres de la Comédie Française? Je ne sais; mais il est manifeste que
notre auteur cherche le nouveau, l'inattendu,
l'étrange. A toute force, il veut piquer la curiosité,
et, comme diront plus tard les jeunes Romantiques,
épater le bourgeois. De là, ces titres rares, comme
l'Endriague, *le Claperman*. De là, ces mises en scène
compliquées, ces changements de décors instantanés,
ces petits théâtres dressés en un clin d'œil sur le
théâtre transformé en parterre, et cette opérette
jouée au milieu d'une farce, et troublée par la galo-
pade affolée d'un âne qu'on veut mettre à la broche[1].

1. *L'Ane d'or*. « Cette pièce, dit Piron, eut quarante repré-

De là, ces sujets invraisemblables et fous, comme
le Claperman précisément. Un Claperman? Quelle
bête est cela? Combien peu, parmi les spectateurs de la
Foire, avaient entendu parler de cet officier de police
hollandais chargé de veiller, la nuit, à la sûreté des
rues et de sonner les heures sur son *clap*? On était
donc intrigué d'abord; et c'est ce que l'auteur voulait. La rareté du titre imprimé sur l'affiche attirait
au théâtre. Et comme on riait ensuite, quand Piron
transformait cet humble fonctionnaire en un apôtre
de la repopulation, un propagateur de l'espèce hu-
maine, qui va tambourinant la nuit, vers deux heures
du matin, pour chasser le sommeil des lits conju-
gaux et rappeler à leurs devoirs les maris noncha-
lants! Même dans les sujets comme *l'Ane d'or*, qu'il
imite de l'antique, contre son habitude, parce qu'un
acteur de la Foire est venu lui dire qu'il avait émi-
nemment l'heureux talent de braire avec une force
et une vérité singulières, et qu'il voudrait bien avoir
un rôle d'âne, Piron sait rester original. Dans la
farce foraine, Apulée ne reconnaîtrait pas plus son
roman, que l'amant de Psyché ne se reconnaîtrait
lui-même dans ce Cupidon que Piron représente par
un vieillard, ailé comme le Temps, ayant une calotte
à oreilles, des cheveux blancs, une grosse bourse à
la main, des sacs remplis d'écus à la ceinture, et, au
lieu de carquois, une cognée sur l'épaule. Ce n'est pas
de Cythère qu'il vient, le vieux bandit, mais de la rue
Quincampoix. Il est difficile de pousser plus loin le

sentations consécutives en quarante jours; mais je n'en fus
ni plus vain, ni plus modeste pour cela! »

mépris de la mythologie et de ses contemporains, de
nier plus effrontément les sentiments désintéressés.

Une revue, impossible à faire ici, de toutes les
satires hardies de Piron confirmerait une remarque
déjà faite plusieurs fois et qui, à mesure qu'on avance
dans cette histoire, se justifie davantage. Ce public
des spectacles forains, si grossier à l'origine, auquel
il fallait de lourdes farces saupoudrées, empoisonnées
d'ordures, s'est en vingt années, grâce à des auteurs
intelligents et bienfaisants, qui croient à la vertu
éducatrice du théâtre, singulièrement décrotté et
civilisé. A l'époque où nous sommes, il accepte tout,
même des discussions littéraires assez malaisées à
suivre, et qui prouvent avec évidence le progrès de
son esprit et l'affinement de son goût. En 1666, le
parterre n'avait rien compris à la fameuse scène du
sonnet dans *le Misanthrope*, et s'était moqué d'Alceste. En 1724, Piron reprend pour les spectateurs
de la Foire le sujet de cette scène, c'est-à-dire qu'il
plaide à son tour la cause du naturel et de la
vérité dans l'art; et cette question, il la traite d'une
manière qui pouvait n'être pas d'abord très acces-
sible à ce public spécial, c'est-à-dire sous la forme
allégorique. Ce n'est plus, comme chez Molière, une
leçon plaisante qu'un bon critique donne à un méchant poète, une sorte de correction de devoir, faite
par un maître sévère; c'est un dialogue entre la
Nature et l'Art, deux époux qui font mauvais ménage. La critique est charmante, ingénieuse et judi-
cieuse. Quoi! dira-t-on? Ce sont là des sujets de pièces
foraines? — Il faut bien le croire, puisque Piron,

qui connaissait bien son public, en fait une partie essentielle de son *Caprice*, et que les spectateurs le remercièrent par des applaudissements nourris de la bonne opinion qu'il avait de leur jugement.

C'est ainsi que, grâce à la liberté tacitement obtenue par Francisque, Piron put, tout à sa guise, pendant trois années consécutives, tirer de son sac forain, un bon sac à malices rempli à mesure par son inépuisable imagination, les histoires les plus variées et les plus gaies, les satires les plus piquantes. Il ne s'arrêtera qu'en 1726, lorsque seront interdits *les Jardins de l'Hymen* ou *la Rose*, sous prétexte que le rosier du jardin Hymen avait des fleurs d'un parfum trop voluptueux, et que les voiles de l'allégorie n'étaient pas si bien tissus qu'il n'y eût certains trous par où l'on voyait des choses indécentes[1]. C'est alors qu'il montera à l'assaut de la Comédie Française, et qu'il y donnera, sans grand succès, *les Fils ingrats* et *Callisthène*, puis *la Métromanie*, plus célèbre, à tort, que certaines de ses farces populaires. Mais jamais il n'oubliera ses anciens amis. Ses suc-

---

1. En 1744, Piron obtiendra de M. de Maurepas l'autorisation de faire jouer cette pièce, à la suite d'une lettre dans laquelle il disait : « On ne s'avise pas ici, Monseigneur, d'implorer votre appui en faveur du scandale et de la licence. Un abbé, commis à l'examen des pièces, qui se conforme aux scrupules et à la rigidité de la police, envoya *la Rose* à M. Hérault avec son approbation et sans avoir fait aucune rature. Il y a plus : j'ai lu *la Rose* dans une compagnie où il y avait deux évêques sexagénaires et quelques dames qui en sont déjà aux directeurs. L'ouvrage trouva grâce devant leurs yeux.... Des bergers se disputent, comme une faveur innocente, un bouquet offert par la plus jolie bergère du hameau ; ce sont là lieux communs, des niaiseries pastorales. »

cesseurs seront toujours sûrs de trouver chez lui
d'excellents conseils; il les aidera même, soit en
retouchant leurs pièces, soit en composant pour eux
des couplets, comme ceux qui se trouvent dans *le
Mariage par escalade*, de Favart.

En somme, la carrière foraine ne lui aura pas
été épineuse. Les quelques gênes imposées d'abord,
comme celle du monologue, n'auront été que passa-
gères, et c'est grâce à elles, en partie, que son génie
dramatique naissant aura acquis une souplesse et
une aisance nécessaires. Quant aux autres ennuis,
dont il a souffert de compte à demi avec son entrepreneur, surtout à propos de *Tirésias*, il eût pu facilement les éviter en renonçant avec décision, comme
l'avaient fait Lesage, Fuzelier et d'Orneval, aux gri-
voiseries et indécences qui provoquèrent à propos de
la Rose les inquiétudes de la police, et qu'il savait
bien n'être plus les éléments indispensables d'un
succès populaire.

Cette tolérance du pouvoir nouveau, contre laquelle la Comédie et l'Opéra ne songent pas à protester, eut cet autre avantage de ramener aux théâtres français de la Foire leurs plus anciens et
classiques fournisseurs. Lesage et ses amis n'avaient
passé chez les Italiens que le temps d'y faire jouer, à
l'abri de l'orage, les quelques pièces qui figurent au
tome cinquième de leur répertoire, *le Jeune Vieillard*,
la Force de l'Amour, *la Foire des Fées*. Aussitôt le
chemin devenu libre, ils rentrèrent au bercail; et ce
retour fut bien vite célébré par plusieurs nouveaux
opéras comiques, dont l'un, *les Trois Commères*,

œuvre commune de Lesage, Piron et d'Orneval, ré-
conciliait et réunissait les principaux auteurs de la
Foire, comme déjà ses principaux entrepreneurs, les
Dolet, les Francisque, les Laplace et les Restier se
retrouvaient associés.

Mais il y a, à cette époque, quelque chose de
plus intéressant que la situation des auteurs et
des acteurs forains : ce sont les pièces; et moins
encore les pièces de la Foire que celles des théâtres
rivaux. C'est à l'Opéra, c'est aux Français, c'est aux
Italiens qu'on se rend le mieux compte de l'heureuse
fortune et de la popularité des spectacles de la Foire.
Écoutez plutôt, dans le prologue de la parodie
d'*Atis* [1], la Folie causant avec la Foire. Elle vient
de faire le tour des théâtres parisiens, et elle arrive
tellement anéantie par la surprise et la stupéfaction,
qu'elle se demande si réellement elle n'est pas folle.
Elle est entrée à l'Opéra, résignée à y entendre et à
y voir bien des choses ennuyeuses, surtout des ballets sans fin.

> « C'est le grand tic de l'Opéra;
> Ce sont ses grâces capitales.
> On voit sur ce théâtre-là
> Se trémousser jusqu'aux Vestales [2]. »

Point du tout : on y jouait un opéra comique, *le
Fâcheux Veuvage*, de Piron. Elle y est retournée le
lendemain : on y donnait une farce de Lesage, *le
Temple de Mémoire*. La Foire a donc conquis l'Opéra?

1. Opéra-comique de Piron, joué à la Foire Saint-Germain
de 1726.
2. *L'Enchanteur Mirliton*, prologue de Lesage.

— Elle est entrée à la Comédie Française. O surprise! On y représentait des farces foraines, *l'Impromptu de la Folie*, *les Nouveaux Débarqués*, *la Française italienne*, avec Arlequin, Pierrot, Colombine, et des divertissements, et des culbutes, et des cabrioles. Il y avait même une actrice, la fille de l'auteur, Mlle Legrand, à qui le parterre criait sans cesse : *cabriole, cabriole!* et qui ne se faisait pas prier : elle relevait sa jupe, jetait les jambes en l'air, précipitait la tête en bas, et pirouettait, à ravir d'aise le bon Francisque.

> « Chez les Comédiens Français
>   Fille qui s'enrôle
> A déjà pris des leçons,
> Et fait gaîment, sans façons,
>   Une cabriole,
>   O gué,
>   Une cabriole. »

Est-ce que la Foire serait maîtresse de la Comédie Française? La Folie s'est rabattue alors sur les Italiens; mais elle y a trouvé les mêmes personnages, les mêmes culbutes et une farce analogue, *l'Italienne française*, qui parodie celle des Français en imitant celles des Forains. Un autre jour, au même théâtre, on lui a donné « une capilotade de spectacles, composée d'un acte dans le goût italien, d'un autre dans le goût français, et d'un morceau d'opéra comique.

> « Mais alors, que va-t-il rester à la Foire?
>   Cela n'est-il pas enrageant?
>   Tout le monde la dévalise.

L'Opéra lui prend son argent[1],
Et ses voisins sa marchandise. »

Ce qui lui restera, c'est le plaisir, dont elle ne se privera pas, de dauber les Comédiens corsaires, de les mettre une fois de plus sur la scène, comme ils la mettent elle-même sur la leur avec Arlequin et Colombine, et de leur faire avouer, en langage emphatique, leur misère, leurs pilleries et leurs brigandages.

« Depuis qu'aux Tabarins les Foires sont ouvertes,
Nous voyons le Préau s'enrichir de nos pertes;
Et là, les spectateurs, de couplets altérés,
Gobent les *mirlitons* qui les ont attirés :
Ils y courent en foule entendre des sornettes.
Nous, pendant ce temps-là, nous grossissons nos dettes.
Molière, et les auteurs qui l'ont suivi de près,
De nos tables jadis ont soutenu les frais.
Mais, vous le savez tous, notre noble comique
Présentement n'est plus qu'un beau garde-boutique.
Lorsque nous le jouons, quels sont nos spectateurs?
Trente contemporains de ces fameux auteurs.
Ainsi donc, nous devons, sans tarder davantage,
Pour rappeler Paris donner du batelage.
Si vous me demandez où nous l'irons chercher,
Amis, c'est aux Forains que nous devons marcher[2]. »

Ce qui restera encore aux Forains, c'est l'espérance de vivre et de travailler en paix. Tous se flattent que

1. Les théâtres forains payaient toujours à l'Opéra une lourde redevance annuelle.
2. *Les Comédiens corsaires*, prologue de Lesage et d'Orneval, représenté à la Foire Saint-Laurent (1726), puis sur le théâtre du Palais-Royal. « Ce prologue, disent les auteurs, fut composé à l'occasion du goût qui règne dans les pièces tant françaises qu'italiennes, dans la plupart desquelles on voit le fond et la forme des divertissements forains. »

le jeune roi, parce qu'il ne les a pas encore persécutés, les aime, les encourage, et qu'ils peuvent, sous
sa protection, nourrir de longs espoirs et de vastes
projets. Aussi vont-ils lui donner tout à l'heure un
témoignage touchant et immortel de leur confiance
et de leur gratitude : c'est sur la scène foraine, dans
une pièce de Panard, que Louis XV sera, pour la
première fois, appelé *Louis le Bien-Aimé*.

CHAPITRE VI

NOUVEAUX DIRECTEURS ET NOUVEAUX AUTEURS FORAINS

(1726 - 1745)

Les Forains hors de la Foire. — Honoré. — Pontau. — Panard et Fagan. — De Vienne. — Carolet; Laffichard; Gallet; Favart. — Troupes étrangères. — Changement de direction : Jean Monnet. — Berger. — Suppression de l'Opéra-Comique.

Très notable dans l'histoire des grands ministères, l'année 1726 marque aussi dans les Annales des théâtres forains. Au moment même où Fleury devient maître de la France, qu'il s'apprête à réorganiser, le cardinal de Bissy réorganise la Foire Saint-Germain, dont il est le propriétaire. Et ces aménagements nouveaux, dont les conséquences imprévues devaient être fort heureuses, jettent d'abord l'émoi dans le petit monde, toujours inquiet et sur le qui-vive, des intéressés.

Émoi bien légitime. Depuis la fin du xvie siècle, les tréteaux et les loges avaient leurs places réservées dans l'enceinte du marché. Ainsi, les comédiens profitaient de l'affluence des visiteurs, qu'il n'était pas besoin d'attirer par de lointaines

affiches, et des franchises accordées à tous les expo-
sants. Que de fois, depuis 1595, ils avaient opposé
aux réclamations de leurs ennemis les traditionnels
privilèges de la grande famille à laquelle ils appartenaient! Au milieu d'elle, ils se sentaient chez eux,
en sûreté, sinon comme dans un lieu d'asile, trop
souvent violé par les Comédiens Français, du moins
comme dans une forteresse bien protégée. Et c'est
en effet sous la forme d'une citadelle que Lesage,
dans *l'Opéra-Comique assiégé*, représente le préau
Saint-Germain.

Mais voici qu'en 1726, soucieux des intérêts financiers de son chapitre, et sensible aux requêtes des
marchands qui réclamaient des boutiques plus nombreuses et plus vastes, le cardinal de Bissy expro-
prie, sans malveillance mais sans crier gare, les
acteurs forains, et démolit leurs loges qu'il remplace
par une grande halle, dont la location promettait de
très beaux bénéfices.

Le coup fut rude pour les dépossédés ; mais ils en
avaient reçu bien d'autres, et savaient riposter.
Quelques jours plus tard, les uns étaient installés
dans un jeu de paume de la rue de Buci, les autres
au cul-de-sac des Quatre-Vents. C'était tout près de
la Foire, qui reste leur point d'attache, et dont ils
dépendent encore. Ils ne cessent, ni d'en supporter
les obligations, notamment celle de fermer à l'époque fixée par les ordonnances, ni de profiter des
anciens privilèges. Ils en ont même acquis un nouveau, dont ils sauront plus tard apprécier la valeur.
Si l'Opéra-Comique reste toujours en droit théâtre

forain, il devient en réalité, par cela même qu'il a
franchi l'enceinte du préau, théâtre parisien : il
prend possession de la capitale. C'est un premier pas
vers l'émancipation, vers l'indépendance complète ;
et par la mesure qu'il a prise, Mgr de Bissy a
travaillé, sans le savoir, à la naissance, encore bien
lointaine, de nos théâtres de boulevards. Les victimes, non plus, ne se doutèrent pas d'abord des
bienfaisants résultats que leur exil devait avoir un
jour. Mais les Comédiens Français, dont le théâtre,
situé rue des Fossés-Saint-Germain, se trouvait ainsi
flanqué à droite et à gauche de deux théâtres rivaux,
furent plus clairvoyants ; et leurs inquiétudes traditionnelles se réveillèrent aussitôt.

Pourtant, ils s'abstinrent de protester dès le premier jour. Ils espéraient que le public, troublé dans
ses habitudes, ne suivrait pas les exilés ; et puis,
l'Opéra comique avait un nouveau directeur, le sieur
Honoré, très protégé en haut lieu, surtout par la
duchesse d'Orléans, et très inexpérimenté. Il était
prudent de ne pas chercher noise à un homme bien
en cour, et sage d'attendre l'échec probable d'une entreprise qui durerait sans doute ce que vivent les
roses, et ce que duraient les chandelles du nouveau
venu.

Car Honoré était un fabricant de chandelles, fournisseur de tous les théâtres de Paris. Un beau jour,
cet ambitieux industriel s'était avisé de prendre la
place d'un de ses clients, et avait jeté son dévolu
sur l'Opéra-Comique : raisonnablement, il ne pouvait demander la direction de l'Opéra ou de la Grande

Comédie. Muni de son privilège, il s'est transporté d'abord au Faubourg Saint-Laurent, dans la salle abandonnée par les Italiens, et bientôt après, nous le trouvons, à la Foire Saint-Germain de 1726, établi rue de Buci. Mais les Comédiens Français ont vu clair. Honoré a eu beau multiplier les frais d'installation et les dépenses, s'associer Francisque, payer à prix d'or la collaboration de Piron et de Fuzelier, se faire appeler pour jouer au Palais-Royal, attirer dans sa loge la duchesse d'Orléans et les princesses, ses belles sœurs, obtenir enfin un arrêt interdisant la parole aux troupes voisines et les réduisant aux écriteaux : rien n'y a fait. Les pièces mêmes de Piron, alors bien las du métier et qui a, pour ainsi dire, déjà pris sa retraite foraine, ne peuvent réussir. Le public reste fidèle à Lesage et d'Orneval, à Dolet et Laplace, ses vieux amuseurs, toujours sur la brèche. Il préfère même aux jeux d'Honoré les danses et les voltiges de Restier, ou les marionnettes qu'un Anglais, John Riner, vient d'établir dans un jeu de paume de la rue des Fossés-Monsieur-le-Prince.

Cette mauvaise grâce des Parisiens, et les critiques gaiment mordantes dont ses rivaux, quoique privés de la parole, assaisonnaient ses échecs successifs, finirent par si bien décourager et exaspérer le maître chandelier, qu'un beau jour, brusquement, il ferma son théâtre et rouvrit sa boutique. Au moins, le sieur Pontau, à qui il passait la main, était de la carrière et savait son métier. Comme tant d'autres de ses confrères, il avait fait son apprentissage à

Rouen, depuis Mondory véritable pépinière d'acteurs, et vivait dans la société de tous les fournisseurs patentés ou rêvant patente de l'Opéra-Comique. Il se présentait donc bien, avec de l'expérience, une troupe soigneusement choisie, et la collaboration assurée des vieux routiers, tels que Lesage, d'Orneval, Fuzelier, et d'autres plus jeunes, Panard, Fagan, Favart, très désireux de débuter. Tous portaient à l'entreprise un intérêt d'autant plus vif, qu'ils allaient pouvoir, grâce au nouveau directeur, héritier du privilège d'Honoré comme du théâtre de la rue de Buci, recouvrer la parole, et librement dialoguer et chanter.

C'est dans ces conditions très favorables que fut joué *Achmet et Almanzine*, œuvre collective des trois maîtres du genre. Pour cette pièce d'ouverture, Lesage, d'Orneval et Fuzelier avaient tenu à s'associer, et jamais leur collaboration n'avait été plus heureuse. Si ce nouvel opéra comique n'est pas le chef-d'œuvre du théâtre forain, il reste du moins parmi les meilleures pièces de son répertoire. L'idée est ingénieuse [1], l'intrigue adroitement conduite, les scènes sont finement dialoguées, les couplets des

---

1. A sa fille, que le sultan convoite sans la connaître, le grand vizir Amulaki substitue l'esclave Almanzine, aimée d'Achmet, le fils du grand vizir. Le pauvre amoureux se déguise en fille et entre dans le sérail en qualité d'esclave. Les deux jeunes gens se livrent au plaisir de se voir et de s'aimer; car le sultan a donné à Almanzine la prétendue esclave pour la servir. Secondés par Pierrot, déguisé lui aussi en femme, les deux amoureux se sauvent. Le sultan entre en fureur quand il apprend la supercherie; mais il s'apaise bientôt et fait grâce. Il épousera la fille du grand vizir.

vaudevilles, qui ferment chacun des trois actes,
tournés avec grâce, et le dénouement, très naturellement amené, ne pouvait que plaire aux âmes sensibles. C'est la plus aimable, la plus souriante, la
plus enrubannée de festons roses, la plus parfumée
d'amour virginal, la moins turque en un mot de
toutes les turqueries. Il n'y manque que des décors
brossés par Watteau. Le succès de la pièce, jouée
sans interruption du 30 juin au 6 septembre 1728,
fut prodigieux. Toute la Cour vint l'applaudir. Ce
fut, pendant le mois d'août, un défilé continu de
grands seigneurs et de belles dames, M. le duc, Mlle de
de Clermont, sa sœur, la duchesse douairière, la
duchesse de Bourbon... que d'autres encore! Jamais
les Forains ne s'étaient vus à pareille fête.

Il faut dire aussi que Pontau, si bien servi par ses
auteurs, n'avait rien négligé pour satisfaire le public.
Il connaissait le Parisien et savait comment le prendre. On était alors très friand de divertissements scéniques, de ballets et de pantomimes. Il avait donc
engagé les plus célèbres représentants du genre,
Mlle de Lisle, Sallé, Nivelon, et très adroitement
encadré leurs exercices dans *Achmet et Almanzine*,
comme il fera pour les pièces suivantes. C'était merveille, paraît-il, de voir Nivelon, souple et gracieux,
exécuter, dans les attitudes les plus comiques et les
plus contortionnées, une danse de paysan en sabots.
Un autre jour, dans la parodie de *la Boîte de Pandore*, c'était un ballet composé de tous les différentes fièvres, d'un pas de deux de la migraine et
du transport au cerveau ; ou bien encore des danses

d'acteurs habillés comme sont peints les rois, les
dames et les valets des quatre couleurs d'un jeu de
cartes. Le même flair ingénieux avait donné à Pontau l'idée de calmer l'impatience du public en faisant
paraître pendant les entr'actes des joueurs de musette
ou de tambourin, et des gymnastes anglais. Il s'était
enfin beaucoup préoccupé de la mise en scène, de
la décoration, et en avait chargé Servandoni.

Dans *la Pénélope française*, qui succéda à *Achmet
et Almanzine*, on admira beaucoup un décor très
singulièrement imaginé, et, malgré la petitesse du
lieu, très bien exécuté, qui représentait une prairie
terminée par un bois, avec un château au dernier
plan, tandis que sur un des côtés courait un torrent
qui venait, par cascades, se jeter dans la prairie.
L'art de la mise en scène doit beaucoup à Pontau.

Les succès si mérités qui suivirent de si grands
efforts eurent un double résultat : ils excitèrent les
regrets des marchands forains et la colère des Comédiens Français. Il fallut peu de temps aux premiers
pour comprendre combien le bannissement des
théâtres leur apportait de préjudice, et quel profit
ils tiraient naguère de leur présence. Aux foires
d'antan, avant d'aller au spectacle, ou en en sortant,
on s'arrêtait volontiers devant les boutiques, on
entrait, on achetait. Maintenant, on allait directement rue de Buci ou rue des Quatre-Vents, sans
pénétrer dans le préau. C'était autant de clients
perdus. Les marchands, qui s'étaient plaints d'être
trop à l'étroit, se trouvaient désormais trop au large.
De là, des doléances lamentables. « Nous avons

remarqué, disait une requête au roi, que, depuis que
les loges des spectacles établies dans le préau de la
Foire ont été démolies, la plupart de celles du dedans
tenues par les marchands ont cessé d'être louées ou
ne l'ont été qu'à très bas prix; et que même plusieurs
marchands ont préféré fermer celles qu'ils y avaient
louées, au hasard de ne point vendre ni recevoir de
quoi se rembourser. Pour aviser aux moyens de
remettre leurs loges en quelque valeur, et pour prévenir leur ruine totale, ils ont cru que le seul expédient était de faire construire une salle de théâtre
dans l'enceinte et sous le couvert de la Foire. » Ces
réclamations flattaient trop les intérêts des propriétaires pour n'être point écoutées ; par décision du
roi, un théâtre fut construit entre les deux halles.
Mais les acteurs forains, qui avaient goûté de la
liberté et qui la trouvaient très savoureuse, ne se
souciaient guère de rentrer au bercail. Pontau surtout n'entendait pas avoir fait pour aménager son
théâtre des dépenses inutiles. Si spacieuse et si élégante que fût la nouvelle salle, elle ne devait être
occupée que par des sauteurs et des danseurs de
corde. Ainsi, les divertissements des Foires prenaient
peu à peu le caractère qu'ils ont aujourd'hui, et la
rupture se faisait plus complète avec les anciens
spectacles de ces mêmes Foires, qui devenaient de
plus en plus littéraires.

Pour défendre leurs intérêts, très menacés aussi,
les Comédiens Français s'y prirent de façon moins
pacifique. On connaît leur tactique, toujours la
même. Ils s'adressent au Parlement, évoquent leur

privilège, énumèrent tous leur anciens griefs, récla-
ment commission pour assigner Pontau, l'obtiennent,
et lui font défense de jouer, non plus *dans la Foire*,
— cela est à noter, — mais *dans Paris*, des comédies
françaises et autres divertissements. Un arrêté du
Conseil approuve cette prétention; et voici les acteurs
de la rue de Buci condamnés au silence, c'est-à-dire
aux pièces à la muette. Était-ce possible, quand on
se sentait si bien soutenu par le public, et si bien
porté par la fortune? Pontau ne se résigna pas à une
aussi déplorable obligation; et dans son cerveau,
échauffé par la disgrâce, une idée germa, très subtile.

Ce fut de faire jouer ses pièces par des enfants.
Ils seraient bien plus vivants et amusants que des
marionnettes, dont Pontau ne voulait à aucun prix;
et n'ayant des ordinaires acteurs ni la taille, ni l'éducation, ni l'expérience, ils ne pourraient être consi-
dérés comme une troupe régulièrement organisée,
capable de faire échec à la Comédie Française. Si d'a-
venture la Grande Ennemie s'inquiétait de ces petits
bonshommes, et s'avisait de les déférer au Parlement,
elle se couvrirait de ridicule; et quelle bonne fortune
alors, quelle joie pour les persécutés, petits et
grands! Ce projet original, hardi, d'une exécution
difficile, et bien fait par cela même pour stimuler
un entreprenant comme Pontau, réussit à merveille.
Un nombreux public, attiré par la nouveauté du
spectacle, s'amusa beaucoup du compliment que
Panard, auteur de la pièce et père, plus ou moins
réel, des petits comédiens, vint lui présenter au
début:

« S'ils n'ont pas l'honneur de vous plaire,
Épargnez-les ; c'est moi, Messieurs,
Qui dois porter votre colère :
J'ai fait la pièce et les acteurs. »

Et l'on fit grande fête à ces enfants, dont l'aîné
n'avait pas treize ans, et dont le plus petit, un bam-
bin de quatre ans, dansa et parodia, avec une jus-
tesse et une grâce infinies, la fameuse danse du *Sabotier*, que Nivelon avait mise à la mode. Le succès des
Petits Comédiens et du *Parterre merveilleux*, un parterre dont les fleurs se métamorphosaient tout d'un
coup en enfants, fut tel, que Pontau reçut l'ordre
de donner à la Cour ce spectacle peu ordinaire ; et
le roi daigna féliciter les petits interprètes. Il fit même
peindre sur des écrans les principales scènes des
comédies qu'ils avaient jouées. C'est peut-être en ce
jour glorieux que l'idée vint à Panard d'appeler
Louis XV, dans une de ses pièces, *le Roi Bien-
Aimé* [1].

C'est qu'il avait, le bon Panard, la naïveté des modestes, aisément satisfaits, et l'optimisme des joyeux
vivants, en paix avec leur estomac. Le roi s'était
fait un jour à Versailles son auditeur bienveillant ;
donc, le roi devait être aimé de tous les Français,
comme il l'aimait lui-même. Pontau acceptait tous
ses opéras-comiques, que le public applaudissait
toujours ; donc, Pontau était le plus aimable et le

1. Ce titre se trouve pour la première fois dans *les Fêtes
sincères* (1744). Voltaire se trompe donc quand il écrit à
Mme du Deffand : « Savez-vous que ce fut ce polisson de
Vadé, auteur de quelques opéras de sa Foire, qui, dans un
cabaret de la Courtille, donna au roi le nom de *Bien-Aimé*, et
qui en parfuma tous les almanachs et toutes les affiches ? »

plus subtil de tous les directeurs, comme les Parisiens étaient les plus charmants et les plus intelligents de tous les publics de France, de Navarre et d'ailleurs. C'est de la même façon que, dans sa vie privée, cet homme conciliant et débonnaire,

> « Ami de tout le monde,
> D'une humeur assez douce et d'une âme assez ronde »,

aimait tout ce qui rend la vie agréable, le vin de Bordeaux, par exemple, dont les taches, en éclaboussant son papier, donnaient, disait-il, à ses manuscrits le cachet du génie; la brune et la blonde, qu'il courtisait tour à tour ou simultanément, sans distinction ni persévérance. C'est ainsi encore qu'il aimait, plus que les châteaux somptueux, son bureau d'employé qui lui assurait de quoi vivre, et son ventre lourdement arrondi, qui lui permettait de ne jamais se hâter. Bref, on pourrait dire que Panard était le La Fontaine du vaudeville et de l'opéra-comique, si Marmontel ne l'avait déjà dit, et qu'il était, lui aussi, une chose légère, volant à tout objet, si un excessif embonpoint, avec lequel on ne voit pas le fabuliste, ne protestait contre cette définition. D'ailleurs, il n'y a rien dans l'œuvre de Panard qui rappelle les *Contes*. C'est le plus moral de tous les auteurs forains; et ce laborieux, qui se disait

> « D'une indolence sans seconde,
> Paresseux s'il en fût, et souvent endormi »,

a pu écrire près de quatre-vingts pièces « sans jamais faire rougir les Grâces qui l'accompagnèrent jusqu'au tombeau ». Lui-même d'ailleurs, en dépit de sa modestie, s'est naïvement rendu justice sur ce point :

« Jamais dans mes chansons on n'a rien vu d'immonde ;
Jamais contre quelqu'un ma Muse n'a vomi
    Rien dont la décence ait gémi. »

Plus encore que Lesage, il contribua à purifier le
théâtre forain de son libertinage[1]. Grâce à lui, le
vaudeville, dans lequel il excella, bien qu'il s'appelle
simplement « un passable coupléteur », devint, selon
le mot d'un contemporain, « le masque le plus séduisant que la Sagesse ait jamais pris pour nous attirer
à elle en nous forçant d'abjurer nos ridicules ». Mais
cela ne suffit pas pour assurer à un homme l'immor-
talité ; et malgré le nombre de ses pièces, où l'on
trouve souvent des situations heureuses et de jolis
traits comiques, malgré les succès qu'il obtint à la
Comédie Française, aux Italiens, et surtout à la Foire,
le bon Panard n'a eu de gloire que de son vivant.

Ce fut aussi le cas de Fagan, son collaborateur et
ami. Seulement, celui-là ne sut pas jouir de ses succès, ni laisser doucement couler la vie à l'ombre de
ses lauriers éphémères. Il avait un caractère aussi
pointu qu'était *ronde* l'âme de Panard. Des charges
de famille et des revers de fortune, une mauvaise
santé, d'imaginaires chagrins, une extrême défiance
de soi-même et des autres, la conviction injustifiée
qu'il était bafoué, envié, méprisé de tout le monde,
avaient encore accru sa mélancolie naturelle. C'est
lui-même qu'il a peint dans sa comédie de *l'Inquiet*,

1. Son ami Favart a dit de lui :

    « Il chansonna le vice et chanta la vertu. »

sous les traits de Timante, « timide jusqu'au raffi-
nement, maladroit par excès de précaution, troublé
par ses délicatesses chimériques, oubliant l'objet
présent, qui le satisfait, pour s'occuper de l'objet
éloigné, qui le tourmente; et qui enfin, ne jouissant
jamais d'un instant de tranquillité, porte les alarmes
jusque dans le sein des plaisirs ». Ces plaisirs, c'est
Panard qui les combinait pour son ami, et qui l'y
entraînait, le morigénant avec une douceur de grand
frère, cherchant, comme le Damis de cette même comédie de *l'Inquiet*, à rafraîchir son humeur échauf-
fée et à le réconcilier avec la vie. Peine le plus souvent perdue! Que de fois Panard et Fagan ont dû
jouer ensemble la première scène du *Misanthrope*!
C'est qu'en effet l'un nous apparaît bien comme un
Philinte de la petite bourgeoisie; et si l'autre n'a pas
la noble franchise et les haines généreuses d'Alceste, la haute attitude du *grand Monsieur*, il lui
ressemble du moins par son humeur noire, son chagrin profond, et ses injustices. Pas plus qu'Alceste,
dont tout le monde recherche les bonnes grâces, que
Philinte aime d'une affection solide, qu'Oronte ac-
cable d'une estime incroyable, qu'Arsinoé voit d'un
œil fort doux, et pour qui bat le cœur de la sincère
Éliante, Fagan n'avait le droit de se plaindre des
hommes. Il ne trouva jamais autour de lui que sympathie, bonté, protection. Son père avait fait pour
son éducation des sacrifices qu'une ruine récente
rendait très méritoires; sa femme l'adorait; le Parle-
lement, où il était employé au bureau des consigna-
tions, lui continua son traitement quand il fut hors

d'état de remplir ses fonctions; enfin, il ne cessa de
recevoir les témoignages d'affection les moins équivoques et les plus précieux de personnages éminents,
tels que M. le prince de Lorraine, grand écuyer, et
surtout du chevalier d'Orléans, grand prieur, qui le
logeait, devinait ses besoins, les prévenait, l'associait
à tous ses plaisirs, et lui faisait parvenir des secours
de toute espèce, avec cette attention délicate qui re-
hausse encore les bienfaits, et que ne rebuta jamais
l'humeur morose de l'obligé.

Le public lui-même s'associa à cette universelle
bienveillance, et fit aux pièces de Fagan un accueil
le plus souvent sympathique. Pourtant, il ne trouvait
pas dans les opéras-comiques du nouveau venu ce
qu'on lui donnait d'ordinaire, et ce qu'il aimait. Il y
a dans *le Sylphe supposé*, dans *le Temple du Sommeil*,
surtout dans *la Fausse Ridicule*, de jolies choses, de
fines idées de comédie, et de gracieuses scènes épiso-
diques; mais ce devait être une nourriture bien légère et peu substantielle pour les estomacs robustes
des spectateurs forains. Pontau et Panard le sentirent, et vinrent au secours de leur ami, le premier en
n'épargnant pas les décors et en multipliant les jeux
de scène, le second en animant les pièces de ses vaudevilles si populaires. Très vite, d'ailleurs, Fagan
comprit qu'il n'avait pas ce qu'il fallait pour le
théâtre de la Foire, et qu'il en prendrait malaisément
le ton. Son talent, comme son caractère, était trop
timide, trop peu en dehors; il ne savait pas grossir
ses effets comiques, comme il grossissait ses chagrins.
Il prit donc le chemin des Italiens, puis de la Comé-

die Française, et fit bien. Les petites pièces en vers
et en prose qu'il y donna, notamment *le Rendez-vous*
et *la Pupille*, son chef-d'œuvre, ont toute la gaieté,
toute la grâce aimable qui manquaient à l'auteur, et
leur naturel, leur simplicité, leur finesse ne pouvaient
être goûtés que par des délicats.

Fagan ne fut donc jamais, même lorsqu'il leur revint plus tard, une précieuse recrue pour les théâtres
forains. Combien Pontau préférait Panard, et comme
il avait raison! Car c'est à lui, en même temps qu'aux
petits comédiens, protégés par la Cour, qu'il dut de
recouvrer la parole. Malheureusement, par une coïn-
cidence déplorable, l'échéance de son bail suivit de
très près la faveur royale. Jaloux d'un adjudicataire
trop heureux, oublieux de toutes les bonnes relations
qui, depuis si longtemps, unissaient son théâtre à
l'Opéra-Comique, et plus sensible enfin à la satire
que ses prédécesseurs, Lecomte, directeur de l'Opéra,
refusa de renouveler les anciens engagements. Elles
n'étaient cependant pas bien méchantes, les plaisanteries foraines, dont ces couplets de Panard peuvent
donner une idée.

« J'ai vu des guerriers en alarmes,
Les bras croisés et le corps droit,
Crier plus de cent fois aux armes,
Et ne point sortir de l'endroit.

J'ai vu le maître du tonnerre,
Attentif au coup de sifflet,
Pour lancer ses feux sur la terre
Attendre l'ordre d'un valet.

J'ai vu, du ténébreux Empire
Accourir avec un pétard,

Cinquante lutins pour détruire
Un palais de papier brouillard.

J'ai vu des Dragons fort traitables
Montrer les dents sans offenser ;
J'ai vu des poignards admirables
Tuer les gens sans les blesser.

J'ai vu l'amant d'une bergère,
Lorsqu'elle dormait dans un bois,
Prescrire aux oiseaux de se taire,
Et lui, chanter à pleine voix.

J'ai vu la Vertu dans un temple,
Avec deux couches de carmin,
Et son vertugadin très ample,
Moraliser le genre humain.

J'ai vu, ce qu'on ne pourra croire,
Des Tritons, animaux marins,
Pour danser troquer leur nageoire
Contre une paire d'escarpins.

J'ai vu Diane en exercice
Courir le cerf avec ardeur ;
J'ai vu derrière la coulisse
Le gibier courir le chasseur.

J'ai vu Roland, dans sa colère,
Employer l'effort de son bras
Pour pouvoir arracher de terre
Des arbres qui n'y tenaient pas.

J'ai vu, par un destin bizarre,
Les Héros de ce pays-là
Se désespérer en bécarre
Et rendre l'âme en la-mi-la, etc. »

Donc, Lecomte résilia le traité, et transmit le privilège à un certain Mayer, dit de Vienne. C'était un bi-
joutier qui, à la suite de certains désaccords avec la
Justice (il s'était fait receleur de diamants perdus

par Mme de Chabanais), avait dû passer trois années
en prison. Ces titres ne le préparaient peut-être pas
à l'administration d'un théâtre. Mais que lui impor-
tait? Ce qu'il voulait avant tout, c'était s'enrichir et
s'amuser. Il s'amusa si bien, surtout le samedi, où,
sous prétexte de remplir les devoirs de sa religion, il
ne venait jamais rue de Buci pour surveiller les recettes et faire sa caisse, qu'on dilapidait tant et plus;
il donna si souvent relâche à sa troupe pour n'en pas
donner à ses plaisirs[1]; il s'occupa si peu de son théâtre et si fort de ses actrices ; il joua enfin de si mauvaises pièces, si mal montées, qu'il devint très vite le
plus amusé des directeurs et le plus ennuyé des
hommes d'affaires. Une petite comédie de cette époque, *les Audiences de Thalie*, montre bien l'état na-
vrant où se trouvait l'Opéra-comique. « L'entrepreneur, dit Carolet, conseillé par des associés auxquels
la tête ne tournait pas moins qu'à lui, se livrait,
comme eux, à l'ignorance et à la prévention. Les bons
acteurs murmuraient hautement de se voir forcés de
représenter sans cesse de mauvaises pièces, et de
contribuer avec des auteurs, aussi pitoyables que
neufs, à écarter le public d'un spectacle qui sut toujours, sous d'autres chefs et sous d'autres auteurs,
charmer son attente et ses plus chers loisirs. » Et
l'Opéra-Comique lui-même, dans un songe, parodie de

---

1. C'est lui qui imagina de faire relâche le jour de la nati-
vité de la Vierge, et depuis on n'a jamais joué ces jours-là
sur les théâtres forains. Était-ce que ce Juif voulait faire honneur à la Vierge? Non. La vérité, c'est que de Vienne avait
arrangé, pour ce jour-là, une partie avec quelques actrices de
sa troupe.

celui de Pauline, dans *Polyeucte*, déplorait ainsi sa
triste destinée et sa mort prochaine.

« Hélas! Un songe affreux m'a troublé la cervelle....
Je l'ai vu cette nuit, ce malheureux théâtre,
Caché sous des monceaux de charpente et de plâtre.
Il était en désordre, et par ses fiers rivaux
Sous mille coups de hache il fut mis en morceaux.
Après l'affreux dépit que m'a causé sa vue :
« Pleure, je vais périr, la chose est résolue;
On me hait, m'a-t-il dit, ou l'on me mène mal,
Et me voilà réduit à mon terme fatal. »
A ces mots, j'ai frémi, mon âme s'est troublée.
Ensuite de rimeurs une vile assemblée,
Pour avancer l'effet de son triste destin,
A mis sur le papier une ignorante main....
Alors tout le public, décampant à grands flots,
M'a dit que pour jamais il me tournait le dos. »

Pour ramener ce public mécontent et pour con-
jurer la faillite menaçante, de Vienne fut bien forcé,
après la Foire Saint-Germain de 1754, de faire appel
à la collaboration de Pontau; et celui-ci, grâce à
Thuret, nouveau directeur de l'Opéra, redevint
bientôt titulaire du privilège et seul maître de la
scène. Expulsé par celui dont il avait pris la place,
le sieur de Vienne s'en alla mourir en prison, couvert de dettes.

Au moment où il rentrait en possession de son
théâtre, qu'il installait rue des Quatre-Vents, Pontau
retrouvait, fidèle au poste et prêt à la besogne, le
petit bataillon des auteurs qui l'avaient naguère si
bien secondé. Le trio des glorieux vétérans ne
songe pas encore à la retraite. Fuzelier n'abandon-
nera le théâtre forain que dans plusieurs années,
pour prendre la direction du *Mercure de France*;

d'Orneval ne mourra, très vieux, qu'en 1766 ; et quand
Lesage, le premier des trois à disparaître, en 1747,
cessera d'écrire des opéras-comiques[1], il continuera,
malgré sa surdité, de fréquenter des spectacles qu'il
aime ; et sa présence stimulera les efforts des
acteurs et les applaudissements du public. Quant à
Panard, très laissé de côté par de Vienne, il est plus
dispos que jamais, et ne demande qu'à travailler. Sa
fécondité sera d'autant plus grande, qu'il revient à
son ami Pontau entouré de camarades dont il s'est
assuré la collaboration. Il fallait bien remplacer
Fagan. C'est Carolet, dont le comique n'est pas toujours très relevé, mais dont la verve est inépuisable ;
c'est Laffichard, ancien souffleur des Italiens, un
bon garçon mal éduqué, peu instruit, qui n'a jamais
mis le nez dans Aristote, et qui construit ses pièces
à la diable, mais dont l'esprit est fort plaisant ; c'est
Gallet, un épicier de la rue des Lombards, le vrai
fondateur du Caveau, aimable chansonnier et paro-
diste malicieux, auteur de *Dondon*, qui fit beaucoup
rire de la *Didon* de M. de Pompignan, et de *Ma-
rote*, qui exaspéra si fort l'auteur de *Mérope*, très
sensible à ces piqûres d'épingle. Ce sont encore
Lagrange, d'Allainval, Valois d'Orville ; mais c'est
surtout Favart, que Pontau eut la bonne fortune de
rencontrer au début de sa seconde direction. La
première pièce du nouvel auteur, *les Deux Jumelles*,
fut en effet représentée à la Foire Saint-Germain
de 1734.

Favart était alors un jeune homme de vingt-quatre

1. En 1738.

ans à peine, pâtissier de son état. Mais de bonnes
études faites au collège Louis-le-Grand, une violette
d'argent cueillie à l'académie des Jeux Floraux, et
l'héritage de son père qui lui avait laissé, avec sa
boutique et le secret des échaudés, le goût et le don
de la chanson, permettaient d'attendre de lui mieux
que du souffleur Laffichard, ou de l'épicier Gallet.
C'est pourtant en pétrissant ses échaudés à la pâte
légère et aux formes bizarrement variées comme
l'esprit français, que Favart, soutenu par la générosité d'un fermier général, composa ses premiers
essais, et qu'il fit, dirigé par Panard et Pontau, son
apprentissage à l'Opéra-Comique. Il le fit très modestement. Pendant sept années le public ignora
l'auteur dont il applaudissait les pièces, sur le ma-
nuscrit desquelles on trouva plus tard cette men-
tion : *bon à brûler*, et dont on ne pourrait aujour-
d'hui se faire une idée, si trois ou quatre d'entre
elles, *la Répétition interrompue*, par exemple,
n'avaient été remaniées dans la suite pour être
remises à la scène.

C'est en 1741 que Favart laissa, pour la première
fois, paraître son nom sur l'affiche ; et sa pièce, *la
Chercheuse d'Esprit*, fut cette année-là le grand
succès, très justifié, de la Foire Saint-Germain. On
la présenta, selon l'usage, comme un opéra-comique ;
mais elle n'a presque rien qui rappelle ce genre
d'ouvrages : on n'y trouve ni jeux de scène mouve-
mentés, ni divertissements pour les yeux, ni le vaudeville traditionnel. En réalité, c'est une comédie,
assez semblable par son caractère, très supérieure

par son mérite à celles de Fagan, et qui a peut-être
bien influé sur la décision que prit vers cette époque
l'auteur de *la Pupille*, de revenir à ses anciens
amis. On pouvait donc maintenant réussir à la Foire
avec des comédies peu chargées d'action et sans
gros effets, puisque les spectateurs se plaisaient à ce
petit acte si léger, dans lequel Favart, dédaigneux
des intrigues compliquées et des faciles sous-enten-
dus grivois, peignait les amours naissants et qui
s'ignorent de deux ingénus, et montrait par de déli-
cates gradations comment l'esprit vient aux filles !
Car c'était là sa seule prétention, très modeste ; et il
n'eût pas manqué de protester contre d'irrespec-
tueux rapprochements avec *l'École des Femmes*. Il
ne se sentait pas de force à porter sur la scène un
jaloux comme Arnolphe, et savait bien que sa satire
inoffensive n'aurait jamais assez de profondeur et de
philosophie pour critiquer par le ridicule tout un
système de pédagogie conjugale. Dans *la Chercheuse d'Esprit*, il n'y a que Nicette qui rappelle
l'École des Femmes, la délicieuse Nicette, aussi
naïve et simple qu'Agnès, mais naïve avec un raffi-
nement qui sent bien son xviiie siècle. L'esprit vient
à Agnès sans qu'elle y songe et sans qu'elle le cherche : c'est par hasard qu'elle rencontre sur son
chemin la jolie fleur inconnue qui s'épanouit d'elle-
même entre ses doigts. Au contraire, Nicette court
après elle : impatiente et curieuse, elle fouille tous
les buissons, met ses petits pieds dans toutes les
plates-bandes, interroge tous ceux qu'elle rencontre,
le vieux savant, M. Narquois, la très éveillée Finette

et le très fin Léveillé. On la renseigne bien mal;
mais par bonheur voici Alain, aussi pauvre d'esprit
que Nicette, mais beaucoup plus résigné.

ALAIN.

« J'ignore à quoi l'esprit me servirait; je puis sans ça
bien vivre encore.

NICETTE.

Oh! moi, je sens qu'il m'en faudrait.

ALAIN.

Je suis fâché de n'en point avoir; je vous en ferais
présent.

NICETTE.

Je ne sais : j'aimerais mieux vous avoir ct'obligation-
là qu'à d'autres.

ALAIN.

Je ne demanderais qu'à vous faire plaisir.

NICETTE.

Je voudrais bien vous faire plaisir aussi.

ALAIN.

Je ne sais comment ça se fait : vous me revenez mieux
que toutes les filles du village.

NICETTE.

Et vous, vous me plaisez mieux que Robin, mon
mouton.

ALAIN.

Tatigué! Sans savoir ce que c'est que l'esprit, vous
me donnez envie d'en avoir.

NICETTE.

Cherchons-en ensemble :
Quand nous en aurons,
Nous partagerons.

ALAIN.

Vous avez raison, ce me semble.
J'en trouverons mieux
Quand nous serons deux. »

Et les voilà partis pour un voyage à la découverte, qui sera moins long, croyez-le bien, que ceux des Argonautes et de Panurge. La main dans la main de son ami, et ses lèvres sur ses lèvres, Nicette aura vite fait de trouver et de cueillir la fleur mystérieuse, cadeau de noces du dieu Cupidon.

Le chemin qu'avaient suivi les deux ingénus pour dénicher l'Esprit et l'Amour venait de conduire Favart à la réputation. Ce succès n'eut pas le seul avantage de révéler aux Parisiens un nom trop longtemps dissimulé : il permit aussi à l'auteur de persévérer dans un genre qui plaisait à son talent, et même de renouveler discrètement les spectacles forains. C'est ce dont Voltaire, réconcilié, grâce à lui, avec l'Opéra-Comique, le félicitera plus tard. « Vous embellissez tout ce que vous touchez. C'est vous qui, le premier, formâtes un spectacle régulier et ingénieux d'un théâtre qui avant vous n'était pas fait pour la bonne compagnie. Il est devenu, grâce à vos soins, le charme de tous les honnêtes gens. »

Commencés avec *la Chercheuse d'Esprit*, continués la même année et les deux années suivantes, ces modifications et ces progrès iront désormais s'accentuant peu à peu. L'Opéra-Comique se purifiera encore et s'affinera, la farce deviendra de la bonne comédie ; et ainsi se préparera la lente métamorphose des théâtres de la Foire en nos modernes théâtres, ceux que nous appelons aujourd'hui non subventionnés, et qui étaient au XVIIIe siècle les théâtres Saint-Germain et Saint-Laurent, tributaires de l'Opéra, tolérés, souvent même, comme on sait, persécutés.

Cependant, tout en accueillant avec joie l'originale collaboration de son précieux ami, Pontau entendait garder au théâtre dont il avait la direction son caractère traditionnel. Aussi s'applique-t-il toujours à intercaler dans les pièces de Favart et de Fagan des divertissements de toute sorte, des chants, des danses, des pantomimes[1]. Quand l'action ne le permet pas, ce qui est le cas le plus fréquent, c'est avant ou après la représentation qu'il introduit ces spectacles nécessaires. Ainsi, *la Fausse Duègne*, de Favart, est suivie de *l'Œil du Maître*, et *les Acteurs Juges*, de Fagan, sont précédés des *Jardiniers*, deux ballets pantomimes. Un autre soir, c'est un acteur anglais, Philips, qui vient exécuter, en guise de lever de rideau, une danse de paysan ivrogne, et une actrice anglaise qui chante des couplets dans la langue de son pays; ou bien c'est, entre *la Chercheuse d'Esprit* et *la Fausse Ridicule*, un musicien qui joue un concerto sur le tambour de basque, accompagné de toute la symphonie. Pontau va même jusqu'à engager toute une troupe anglaise, celle de La Meyne et Roberti, qui, dans les entr'actes, régale le public de ses tours de force et de souplesse surprenants. Celui-ci fait le saut périlleux par-dessus quatorze personnes rangées debout; celle-là danse

1. Favart se prête d'ailleurs très volontiers à ces combinaisons, et imagine, pour les pièces de ses confrères, des divertissements variés, comme celui qu'il fit pour accompagner *les Vendanges*, de Panard.

les Folies d'Espagne sur une planche de huit pouces
de large, simplement posée sur une corde. Le directeur tient d'autant plus à ces intermèdes, que les
Parisiens s'en montrent très friands, et que, s'ils ne
les trouvaient pas chez lui, ils iraient les chercher
ailleurs[1]. A cette époque, en effet, la mode est aux
spectacles muets, aux danses sur les planches et sur
la corde, aux exercices d'acrobatie, aux ballets, aux
pantomimes. Depuis qu'elle est ouverte entre les
deux halles nouvelles de la Foire Saint-Germain, la
salle réservée à ces divertissements ne désemplit
pas. « On y trouve toujours, dit un contemporain, le
concours du monde le plus extraordinaire, et le
succès prodigieux des artistes est bien capable de
donner de la jalousie aux autres spectacles. »
Jalousie d'autant plus légitime, que les meilleures et
les plus courues de ces troupes étaient étrangères,
hollandaises, et surtout anglaises. Ce ne sont pas seulement les idées politiques de l'Angleterre, et ses
philosophes, et Shakspeare, qui nous envahissent au
XVIIIe siècle : ce sont aussi ses chanteurs populaires,
ses acrobates et ses clowns. Avec ses pantomimes
luxueusement montées, et grâce à la collaboration
de Restier pour la danse, du peintre Charmoton pour
les décors, le sieur Mainbray, de Londres, fait à
l'Opéra-Comique une concurrence qui, de jour en
jour, devient plus redoutable.

Mais, à ce moment-là, un autre danger plus grave
menaçait Pontau. Toutes les pièces représentées à

1. Il donne même, de temps en temps, sur son théâtre
transformé en salle de bal des soirées dansantes.

son théâtre n'avaient pas un égal succès; quelques-
unes même passaient comme des ombres, laissant
vides la salle et la caisse. Les frais inutiles qu'elles
nécessitaient ne furent bientôt plus compensés par
les bénéfices que rapportaient les comédies et les
divertissements bien reçus du public. Recettes et
dépenses cessèrent de s'équilibrer. Les dettes vinrent
à partir de 1738, et grossirent rapidement; en 1742,
Pontau, dont le bail était de 7500 francs par foire,
c'est-à-dire de 15000 francs par an, devait plus de
50000 francs au directeur de l'Opéra, qui finit par
sortir ses griffes. Alors commença un déplorable
système d'économies forcées et d'expédients On
sacrifia d'abord la musique. Les excellents violons
qui avaient longtemps accompagné les couplets et
les vaudevilles, les joueurs d'instruments singuliers
et les chanteurs exotiques, furent remplacés par de
pauvres diables qui faisaient danser dans les guinguettes et les bals populaires. Puis vint le tour des
décors et des costumes. On ne songea plus à faire
appel à Servandoni, qui coûtait trop cher; et c'était
pitié, paraît-il, de voir les danseurs figurer avec des
bas noirs et des culottes en drap de couleur. Le
même laisser aller se retrouvait dans la police du
théâtre. Elle fut bien négligée, la vieille ordonnance
royale, qui défendait « d'interrompre les spectacles
sous aucun prétexte, de commettre aucun désordre,
en entrant et en sortant, de crier ni de faire du bruit
dans les entr'actes, de siffler et faire des succès,
d'avoir le chapeau sur la tête, d'interrompre les acteurs pendant la représentation, de s'arrêter dans

les coulisses, et de pénétrer dans les loges des actrices. » On ne faisait pas moins risée de celle qui
défendait « par ordre de Sa Majesté, à tous domes-
tiques portant livrée, sans aucune réserve, exception ni distinction, d'entrer au théâtre, même en
payant, de commettre aucune violence, indécences,
ou autres désordres aux entrées ni aux environs de la
salle où se font les représentations ». Bien que renouvelés tous les ans, au début de chaque foire, ces
règlements n'étaient plus observés chez Pontau. Les
loges des actrices étaient ouvertes à tout le monde,
et les scandales s'y multipliaient ; la livrée était en
possession du parterre : elle décidait des pièces,
sifflait les acteurs, et quelquefois même ses maîtres, quand ils s'avançaient trop sur le devant de
la scène. Bref, le spectacle était tombé dans un tel
avilissement, que la bonne compagnie, peu à peu,
s'en éloignait. A la fin de la Foire Saint-Germain
de 1743, le désarroi était complet : Pontau ruiné,
hors d'état de payer ses dettes, fut saisi, et le privilège passa à Jean Monnet.

C'était un aventurier très intelligent, qui avait eu
une enfance abandonnée et une jeunesse désordon-
née, tout à fait comme J.-J. Rousseau. Même, on
trouve dans sa vie une Mme de Warens, représentée par la veuve d'un vieil officier. Après la mort
de sa protectrice, Monnet, forcé de gagner sa vie,
avait été tour à tour bibliothécaire, éditeur, auteur ;
et le voici, en 1743, grâce à l'appui de deux financiers qui lui avancent des fonds, directeur de l'Opéra
comique. « Je me croyais, a-t-il dit, les talents néces-

saires pour la conduite d'un spectacle. » Tout de
suite, comme ses prédécesseurs, il voulut faire
grand, pour éblouir les Parisiens et attirer la clientèle. Il construisit un amphithéâtre, répara la salle
à neuf, commanda les décors et les costumes au
peintre Boucher, confia l'orchestre à Rameau, chargea Mlle Sallé, MM. Dupré et Lany, de l'Opéra, d'organiser les ballets, enrôla Préville, dont il devina le
talent futur, et s'attacha Favart pour l'inspection
des pièces et des répétitions [1]. Comme on voit,
Monnet n'avait rien épargné.

De son côté, Favart ne se ménagea pas plus
comme auteur que comme régisseur ; dès 1743, il
apportait à la direction nouvelle *le Coq du Village*,
et quelques mois plus tard, pour la Foire Saint-
Germain de 1744, la Comédie d'*Acajou*, qui fut un
gros événement littéraire, et qui marque une nouvelle date dans l'histoire des théâtres forains. Le
succès fut tel, il y eut jusqu'au bout un concours
de monde si prodigieux, que, le soir de la clôture,
la barrière séparant l'orchestre du parterre se brisa
sous la poussée de la foule trop serrée. Pour la
réparer, on dut faire évacuer le parterre, que remplit aussitôt le surplus des spectateurs pressés sur la
scène, aussitôt envahie à son tour par de nouveaux
arrivants. Dans cette extrême confusion, il n'avait
pas été possible de rembourser le prix des places
aux expulsés qui firent tumulte et réclamèrent leur

1. On trouve, un peu partout, que Favart fut à cette époque
directeur de l'Opéra-Comique ; c'est inexact : il n'a été que
le régisseur de Monnet.

argent à grands cris. On dut arrêter six des plus
mutins. Monnet montra dans cette occasion beaucoup d'habileté et de présence d'esprit. Il fit relâcher
ceux qu'on avait mis au corps de garde, et paya les
mécontents... d'une harangue à la fois plaisante et
pathétique, qui calma toutes les colères, excita les
applaudissements et renvoya tout le monde satisfait.
Le plus content fut encore l'entrepreneur, dont la
caisse était pleine, et qui vit en rêve, cette nuit-là,
des flots d'or déferler à ses pieds.

On se rend très bien compte, par cette pièce
d'*Acajou*, que Favart avait voulu, comme Monnet
lui-même, et dans la mesure de ses attributions,
rafraîchir le théâtre et donner du neuf au public.
Il était rare qu'on mît sur la scène un conte de
fées ; et la touchante histoire du jeune Acajou et de
l'aimable Zirphile, persécutés par la fée Harpagine,
défendus et unis par la fée Ninette, est bien une
féerie à grand spectacle. Elle éblouissait les yeux,
attendrissait les âmes sensibles et ravissait les
imaginations naïves. Le bon populaire devait prendre, et prit en effet un plaisir extrême à ces aventures merveilleuses qui le transportaient dans des
régions fantastiques, même dans la lune. Mais ce qui
fait surtout l'originalité d'*Acajou*, c'est que cette
féerie est en même temps un opéra comique, non
pas dans le genre de ceux qu'on avait joués jusqu'a-
lors, mais dans le sens moderne du mot. C'est une
œuvre essentiellement lyrique ; on n'y trouve guère
que des scènes chantées ; et dans la pièce imprimée,
la musique, au lieu d'être reléguée à la fin, selon

l'usage, est intercalée dans le texte, qui se présente comme une partition. Le véritable opéra comique est né le jour de la représentation d'*Acajou*. Cependant, pour ne pas rompre tout à fait avec les traditions foraines, Favart avait introduit dans sa pièce, non sans peine et peu naturellement, une scène de déclamation, où un certain métromane critiquait et parodiait les auteurs tragiques et les acteurs de la Comédie Française.

« Pour faire des héros une illustre peinture,
N'allez pas sottement imiter la nature.
A voir avec quel art on nous rend leurs transports,
Sans doute ces héros n'étaient que des ressorts.
Sachez qu'un prince grec, ou qu'un bourgeois de Rome
Ne parlait pas jadis de même qu'un autre homme.
Ces Pyrrhus, ces Brutus, en perruque, en chapeau,
En paniers de baleine, et couverts d'oripeau,
Malgré le sens commun, guidés par la mesure,
D'un ton harmonieux cadençaient la césure.
Le moindre confident, sur pareil ton monté,
Avait, comme son maître, un langage noté :
Tous parlaient en chantant, et leur voix compassée
Ne s'ajustait qu'au geste et non à la pensée.
Chaque acteur, pour les peindre et s'exprimer comme eux,
Dit des vers ampoulés qui tombent deux à deux.
Examinez mon jeu : c'est ainsi que j'avance ;
Je prends une attitude, et fort bas je commence.
Ma voix, en même temps, s'élève par éclats ;
Je balance le corps et j'agite les bras.
Tantôt, avec ardeur je dis à ma maîtresse :
« *Pourquoi me fuyez-vous, adorable princesse?*
Aux tourments que j'endure ayez quelques égards.
Cruelle! Je mourrai privé de vos regards :
Hélas! » De cet *Hélas* distinguez l'intervalle.
Tantôt, de mes deux bras décrivant une ovale,
J'en impose aux humains du ton sacré des rois,
Et je mugis des vers en étouffant ma voix. »

On sait comment l'Hôtel de Bourgogne avait riposté jadis aux plaisanteries analogues dont Molière, dans *l'Impromptu de Versailles*, criblait ses adversaires. Les héritiers du grand poète, les Comédiens Français, se vengèrent en réclamant une fois de plus la suppression des Forains; mais M. de Maurepas se borna à leur défendre de parler[1]. On en fut quitte pour mettre en vaudeville la scène incriminée[2], et *Acajou* poursuivit le cours de ses succès.

Il eut même l'honneur d'être représenté sur le théâtre de l'Académie royale de Musique. Mais ce ne fut pas Monnet qui l'y porta. Au printemps de 1744, le sieur Berger, ayant succédé à Thuret comme directeur de l'Opéra, s'avisa qu'un théâtre où l'on jouait des pièces comme *Acajou* n'était plus un théâtre forain, mais un véritable Opéra populaire, dont la concurrence pouvait lui devenir très importune, comme elle l'avait été si longtemps pour la Comédie Française. Il avait en main une arme puissante, puisque Monnet n'était que son adjudicataire : bien que signé pour six années, le bail fut résilié sans dédommagement; et à la Foire Saint-Laurent qui suivit, l'Opéra-Comique avait le même directeur que l'Opéra.

---

1. A cette époque même, la bienveillance du pouvoir pour les Forains se manifestait d'autre sorte. M. de Maurepas accordait à Piron l'autorisation de faire jouer *la Rose*, composée depuis 1726, et depuis cette année-là complètement interdite. (Voir plus haut. p. 150.)

2. On n'avait rien changé aux passages qui blessaient les Grands Comédiens : on s'était borné à les noter, et les notes indiquaient parfaitement les inflexions et les éclats de voix des acteurs tragiques.

NOUVEAUX AUTEURS FORAINS. 187

C'était là, semble-t-il, un précieux avantage, puisque désormais les spectacles forains, administrés par le chef officiel d'un théâtre privilégié, se trouvaient indirectement privilégiés, eux aussi. Mais, en réalité, cet honneur était gros de périls. Berger pourrait-il mener de front ses deux exploitations, être partout, à l'heure voulue, au Palais-Royal, au préau Saint-Germain, au faubourg Saint-Laurent? Et saurait-il, au besoin, défendre, comme ses prédécesseurs, les Forains menacés? On pouvait, on devait prévoir un prochain conflit avec la Comédie Française. Celle-ci, qui n'avait jamais désarmé, qui prenait grand soin, par des oppositions périodiques, d'empêcher la prescription, allait évidemment protester contre les nouveaux arrangements, qui semblaient concéder à ses ennemis une partie de ses propres prérogatives.

Elle protesta en effet, et avec plus de vivacité que jamais. Elle jeta même des cris perçants, que répétèrent quelques-uns de ses fournisseurs ordinaires, ces gens de lettres dont la voix savait alors se faire entendre. Et les Forains s'aperçurent bien vite que leur nouveau directeur, amplement pourvu d'un autre côté, n'avait pas dans la bataille l'ardeur et la ténacité de ses devanciers, forcés de vaincre ou de mourir. Berger se défendit d'abord de son mieux, mais sa résistance fut courte. Comme sa situation ni son honneur n'étaient engagés en cette affaire, il se résigna assez vite. Un arrêt du Conseil enregistra sa défaite; et, en 1745, l'Opéra-Comique était supprimé.

Pendant sept années, il n'y aura plus sur les théâtres Saint-Germain et Saint-Laurent que des danseurs de corde et des bals populaires. A ses ennemis, si mal protégés et si cruellement égorgés, la Comédie Française pouvait dire : «Vous chantiez : je n'en étais guère aise ; eh bien, dansez maintenant ! »

CHAPITRE VII

RENAISSANCE ET TRANSFORMATION
DES THÉÂTRES FORAINS

(1751-1762)

Rétablissement de l'Opéra-Comique. — Nouvelle direction de
J. Monnet. — Vadé. — Les Bouffonnistes et les Lullistes à
la Foire Saint-Laurent. — Le genre poissard. — Sedaine.
— Favart. — Corby. — Fusion de l'Opéra-Comique et de
la Comédie Italienne.

Une fois de plus, la Comédie Française venait
d'exterminer les Forains. Outre le plaisir de la vengeance assouvie, cette nouvelle suppression donnait
aux privilégiés l'espérance de voir venir à eux, plus
empressé qu'auparavant, un public désormais privé
de ses spectacles favoris. Mais c'était là une grosse
illusion. On dut bien vite reconnaître la place considérable que les théâtres populaires tenaient dans la
vie parisienne, et combien, loin de nuire à l'art dramatique, ils en conservaient et répandaient le goût.
Sans doute, elles étaient loin d'être des chefs-
d'œuvre, les pièces foraines ; mais elles avaient du
moins, entre autres mérites, celui d'attacher le peuple
à des divertissements bien français, consacrés par
une longue tradition glorieuse, et très recomman-
dables en somme, depuis surtout que la grossièreté

en avait été bannie. S'il n'y avait eu, à cette époque,
que la Comédie Française et l'Opéra, les Parisiens
n'auraient peut-être pas gardé cette passion des spectacles que Corneille, au siècle précédent, était si
heureux de constater.

> « A présent le théâtre
> Est en un si haut point que chacun l'idolâtre....
> Le théâtre est un fief où les rentes sont bonnes. »

La preuve de l'abandon où se désolaient alors les
deux grandes scènes est leur extrême pauvreté dans
les années qui suivirent le nouvel arrêt de suppression. Les Comédiens Français sont si fort obérés, que
le roi leur accorde une gratification de 72 000 livres
et suspend le droit des pauvres[1]. L'Opéra est encore
plus mal en point. Comme ses prédécesseurs, Berger
s'est ruiné, et le sieur Tréfontaine, à qui il a passé
la main, une main très vide, se retire après seize
mois d'exercice en laissant un déficit de 253 000
livres ; et c'est encore le roi qui doit payer. Il se lassa
bientôt de ces dépenses répétées, et, le 23 août 1749,
un arrêt du Conseil, dégageant la Couronne de toute
responsabilité présente et future, confiait à la Ville
de Paris la direction de l'Académie de Musique[2].

1. Arrêt du 1er janvier 1750. Ce furent, cette année-là, les
étrennes des pauvres et des hôpitaux.
2. En conséquence, M. de Bernage, Prévôt des marchands,
assisté du greffier de l'Hôtel de Ville de Paris, et officiers
et archers, alla le mercredi 27 dudit mois d'août 1749,
à cinq heures du matin, au cul-de-sac de l'Opéra, apposer
les scellés, et ensuite au magasin, rue Saint-Nicaise, et chez
le sieur de Neuville, receveur de l'Opéra ; et ces officiers
prirent possession de l'Académie royale de Musique, en
vertu des ordres de Sa Majesté.

Les amateurs d'opéras et les hommes épris de liberté conçurent, paraît-il, de grandes espérances de ce nouvel arrangement. Cet emprunt fait à la république romaine, qui chargeait les édiles du soin des spectacles et des fêtes publiques, ne marquait-il pas une première victoire de la grande Ville, un premier pas vers l'émancipation prochaine? Mais ce furent les Forains surtout que cette décision mit en joie. Évidemment, les représentants de la cité, soucieux des intérêts, des goûts et des plaisirs de leurs administrés, allaient ressusciter le plus parisien des divertissements.

C'est ce que flaira Monnet, qui avait le nez bon et tourné vers la fortune. Il désirait d'autant plus devancer des concurrents probables, que, depuis le vilain tour à lui joué par Berger, il avait fait de vaines tentatives pour organiser un théâtre à Lyon, puis à Londres, et menait alors une vie très difficile. Il fit donc aussitôt requête au Prévôt des marchands, M. de Bernage, et à Mme de Pompadour. Le premier s'empressa naturellement d'approuver un projet qui devait plaire aux Parisiens et assurer au bureau de la Ville douze et quinze mille livres de rente. La favorite, de son côté, satisfaite de voir tomber dans sa cassette une partie des sommes versées pour solder les déficits des directeurs incapables, accueillit et fit sienne une demande qui fut aussitôt agréée par le roi. Comme on le pense bien, Louis XV ne fréquentait pas les spectacles forains; mais sa police lui avait appris à les aimer; car elle ne lui laissait pas ignorer les flatteries, les témoi-

gnages de tendresse, les élans d'adoration et les cris
d'enthousiasme que les Panard et les Favart, (et ce
sera bien pis tout à l'heure avec Vadé) ne cessaient
dans leurs pièces de prodiguer à Sa Majesté.

Donc, à la fin de décembre 1751, une lettre de
M. d'Argenson transmettait au Prévôt des marchands
la décision royale et l'autorisait à réorganiser
l'Opéra-Comique.

Bien qu'il n'eût à lui que cinq semaines avant
l'ouverture de la Foire Saint-Germain, et qu'il fût
sans argent, sans théâtre, sans acteurs, sans auteurs,
l'aventureux Monnet décida qu'il serait prêt. Il
connaissait les Parisiens, et les savait assez semblables aux rois, dont Molière disait qu'ils ne se
plaisent pas du tout à trouver des obstacles, veulent
des plaisirs qui ne se fassent pas attendre, et qu'il
vaut mieux s'acquitter mal de ce qu'ils demandent
que de ne s'en acquitter pas assez tôt. De par la grâce
de Sa Majesté, le public avait reconquis son droit
aux spectacles forains : coûte que coûte, ces spectacles, il les aurait. Et il les eut. Quelques jours
suffirent à Monnet pour réunir douze mille livres,
retirer des mains de la Justice la salle de Pontau, que les créanciers avaient fait mettre sous
scellés, retrouver dans les provinces et rappeler à
Paris les principaux acteurs de l'ancien Opéra-Comique, et attacher le poète Vadé à la fortune du
nouveau directeur, dont le théâtre improvisé s'ouvrit
le 3 février 1752, en même temps que la Foire.

Les débuts ne pouvaient être que modestes. Un
court prologue qui associait les Forains et le Roi dans

un commun éloge, une parodie (*la Fileuse*), de l'opéra d'*Omphale*, et le ballet des *Petits Sculpteurs*, dansé par une quinzaine de jeunes garçons et de petites filles, en firent les frais. C'était peu, mais le le but essentiel se trouvait atteint. Monnet avait publiquement enregistré la renaissance des théâtres forains, il avait équilibré ses recettes et ses dépenses, repris aimable contact avec les Parisiens, mis à l'épreuve ses comédiens et son auteur, et fait pour la Saint-Laurent prochaine de belles promesses qu'il allait tenir. Voici comment.

De son séjour à Londres, il avait, comme Voltaire, rapporté beaucoup d'idées, non des idées de poète dramatique, mais de directeur de troupe. C'est à l'organisation matérielle des théâtres anglais, bien plus qu'aux pièces elles-mêmes, qu'il s'était intéressé. Il est douteux qu'il connût bien Shakspeare à son retour en France, mais il est certain que les théâtres de Drury-Lane et de Covent-Garden n'avaient plus de secrets pour lui. Conduit par son ami Garrick, il en avait étudié et admiré la disposition, la mise en scène, les décors, toute la machinerie. Son ambition était donc de construire à Paris une salle de forme nouvelle, très supérieure par la commodité et l'élégance à toutes les autres qui, sauf celle du Palais-Royal, n'avaient pas été, dans le principe, destinées aux représentations dramatiques. Le rétablissement des spectacles forains, la récente démolition du théâtre Saint-Laurent, la générosité de riches amis confiants qui lui prêtèrent mille louis d'or sans intérêt, la collaboration du machiniste-

ingénieur du roi, M. Arnoult, et du premier peintre
de Sa Majesté, Boucher lui-même, qui se fit un plaisir
de composer les dessins du plafond, des décors, de
tous les ornements, et de présider à toutes les parties de la peinture, lui permirent de réaliser son
rêve grandiose. En trente-sept jours, on vit s'élever
au faubourg Saint-Laurent un théâtre que son original agencement réservait à des honneurs variés. Il
servira de modèle aux salles postérieurement bâties ;
acheté quelques années plus tard par Louis XV, il
sera transporté rue Bergère, à l'Hôtel des Menus-
Plaisirs, où se donnaient les répétitions particulières
des spectacles de la Cour ; enfin, à partir de la Convention, il deviendra notre Conservatoire. Les amateurs de musique qui en apprécient l'excellente
acoustique doivent peut-être quelque reconnaissance à Monnet. Ils se retrouvent partout, les souvenirs forains.

A cette scène nouvelle il fallait des pièces inédites, et c'est un nouveau venu qui se chargea de
les fournir. Vadé était bien l'homme de la situation ;
et dès qu'il eut rencontré ce modeste commis du
Vingtième, qui ne rêvait que vers et théâtre, Monnet, avec son flair habituel, le devina, courut à lui,
et se l'attacha. Tout de suite il avait apprécié l'entrain, la gaité grasse de cet enragé viveur, l'aisance
avec laquelle il tournait le couplet en l'honneur du
roi et des forts de la Halle, des belles dames de la
Cour, des paysannes et des marchandes de poissons,
et son talent très particulier pour entremêler, dans
un parler pittoresque, le jargon des campagnes et

l'argot des faubourgs. Les pièces très variées, contes, fables, épigrammes et chansons, dont la verve, la gaillardise et la trivialité amusaient les hautes classes de la société, même avaient ouvert au poète les salons les plus aristocratiques et fait de lui le professeur-ès-langue poissarde des grands seigneurs et des grandes dames, contenaient tous les éléments de nouvelles comédies populaires. Vadé était donc une précieuse recrue, qui fut plus facilement enrôlée que le Toupet de ses *Racoleurs*, et avec qui Monnet n'eut pas besoin d'employer l'abominable stratagème du soldat Jolibois [1].

Ce n'est pourtant pas à ses débuts que le nouvel auteur forain manifesta toute son originalité et risqua la réforme qu'il méditait. Sa première pièce, *la Fileuse*, est une œuvre de transition, ou plutôt un résumé des différents genres jusqu'alors représentés à la Foire. D'abord, c'est une parodie, et l'on sait comme, depuis cinquante ans, les victimes de l'Opéra et de la Comédie braquaient volontiers cette arme contre leurs puissants adversaires. On y trouve aussi, comme d'habitude, et bien encadrés dans une histoire d'amour très simple, des jeux de scène, des changements de décors et des divertissements variés, une arrestation de maraudeurs qu'on amène menottes aux mains, une pittoresque veillée de village, ou *Écreigne*, une ronde de fileuses flamandes et des prodiges opérés par une sorcière dont la ba-

---

1. Dans *les Racoleurs*, de Vadé, le pauvre Toupet croit signer un billet de loterie que lui présente Jolibois déguisé, et c'est au bas de son engagement qu'il met son nom.

guette magique change le soleil en four et illumine les ténèbres. C'était enfin, sauf deux ou trois exceptions timides, sur des airs connus, celui, par exemple, de *Réveillez-vous, belle Endormie*, que les personnages, dont le mieux campé, le brigadier Matamor, rappelle un type bien classique, chantaient leurs couplets familiers; et, naturellement, le rideau tombait sur un vaudeville, le traditionnel, l'indispensable vaudeville. De même aussi, on retrouve dans *le Bouquet du Roi*, l'éloge accoutumé de Louis XV. Mais elles sont vraiment écœurantes par leur excès, leur insipidité et leur platitude, ces louanges, ou plutôt ces adorations païennes, qui commencent avec la pièce et ne finissent qu'avec elle, ou plutôt sont toute la pièce. Les couplets enthousiastes de Panard et de Favart s'expliquaient et se justifiaient encore : ces hors-d'œuvre, avec lesquels on s'assurait la faveur royale et la bienveillance de la police, n'empêchaient pas la pièce d'exister et de suivre son cours. Mais faire tout un opéra comique sans action avec un recueil de cantiques en l'honneur d'un maître sans cœur et sans entrailles, dont les Français commençaient alors à se détacher, convier sur la scène, pour chanter un *Te Regem laudamus*, toutes les divinités mythologiques du ciel, de la terre et des eaux, Vénus, Neptune, Mars, Bacchus, Pomone, Flore, Zéphire et Cupidon, les agenouiller devant l'auguste statue de sa Majesté, et encombrer son autel sacré d'offrandes magnifiques, en vérité c'était mettre à une rude épreuve la patience des spectateurs de bon sens et de bon goût. S'il n'avait que

guerre des *Coins* transportât au faubourg Saint-Laurent quelques-unes de ses opérations. Avec son nez
toujours au vent et ses oreilles ouvertes aux moindres bruits, Monnet pouvait-il assister en spectateur
indifférent à ces batailles musicales? Évidemment
non. Mais dans quel parti allait-il s'engager? Là encore, le doute était impossible. Les préférences que
Mme de Pompadour, et le roi derrière elle, avaient
vivement manifestées pour la musique française ne
laissaient pas le choix à leurs protégés et adorateurs.
Sans doute, il pouvait paraître fâcheux aux Forains
de faire, en cette circonstance, campagne avec les
Comédiens Français, très enragés contre les bouffonistes[1]; mais une fois n'est pas coutume; et d'ailleurs on tâcherait d'avoir plus d'esprit qu'eux. Le
fait est que Monnet en montra beaucoup, et du meilleur, bien français, bien parisien. Il entreprit de
prouver aux fanatiques de la musique italienne que
leur enthousiasme n'était pas sincère, qu'ils admiraient par mode, sans conviction, sans intelligence,
à la façon du marquis de *la Critique*, et qu'ils portaient aux nues les opéras étrangers, non parce qu'ils
étaient beaux, mais parce qu'ils n'étaient pas français. Pour leur donner cette petite leçon, il chargea
Vadé de faire avec *les Troqueurs* de La Fontaine un
opéra comique, sur lequel M. d'Auvergne, surintendant de la musique du roi, composa des intermèdes
dans le goût italien. Puis, quelques jours avant la

---

1. A propos de cette guerre, la Comédie Française repré-
senta *les Adieux du goût*, et la Comédie italienne riposta par
le Retour du goût.

représentation, Monnet fit répandre dans le monde qu'il avait envoyé des paroles à Vienne à un musicien italien qui savait le français et qui avait la plus grande envie d'essayer ses talents sur cette langue. Cette fausse nouvelle courut toute la ville ; et quand *les Troqueurs* furent représentés, les bouffonistes, persuadés que la musique avait été faite à Vienne par un Italien, applaudirent bruyamment. Ils vinrent même, par délégation, complimenter Monnet sur l'acquisition qu'il avait faite de ce bon auteur, et crurent plus que jamais à la grande supériorité de la musique italienne. On devine avec quelle joie malicieuse le directeur de l'Opéra Comique, aussi charmé de leur bonne foi que du tour ingénieux dont il venait de les régaler, leur présenta alors M. d'Auvergne, comme le véritable Orphée de Vienne.

La part de Vadé, simple metteur en scène d'un conte de La Fontaine, avait été très petite dans le succès, surtout musical, des *Troqueurs*. Mais maintenant que les Forains, au risque de stupéfier l'ombre de Lulli, avaient manifesté leurs sentiments lullistes, et que le champ de foire n'était plus un champ de bataille, l'auteur de *la pipe cassée* pouvait revenir à ses premières amours et justifier les espérances de son directeur. Vadé devait sa réputation et son engagement aux poèmes et chansons, nouvelles et contes, dans lesquels il avait, en style rustique ou faubourien, fait la peinture grotesque des mœurs populaires. Mais son succès, il ne l'avait guère recueilli jusqu'alors que dans la société élégante, blasée et corrompue, des princesses et des ducs, qui

trouvaient un délicieux plaisir à encanailler leur vo-
cabulaire. Comme il prétendait avoir peint avec fidé-
lité la nature, une nature basse mais très vivante,
Vadé devait désirer soumettre son invention à ses
vrais juges, au public le plus capable d'en comprendre et d'en apprécier l'exactitude. Or, le théâtre de
la Foire était le meilleur endroit, le seul pour ainsi
dire, où l'auteur d'œuvres inconnues des principaux
intéressés pût se rencontrer avec les modèles de ses
héros, les habitués des halles et des guinguettes, de
la Grenouillère et des Porcherons. De là, l'empressement avec lequel il avait accueilli les offres de Monnet, et l'impatience qui le tenait de vulgariser sa
découverte, c'est-à-dire de porter à la scène la littérature poissarde.

Voilà donc, à partir de 1754, le nouveau genre
dramatique momentanément maître de la Foire. Pour
quelques années la place appartient aux personnages
populaires dont le poète est allé poursuivre les modèles dans tous les carrefours, dans la banlieue,
même au fond des campagnes normandes. Sur la
scène où voltigeaient jadis le svelte Arlequin, l'aimable Pierrot et la gracieuse Colombine, aujourd'hui se
campent lourdement des marchandes de marée, des
pêcheurs de goujons, des blanchisseuses, des forts
de la Halle, des maraîchers et des paysans, des soldats et des perruquiers. Dans ce monde grossier de
petites gens, vêtus à la mode des faubourgs, mêlés
à des histoires essentiellement parisiennes, par exemple à des scènes de racolage militaire, quelle triste
figure feraient les anciens acteurs de la primitive co-

médie foraine, avec leurs joyeux costumes qui semblaient taillés par des fées, leurs cabrioles fantastiques et leurs prodigieuses aventures dans de lointains
pays inconnus! Ce qui les étonnerait surtout, ces
êtres tout de fantaisie, si souvent privés de la parole, et malgré cela si divertissants, ce serait de constater que leurs successeurs ne doivent guère qu'à
leur façon de s'exprimer le bonheur de se faire applaudir. Car la langue est ce qui caractérise essentiellement le nouveau genre, le genre poissard. C'est
par leur jargon que se distinguent d'abord Mme Saumon, ses filles et sa nièce, et Nicaise et Sans-Regret,
et Jérôme et Fanchonnette, comme c'est à leur jargon
qu'on reconnaît d'abord Cathos et Madelon; et leur
argot naturel ne dut pas, à l'origine, moins ahurir
le bourgeois que le jargon médité des Précieuses.
Quel bizarre mélange, en effet, de mots estropiés :
*feurliage, bon joux, violicence, tenderté, saintecope,
crain d'œil*; d'incorrections : *j'navons, tu voudrais
que je t'écoutisse*; de liaisons audacieuses : *on zest libre, tu seras tamoureuse*; d'alliances de mots inatten-
dues : *la rivier de l'onde, mon amiquié d'ardeur*; de
jeux de mots saugrenus : *quand je vous dis et quand
je vous douze, je tombe de scribe en sillabe*; de métaphores et d'images qui ne fleurent pas l'antique! A
la Halle, l'amour ne prend pas des flèches dans son
carquois : il met les fers au feu; et quand il a grillé
le museau de sa victime,

> tout douc'ment le cœur décampe
> tout comm' la finition d'un'lampe.

Mais c'est surtout lorsqu'il s'agit de traduire des

émotions violentes que le langage poissard devient
original et exubérant : il s'enchevêtre alors dans un
fouillis d'images pittoresques, se gonfle de métaphores
effrénées. « Quelle manufacture de dégoisement que
cette chienne de langue ! » Malheur à l'amoureux
naïf, maladroit et mal bâti ! La bien-aimée, les poings
sur les hanches, fait aussitôt pleuvoir une grêle de
comparaisons fâcheuses sur les déclarations du pauvre diable, qui vainement offre son cœur.

ELLE.

« Quoi qu' c'est qu' vot' p'tit cœur? Mais voyez donc
ct' magot échappé de d'ssus la tabatière du gros
Thomas! Son petit cœur!

LUI.

Mais vous avez tort, car je suis
Porteur d'une figure heureuse.

ELLE.

Ah! oui, fort heureuse, et si heureuse qu' ma mère
f'rait ben d' vous pendre à sa boutique en magnère
d'enseigne : un merlan comm' vous s' verrait d' loin;
ça l'y port'rait bonheur, ça y attirerait des pratiques.

LUI.

Né badinez pas; sans vanité je pense être d'une
structure....

ELLE.

Oui, il est ben campé, avec ses deux jambes de flutte
à l'ognon. Adieu, bijou de la foire Saint-Ovide. Oh!
j' t'épouse, t'as qu'a v'nir, va; pain mollet d' la dernière fournée! »

Et qu'il ne regimbe pas, le malheureux! Car « on
n'le manquera pas, en lui appliquant une savonette
sur la mine qui lui f'ra mousser l'grouin sans l'trem-
per dans l'iau ». Et le bruit attirera la mère, la sœur,

la cousine; et alors, quelle effroyable avalanche
d'apostrophes et de menaces!

LA MÈRE.

« Tu n'sortiras pas d'ici sans avoir la margoulette en
compote. Voyez-moi ct' diable de malpeigné, traiter
comm' ça d'honnètes gens! Tu peux ben dire : bonsoir,
la compagnie; car j'te vas mettre hors d'état de travailler d'main.

LA COUSINE.

C'est donc à nous qu' tu t'adresses, timballier des
archers d' l'écuelle. Oh! j'vas fair' voir à qui tu parles,
médaille de papier volant, vis-à-vis de l'Hôtel des
Ursins. Tiens-toi ben!

LA PETITE SŒUR.

Tu n' m'échapp'ras pas; c'te main-là va mett' ta face
en couleur. Rendez-vous à croquignolle, faut que
j' t'écharpe.

LA FIANCÉE RÉCALCITRANTE.

Laissez-moi faire. Faut qu'il porte un bras en
écharpe d'ma façon. Tu vas voir à qui qu'tu t'joues,
va, cocher des cabriolets d'Marseille. Mais voyez
c't cousin germain d' Lucifer à la mode de Bretagne!
c'est fait d'toi! [1] »

On voit, par ces suffisants échantillons, que la
langue est l'élément essentiel du genre poissard;
mais on voit aussi qu'il n'en est pas le seul. Comme
les précieux, les poissards ont nécessairement des
manières, des goûts conformes à leur jargon. Ils
auront des façons brutales, des gestes violents, une
prononciation triviale, des idées communes, des
goûts vulgaires. Mais puisque pour Vadé ce langage
grossier a le très grand mérite d'être naturel, franc,
joyeux et coloré, la plupart des personnages qui le

1. Extrait des *Racoleurs*.

parleront auront aussi beaucoup de naïveté et de
droiture, de gaîté et de pittoresque. C'est une haran-
gère bien forte en gueule, Mme Saumon; mais que
d'entrain, de verve et de franchise! Et quelle bonne
mère cela fait! « Dieu de Dieu, par la jarni, trente
millions de *cocrodilles* », comme elle retrousse ses
manches, dès qu'on ose toucher à ses filles! Et
comme les petites aussi, griffes tendues, savent défendre leur maman, même contre des soldats et des
sergents du roi! « Eh! parle donc, moule à chandelles des vingt-quatre à la livre! T'nez, c'minois de
tambour de basque, dire qu'ma mère est une haran-
gère, une femme qu'élève ses enfants comme des
duchesses! » Elle est bien brutale, bien gouailleuse
et bien cruelle pour le pauvre Jérôme, l'insensible
Fanchonnette; mais quelle jolie fleur de tendresse
naïve s'épanouit au fond de son cœur, resté bon, dès
qu'elle croit son amoureux noyé.

> « Quoi! le soutien de ma vie
> S'ra mangé des poissons!
> Ah! tout mon sang charrie,
> Car j'y sens des glaçons.
> Si l'on n' rapport' mon amoureux,
> J'suis prête,
> Prête à m'arracher tous les ch'veux
> D'la tête. »

Plus charmante encore est la petite Bastienne,
mais combien moins vraie! C'est aussi qu'elle n'appartient déjà plus que par son jargon à la grande
confrérie des poissards. Elle, et son fiancé Bastien,
personnifient le paysan tel que d'aucuns, avec Vadé,
se plaisaient à le représenter au xviiie siècle, le paysan

vertueux, de goûts simples, de sentiments nobles, même raffinés, et qui se pâme de tendresse au seul nom du roi bien-aimé. Ici, Vadé ne peut prétendre qu'il peint d'après nature. Ce type de l'homme des champs, dont il reste un des créateurs responsables, est aussi faux que sont vrais, aussi faits de chic que sont pris sur le vif les forts-à-bras du port aux blés, les marchandes de la Halle, les buveurs de la Courtille et les *pêcheux* du Gros-Caillou.

C'est aux Foires Saint-Germain et Saint-Laurent de 1756 qu'étaient représentés *les Racoleurs*, la comédie poissarde par excellence. L'été suivant, mourait à trente-huit ans, victime de ses excès, celui qu'on appela le *Callot de la poésie*, le *Téniers de la littérature*, le *Corneille des halles*.

Monnet déplora la mort de Vadé comme une perte irréparable, et ce sera tout à l'heure une des causes de sa retraite. Du moins, ne voulut-il pas laisser partir son ami sans un dernier adieu public; et c'est Favart qui se chargea de l'oraison funèbre. Dans un prologue, représenté à la Foire Saint-Germain de 1758, Monnet cause avec un de ses comédiens :

LE DIRECTEUR.

« Oh! mon cher ami, nous avons perdu un auteur qui était la plus belle rose de notre chapeau.

L'ACTEUR.

C'est une perte difficile à réparer.

LE DIRECTEUR.

Nous n'avons que la ressource de le proposer pour exemple à ceux qui voudront courir la même carrière.

L'ACTEUR.

Voici ce que j'ai déjà dit à plusieurs
Observez
Et suivez
Ce modèle;
Comme lui, peignez les mœurs;
Prenez de ses couleurs
La teinte naturelle.
Que le trait
Du portrait
Soit fidèle.
Consultez
La vérité;
L'art n'a rien mérité
Sans elle...
Unissant
Le plaisant
A l'utile,
Il traitait tous les sujets;
Et, selon les objets,
Il variait son style.
Tout y prend
Différent
Caractère,
Il n'est point de mauvais ton,
Lorsque l'on a le don
De plaire. »

Cependant, malgré son admiration, et si vif que
fût le succès de son ami, Monnet avait très vite compris l'impossibilité de transformer complètement le
théâtre forain en une académie poissarde, et d'imposer au public, avec continuité, les pièces que leur
style risquait de rendre plus monotones que d'autres.
Aussi, dès les débuts du genre nouveau, avait-il,
comme tous les directeurs prudents qui redoutent
un échec ou cherchent à varier leurs spectacles, pris
ses mesures et fait ses provisions. Il avait notam-

ment reconquis Favart, son ancien collaborateur, qui, après avoir dirigé le théâtre de Bruxelles et la troupe avec laquelle Maurice de Saxe égayait ses étapes, se consolait de mésaventures pénibles en travaillant pour la Comédie italienne. L'année même où il risquait *Jérôme et Fanchonnette*, pastorale de la Grenouillère, Monnet donnait *les Nymphes de Diane*; et si les spectateurs aimaient la diversité, ils étaient servis à souhait. La forêt de la chasseresse divine ne ressemble guère aux boqueteaux du Gros-Caillou; et quelle distance entre la Grecque Thémire et la Parisienne Fanchonnette, surtout entre l'audacieux Agénor, ce digne contemporain des antiques Satyres, et le timide Jérôme, sujet du roi Louis XV, et pêcheur de friture de Seine! Quel contraste encore entre *le Siège de Troyes*, en Champagne, par Vadé, et celui de *Cythère*, par Favart! Puis brusquement, au milieu de ses excursions dans la mythologie et la fantaisie, Monnet, rappelant son public à la réalité glorieuse, lui donnait *le Mariage par escalade*, pièce de circonstance, qui célébrait les exploits de nos armées à Minorque, et traduisait, à la grande joie universelle[1], les sentiments peu bienveillants des Français pour l'ennemi héréditaire. Des Halles à Cythère, et de Cythère à Port-Mahon, que d'étapes! Comédies poissardes, opéras comiques, vaudevilles

1. Quelques critiques anglomanes, comme on n'en devrait jamais voir, se plaignirent, il est vrai, qu'on ne ménageât pas assez les Anglais. On avait tort, disaient-ils, de rendre injure pour injure et d'imiter l'indécence des spectacles de Londres à notre égard. Mais Favart leur répondit : « Ce sentiment fait honneur à notre nation; mais une délicatesse trop scrupuleuse aurait empêché de faire parler les per-

ciés, avec son théâtre, son magasin, les décorations,
les habits, et un privilège valable pour trois années
encore. Il finira sa vie, sans dettes et sans soucis, en
composant ses Mémoires[1] et un recueil des chansons
françaises faites depuis les origines jusqu'au milieu
du xviiie siècle.

Nécessairement, le premier devoir d'un nouveau
directeur de théâtre est de se conformer aux goûts
nettement exprimés par le public auquel il doit plaire.
Les Parisiens venaient de se déclarer pour la musique italienne : il fallait les satisfaire. C'est à quoi Favart et Corby s'ingénièrent, non sans succès. Aidés,
poussés même par Duni, très résolu à garder la
position conquise, et par d'autres compositeurs de la
même école, tels que Laruette, Monsigny, et Philidor,
qui avait fait la musique du *Diable à quatre*, ils ache-
vèrent bénévolement, sans en deviner les dangers,
une transformation que les circonstances avaient
imposée à leur prédécesseur. En peu de temps, le
théâtre forain devint une sorte de Conservatoire italien. C'étaient bien des pièces françaises qu'on y jouait,
le Soldat magicien, *le Cadi dupé*, *le Maréchal-ferrant*,
On ne s'avise jamais de tout, un nouveau début de
Sedaine qui, cette fois-ci, imitait La Fontaine dans
un conte déjà mis à la scène par Panard ; mais la
musique de tous ces opéras comiques était italienne.

Ces empiétements ne pouvaient convenir aux co-

1. Les *Mémoires secrets* les annoncent ainsi à la date du
18 février 1772 : « Le sieur Monnet fait imprimer les
Mémoires de sa vie sous le titre de *Supplément au Roman
Comique*. Il annonce qu'ils sont écrits par lui-même ? ».

médiens de l'Hôtel de Bourgogne. Ils essayèrent d'abord de lutter contre la concurrence en donnant, eux aussi, des pièces musicales; mais le public restait fidèle aux Forains. Sans doute, les acteurs de la rue Mauconseil avaient la voix presque toujours juste, et quelquefois très belle; mais, en général, ils étaient sans action, sans grâce, sans noblesse. C'est alors que pour se débarrasser de leurs rivaux, les Italiens proposèrent une fusion, qui, dans leur pensée, devait être une suppression. Mais ils eurent beau énumérer tous les avantages de cette offre intéressée : permission assurée par l'Opéra de chanter tout à son aise et d'avoir l'orchestre qu'on voudrait, engagement pris par eux-mêmes d'accueillir tous les auteurs et les meilleurs artistes du théâtre sacrifié, Sedaine, Anseaume, Laruette, Bouret, Audinot, Mlles Deschamps et Neissel, les Forains firent la sourde oreille. Ils avaient lu La Fontaine, qu'ils imitaient volontiers, et connaissaient la fable du *Lion malade et du Renard.*

> « Que sa Majesté nous dispense :
> Grand merci de son passe-port.
> Je le crois bon; mais dans cet antre
> Je vois fort bien comme l'on entre,
> Et ne vois pas comme on en sort. »

Exaspérés par ce refus, les Italiens firent requête au Roi; et, s'il faut en croire Bachaumont, cette affaire, qui semblait n'en devoir être une que dans les ruelles, fit une grande sensation à la Cour; elle y causa même des schismes. De son côté, le Tout-Paris d'alors fut très étonné de voir Mgr l'Archevêque intervenir en personne, et plus étonné encore quand il apprit que Son Éminence sollicitait avec une vivacité singulière la conservation des théâtres forains. L'intervention était pourtant bien naturelle, puisqu'elle était intéressée : les fonds abondants que ces spectacles assuraient à M. de Beaumont, qui touchait pour ses pauvres un quart des recettes, ne justifiaient-ils pas ses démarches? Malheureusement pour la Foire et pour l'Église, les efforts de Monseigneur demeurèrent inutiles. Après plusieurs grands conseils des dépêches, la suppression de l'Opéra Comique fut résolue ; et, si étrange que cela paraisse, la sympathie de la Cour pour les Forains ne fut pas étrangère à cette décision. On désirait beaucoup à Versailles entendre les acteurs de la Foire ; mais l'étiquette ne permettait pas et ne permettra que dans dix ans de faire jouer devant la famille royale des histrions non revêtus du titre de *Comédiens du Roi.* On le pouvait maintenant, puisque les Forains, à la suite *de la Réunion,* consacrée par une ordonnance royale, jouissaient des mêmes honneurs et privilèges que leurs nouveaux associés.

En 1680, Louis XIV avait réuni les comédiens de l'Hôtel de Bourgogne à ceux de la rue Guénégaud. En janvier 1762, Louis XV réunissait au théâtre italien de la rue Mauconseil les spectacles du préau Saint-Germain et du faubourg Saint-Laurent. Le genre nouveau de l'Opéra-Comique, le genre moderne, était fondé en France ; mais les Forains, une fois de plus, étaient exterminés.

Mais c'était une extermination provisoire.

CHAPITRE VIII

LES SPECTACLES FORAINS AUX BOULEVARDS

(1762-1772)

La *Réunion.* — Incendie de la Foire Saint-Germain. — Vieux
spectacles forains renouvelés. — Les Nicolet. — La Foire
Saint-Ovide. — Boulevard du Temple. — Taconnet. — Audinot. — *Les comédiens de bois de Sa Majesté.* — *Les grands
danseurs du Roy.* — Opéra-bouffon.

On peut sans peine, grâce aux Mémoires du temps,
se faire une idée de l'intérêt et de l'émoi provoqués
par ce qu'on appelait alors *la Grande Réunion.*
Toujours écrit avec une *R* majuscule, ce mot était
prononcé par les uns sur un air très satisfait, par
les autres d'un ton ironique, mécontent, ou furieux.
Le chapitre de Saint-Germain-des-Prés et ces Messieurs de Saint-Lazare, dont les boutiques et loges
risquaient de n'être plus louées, les marchands des
foires, privés d'une partie de leur clientèle, et les
fervents de l'Opéra-Comique, dépossédés de leurs
plaisirs, se montraient fort irrités d'une transformation trop semblable à une suppression. Les bouffonistes, au contraire, triomphaient bruyamment. La
musique italienne allait donc enfin avoir une scène
à elle, digne d'elle. Ce n'était plus sur des *tréteaux*

populaires qu'on entendrait les œuvres de Philidor
et de Monsigny, mais dans leur vrai milieu, aux Italiens, sur un théâtre protégé et subventionné par
ce même roi qui, dix années auparavant, avait pris
parti contre la nouvelle venue. Quant aux deux
troupes, pour qui cette réforme avait un intérêt très particulier, on devine leurs sentiments. La
Comédie Française ne pouvait que se réjouir d'une
jonction dont l'immédiate conséquence était de la
délivrer de son irréconciliable ennemie. L'Opéra, en
revanche, se montrait désolé, consterné. C'est au
moment même où, par suite des progrès de la musique italienne, ses affaires allaient très mal [1], qu'on
songeait à le priver du tribut annuel payé par les
Forains [2], et surtout qu'on lui opposait une concurrence, dont la seule menace était très redoutable. Du
moins, essaya-t-on de le consoler par avance en
décorant son chef Rebel du grand cordon de Saint-
Michel. Les gouvernements, comme les chirurgiens,
ont des bandages pour toutes les plaies.

Donnée le 3 février 1762, presque au jour où se
faisait l'ouverture, assez maussade cette année-là
par suite du départ des Comédiens, de la Foire
Saint-Germain, la première représentation des deux
troupes réunies fut un gros événement parisien, dont

1. « On a repris aujourd'hui *Zaïs* à l'Opéra (paroles de
Cahusac, musique de Rameau). Jamais on n'a vu spectacle
si abandonné. Les premières loges étaient absolument nues,
les secondes très peu garnies, surtout en femmes, le reste
à l'avenant ». Bachaumont, 1762.
2. L'Opéra se trompait. Non seulement on ne le priva pas
de son tribut, mais on le porta de 20000 à 40000 livres.

les témoins se plaisaient plus tard à rappeler le souvenir. « Jamais les Italiens ne s'étaient vus assiéger par une foule pareille. C'était une fureur sans exemple. Des flots de curieux se succédaient sans interruption, et débordaient dans toutes les rues voisines. Tout était loué depuis plusieurs jours, jusqu'au paradis » [1]. Et ce qui attirait ainsi le public, ce n'étaient pas en réalité les spectacles annoncés, puisqu'on devait donner *Blaise le Sabotier* et *On ne s'avise jamais de tout*, de Sedaine, Monsigny et Philidor, opéras comiques connus, déjà joués à la Foire : on se pressait à la porte de l'Hôtel de Bourgogne parce que, depuis trois mois, on ne parlait que de *Réunion*, parce que cette affaire avait divisé la Cour et la ville, le Ministère de la police, dont les Forains dépendaient naguère, et les premiers gentilshommes de la Chambre du roi, à qui appartenait désormais la haute direction de la nouvelle troupe. On était bien curieux aussi de voir ce que serait l'inévitable cérémonie d'inauguration. Favart ayant été, tour à tour et simultanément, le collaborateur impartial et avisé des deux Comédies, ce fut à lui qu'on confia l'A-propos de circonstance; et les Parisiens fêtèrent, comme il convenait, la scène finale de la *Nouvelle troupe,* qui montrait le mariage de raison des deux spectacles. On s'embrassait et se congratulait : d'aucuns auraient voulu s'entre-dévorer.

1. Bachaumont, 3 février 1762. Cette année-là, la part de chaque acteur fut de 11 500 livres. Et le succès ne devait pas se ralentir. En mars 1765, le même Bachaumont écrivait : « La fureur de ce spectacle continue, le tiers des loges est loué à l'année ».

En somme, ce fut une belle soirée, malgré les pré-
dictions alarmantes des partisans exclusifs de la
Comédie Française et des anciens combattants du
Coin du Roi, qui déclaraient impossible « le triomphe
des *tréteaux* sur la majesté des deux grandes scènes ».
Et leurs critiques du lendemain n'eurent pas un
résultat plus avantageux. Ils allaient partout, repro-
chant aux acteurs italiens d'avoir vainement cherché
à se parer de la gaîté naïve des Forains, et à ceux-ci,
enflés de leur nouvelle dignité de Comédiens du roi,
et tout fiers de n'être plus excommuniés [1], de mettre
dans leur jeu une importance ridicule. Vains efforts,
impuissants à refroidir l'enthousiasme général. Ceux-
là même le partagèrent, qui regrettaient le plus les
spectacles de la Foire. Il est vrai qu'on venait de
leur promettre une rare compensation : les deux
nouvelles troupes réunies auraient le privilège exclusif de jouer la semaine de la Passion ; et ces jours
là, elles se transporteraient au préau Saint-Germain.
La perspective de ce changement de scène, de ce
retour momentané au bercail, redoubla encore
l'allégresse publique. Dans la salle foraine de la rue
des Boucheries, toutes les places furent retenues,
longtemps d'avance : on se disputait à prix d'or les
troisièmes loges. Assurément, disait-on, les pièces les
plus connues et les plus usées ne pouvaient manquer,
reprises sur la scène où elles étaient nées, de rede-
venir neuves et fraîches. Ainsi le retour au pays
rajeunit les exilés. Par malheur, ce projet fut ajourné,

---

1. C'était un privilège des Italiens, que les Forains avaient
acquis grâce à la *Réunion*.

c'est-à-dire, comme il arrive d'ordinaire, pour toujours abandonné, à la suite d'un incendie terrible
qui dévasta la Foire Saint-Germain.

« Mercredi, 17 mars, à trois heures du matin, le feu a
pris dans la loge du nommé Nicolet, bateleur, dans le
jeu duquel on avait tiré de l'artifice. Il faisait froid et
vent; peu de secours prompt à une pareille heure. Le
feu, ne trouvant de résistance que dans des planches
et du vieux bois, a fait en peu de temps un progrès
considérable. On a apporté tout le secours de la police;
guet, soldats aux gardes, moines, magistrats, premier
président, procureur général, lieutenant de police et
autres, les commissaires, tout y est venu, et y a passé
une partie de la nuit et le jour; mais il n'a pas été possible de l'arrêter; tout a été consumé, et ce grand
emplacement de loges et de boutiques est une place
entièrement vide. On juge par là qu'il y a eu beaucoup
de pertes pour les marchands de la Foire, qui, dans la
nuit, n'ont pas pu avoir le temps de sauver leurs marchandises et leurs effets. Cela a causé un grand
désastre; il paraissait encore du feu dans l'intérieur de
la Foire à deux heures après midi[1].

Les partisans de l'alliance italo-foraine supportè-
rent ce malheur avec résignation. L'un d'eux même,
l'auteur de la description qui vient d'être citée, assez
insensible au désespoir d'une foule de petits bouti-
quiers ruinés, le déclara « en quelque sorte moins
important, à cause du changement dans les spectacles de Paris ». Évidemment, ce sinistre ne touchait
pas l'Opéra Comique, depuis six semaines fondu et
confondu avec la troupe italienne, que les flammes
n'étaient pas allées, par delà la Seine, chercher rue
Mauconseil; mais certains autres théâtres, très pari-

1. *Journal* de Barbier; mars 1762.

siens eux aussi, et demeurés fidèles à la Foire, ceux
par exemple des acrobates et des marionnettes, se
trouvaient durement frappés ; et ils méritaient bien
qu'on s'intéressât à eux. De tous les spectacles
forains, c'étaient les plus anciens, ceux dont l'histoire
offre peut-être la suite la moins interrompue, et
dont on peut le mieux dresser la généalogie, depuis
Alard jusqu'à Blondin, et depuis Brioché jusqu'à
M. Maurice Bouchor. Les cordes sur lesquelles dan-
saient les uns, et les ficelles qui donnaient aux autres
la vie, n'avaient, pour ainsi dire, jamais cassé.

Même, jamais elles n'avaient été si solides, grâce
surtout à celui dont les feux d'artifice venaient d'in-
cendier la Foire, grâce à Nicolet. Au moment
même où la *Grande Réunion* se décidait à Versailles,
les deux théâtres Nicolet demeuraient l'espoir suprême et la suprême pensée du tout Paris forain. Au
moins, si l'on perdait l'Opéra Comique, était-il juste
qu'on conservât les marionnettes et les danseurs de
corde. Or, les Nicolet étaient les plus anciens et les
plus populaires entrepreneurs de ces divertissements.
Il y avait près de quarante ans que le fondateur de
la maison, Guillaume Nicolet, premier du nom,
ex-racleur de violon dans les bastringues, s'était établi aux foires comme joueur de marionnettes. Après
avoir eu l'honneur de représenter des farces de Fuzelier et de recueillir la succession de Bienfait, ruiné
et saisi en 1750, il venait, à la date où nous sommes,
de passer la main à ses deux fils. Le cadet continuait
le métier paternel, et l'aîné, Jean-Baptiste, dirigeait,
en attendant mieux, une troupe de danseurs de

corde et d'animaux savants, qui, rivalisant de grâce, de légèreté et d'esprit, justifiaient bien le fameux dicton : « c'est de plus en plus fort, comme chez Nicolet ». C'était merveille de voir le singe Turco, affublé d'une robe de chambre, de pantoufles et d'un bonnet de nuit avec des rubans roses, imiter l'acteur Molé malade, comme son aïeul Fagotin, coiffé d'un vieux vigogne dont un plumet cachait les trous, et habillé d'un pourpoint à six basques, avec passements et aiguillettes, contrefaisait jadis Scaramouche. Mais autant cet adversaire malheureux de Cyrano de Bergerac avait paru redoutable quand, farci d'une ardeur guenonique, il allongeait aux spectateurs des bottes de quarte, autant le singe de Nicolet se montrait d'humeur pacifique et gracieuse. Il allait s'asseoir sur l'appui des loges, faisait la conversation avec les dames, et, véritable enfant gâté, grugeait toutes les pastilles de ces belles. En 1760, les bêtes, comme les hommes, étaient plus sociables et d'un meilleur commerce qu'au temps de la Fronde. Les singes, notamment, représentés par Turco-Narcisse, n'ont jamais fait tant d'efforts pour mériter l'honneur d'avoir été nos premiers pères.

Les tours de force et les danses sur la corde de Nicolet n'étaient pas moins célèbres. A vrai dire, ces spectacles avaient toujours été très populaires ; mais depuis quelques années, les acrobates étrangers faisaient aux Français une concurrence peu flatteuse pour les Forains, bons patriotes. Avec leurs affiches bourrées de promesses mirifiques et leurs vertigineux exercices, les troupes anglaise, italienne et hollan-

daise accaparaient tout le monde. En vérité, n'était-ce
pas humiliant que, dans cette triste fin de la guerre de
Sept ans, la France, si malheureuse déjà sur les
champs de bataille, se laissât vaincre aussi sur les
champs de foire? Heureusement Nicolet, du haut
de son estrade, veillait. Par lui resplendit à nouveau
l'ancienne gloire de la corde française et du saut périlleux à la Parisienne. Ce fut un beau réveil. De tous les
coins de la ville, de Versailles même, des faubourgs
et de la Cour, on venait admirer ces inimitables
danseurs qui faisaient autour de Nicolet une auréole
multicolore, le Petit-diable, si agile, le beau Des-
voyes, le gracieux Placide, l'herculéen Dupuis,
jamais las, toujours prêt à répondre aux *bis* du public
et à continuer la séance. L'enthousiasme fut si général, et monta si haut, que les princes du sang voulurent, eux aussi, apprendre à danser sur la corde.
Ce sera bientôt l'ambition du comte d'Artois. Pourquoi, se demandera la Cour très intriguée, cette
retraite mystérieuse que Monseigneur fait tous les
matins au Petit Trianon? Tout simplement, parce
que Monseigneur prend des leçons de Placide et du
Petit-diable; Monseigneur s'exerce à danser sur la
corde, comme son grand aïeul dansait sur les planches. Et quelle surprise, et quel succès, le jour où
le futur Charles X osera développer devant leurs
majestés ses talents de voltigeur[1]! Compter un roi
dans ses annales, et plus tard avoir représenté dans
un mimodrame, comme le fera Mme Saqui sur la

1. Cette grande première sera donnée le 12 juin 1780.

Seine, le passage du Mont Saint-Bernard, la bataille de Wagram et la prise de Saragosse, n'est-ce pas glorieux pour la corde tendue?

Ainsi donc Nicolet, au moment de la *Réunion*, était, avec les comédiens prêts à plier bagage de l'Opéra-Comique, le plus couru de tous les amuseurs forains. Ce ne sont pourtant pas les échos Saint-Germain et Saint-Laurent qui répètent le mieux son nom. Pour le bien connaître et ne rien perdre de ses métamorphoses, qui vont être en partie celles des théâtres populaires, il faut le suivre un peu partout, à travers Paris.

Pas plus que leurs confrères, les Nicolet ne restaient inactifs après la fermeture des foires. Au printemps et à l'automne, ils avaient d'abord dressé leurs tréteaux sur les quais, près du Louvre ou de la place de Grève. Puis, voici qu'on les trouve également place Vendôme. C'est qu'une nouvelle Foire s'est ouverte en cet endroit. Les Capucines, dont la chapelle s'élevait dans le voisinage de la rue qui porte aujourd'hui leur nom, ayant reçu du pape le prétendu corps de Saint-Ovide, exposèrent la précieuse relique, et célébrèrent, en l'honneur de ce cadeau peu banal, une fête solennelle. La cérémonie attira la foule, qui elle-même attira une bande d'industriels, pareils à ceux qui se pressent au mois de janvier sur la montagne Sainte-Geneviève. La place fut bientôt encombrée de vendeurs ambulants et de baraques improvisées, où l'on débitait un peu de tout, des objets de piété, des joujoux, du pain d'épice. Les mêmes marchands offraient aux visiteurs des médailles à l'effigie du saint à la mode et d'impertinentes figurines qui représentaient un jésuite sortant d'une coquille d'escargot et y rentrant : c'était la question du jour. En 1764, une ordonnance de police régularisa l'existence de la Foire nouvelle, et tout de suite les spectacles y affluèrent. Les Nicolet y vinrent d'autant plus volontiers, que la Saint-Ovide s'ouvrait en août, comme la Saint-Laurent, et qu'ils évitaient ainsi d'aller perdre à cette dernière leur temps, leur peine et leur argent. « A certains jours, dit un contemporain, nous n'étions pas vingt fous au théâtre Saint-Laurent, en comptant l'auteur et les acteurs. » C'est qu'elle était bien déchue de son ancienne gloire, la pauvre Foire Saint-Laurent. Elle souffrait de la loi constante qui force Paris à s'étendre vers l'occident ; tout le mouvement, toute l'activité se concentraient alors à la place Vendôme et à la place Louis XV[1], au Palais-Royal, surtout au boulevard du Temple.

C'est lui qui fit aux foires le plus sérieux dommage. A partir de 1760, ce vaste quartier, où les maisons étaient rares et les promenades spacieuses, devenait le rendez-vous à la mode de tous les élégants, des bourgeois et du peuple, le centre des plaisirs les plus variés, une Foire sans inauguration

---

1. A la suite d'un incendie (les foires brûlaient très souvent), la Foire Saint-Ovide fut transférée de la place Vendôme à la place Louis XV. A cette occasion, les entrepreneurs de spectacles, Nicolet en tête, donnèrent des représentations, des *gratis*, comme on disait alors, au profit des sinistrés. Les Comédiens Français avaient eu déjà la même idée, après l'incendie du préau Saint-Germain ; mais cette idée n'avait pas été suivie d'effet.

ni clôture, l'Universelle Exposition de tous les divertissements qu'on peut offrir aux yeux, aux oreilles et
aux autres sens, une très pittoresque et très animée
kermesse parisienne. Là du moins on pouvait se
rendre sans fatigue, pénétrer aisément, et circuler
en toute liberté, à pied, à cheval, en cabriolet.
L'accès en était large, ouvert à tous à la fois, tandis
qu'à la Foire Saint-Germain, piétons, cavaliers et
voitures devaient passer par la même petite porte
étroite, la porte Tournon, d'où partait un sentier en
pente glissante, qui conduisait aux ruelles sombres
et tristes, dont plusieurs subsistent encore. On
n'était pas non plus, comme à la Foire Saint-Laurent, forcé de tourner éternellement dans le même
quadrilatère oblong, coupé d'allées transversales,
toutes pareilles. Le nouveau parc à plaisirs offert
aux Parisiens avait une étendue, une variété que
rendaient plus séduisantes encore le nombre et la
diversité des spectacles. C'étaient, par exemple, des
illuminations et des feux d'artifice capables d'éblouir
les yeux les moins clairvoyants et les imaginations
les plus froides. Dans leurs jardins, resplendissant
de lampes multicolores, les frères Ruggieri lançaient,
chaque nuit, de hardies gerbes enflammées, dont
l'ingénieuse combinaison semblait un poème pyr-
rhique. Dans sa vaste salle, dont le parterre pouvait
réunir douze cents spectateurs, le sieur Torré
savait donner à ses explosions de feu, imprudentes
parfois au point d'inquiéter les voisins, un caractère
très dramatique : il les encadrait dans des pantomimes habilement agencées. Un soir, il conviait le

public aux *Fêtes de Tempé*; une autre fois, à
l'éruption de l'Etna; ou bien il le conduisait aux
Forges de Vulcain; et l'on voyait les Cyclopes mar-
telant le fer rouge d'où jaillissaient des étincelles et
des fusées, et Vénus visitant Vulcain, et le dieu du
feu fabriquant sur l'enclume les armes du pieux
Énée. En sortant de ce lieu éclatant de lumière et
de bruit, on passait à côté dans le cabinet silencieux[1] où Curtius avait réuni, modelées en cire et
coloriées, les figures très ressemblantes de tous les
personnages illustres, la famille royale assise à un
banquet, Frédéric et Catherine II, Voltaire et
J.-J. Rousseau, Mesmer et Cagliostro. Et quand ces
grands hommes ne seront plus à la mode, ce musée,
toujours en vogue et qui doit survivre au boulevard
du Temple, s'ouvrira aux célébrités nouvelles. A
Louis XV succèderont Louis XVI, Napoléon,
Louis XVIII et Charles X; Jeanne d'Arc sera rempla-
cée par Charlotte Corday, Jean Bart par Barnave, le
maréchal Lannes par le général Foy. On aura même
toute l'histoire du costume militaire en suivant les
métamorphoses du factionnaire de cire qui veille à
la porte d'entrée. Aujourd'hui, c'est un soldat aux
gardes françaises; il deviendra successivement gre-
nadier de la Convention, trompette du Directoire,
guide consulaire, chasseur de la garde impériale,
tambour de la garde royale, sergent de la garde
nationale[2].

1. Comme les spectacles, ce musée, à l'époque des Foire
était transporté à Saint-Germain et à Saint-Laurent.
2. V. Brazier. *Histoire des Petits Théâtres*, t. I, p. 187

Ces spectacles très nouveaux, augmentés bientôt
après d'autres distractions originales, telles que les
Jeux Pleïens, ou joûtes sur l'eau, et le mât de
cocagne, perdu depuis le moyen âge et retrouvé par
Torré, étaient encore moins courus que les anciens
théâtres forains. C'est à l'aventureux Nicolet[1] que
revient l'honneur de les avoir acclimatés au boulevard du Temple, et ce quartier lui doit une bonne
partie de sa fortune. Un des premiers, il vint s'y établir, vers 1760, quand les deux grandes foires étaient
closes, et il y donna d'abord ses danses et sauts
ordinaires. Mais bientôt l'ambition traditionnelle
qui avait tourmenté ses prédécesseurs le saisit aux
entrailles. On lui a défendu de parler et de chanter.
Ne pourrait-on pas se relâcher un peu de cette
rigueur excessive, accorder à sa loge quelques
libertés, bien menues, bien inoffensives? Il s'est
longtemps résigné aux pantomimes : en récompense
de sa sagesse, qu'on lui permette de donner des
farces. Ainsi, il pourra rappeler à lui les savetiers,
les marmitons, les soldats et les ravaudeuses, qui
l'ont abandonné depuis que de trop beaux seigneurs
et des dames trop élégantes se pressent chez lui
pour s'extasier devant les gambades de ses animaux
et de ses danseurs. Quel tort pourrait-il faire aux

1. « On a parlé plus d'une fois de l'ardeur du public pour
courir aux tréteaux de Nicolet, des extases qu'occasionne son
singe, et combien les femmes de la plus grande distinction
raffolaient de ces indécentes parades. Les Comédiens Italiens
se sont trouvés honteux d'une pareille préférence. Arlequin
a souvent frondé ce mauvais goût. La majesté du cothurne
en a été encore plus blessée, et les Comédiens Français se
sont joints aux farceurs ultramontains ». (Bachaumont.)

grands théâtres, puisque ses habitués, qui ne veulent
être gênés ni sur l'habillement ni sur la propreté, et
qui payent leur place huit sols au plus, n'iront pas
de toute façon à la rue des Fossés-Saint-Germain?
Au contraire, il rendra service à la Comédie-Française; car son public de petites gens mettra en fuite
les spectateurs distingués, et ses illustres rivaux
n'auront plus à souffrir de l'humiliante préférence
dont son théâtre, ses sauteurs et son singe sont
honorés, pour ainsi dire malgré eux.

Cette respectueuse requête ayant été repoussée,
comme d'habitude, Nicolet, comme d'habitude
aussi, prit les libertés qu'on lui refusait. Il avait
alors un théâtre au boulevard, le théâtre de
la Gaîté, d'abord loué, puis reconstruit par lui. Il
s'y émancipa peu à peu. Les danses de cordes étaient
devenues des pantomimes et des parades; les
parades devinrent des farces.

Dans cette transformation, prudemment graduée,
son principal collaborateur fut le sieur Taconnet
C'était un ancien apprenti menuisier, que la passion
du théâtre avait pris tout enfant. N'osant pas rêver
la gloire de paraître sur la scène comme acteur, il
avait sollicité et obtenu des Comédiens Français un
emploi d'aide machiniste. Il passait sa vie dans les
coulisses où, sans en avoir l'air et peut-être sans s'en
douter lui-même, il apprenait le métier et développait de très réelles qualités d'observateur. Ses distractions, ses maladresses, ses plaisanteries un peu
risquées dans le royaume de la Muse tragique, et
sans doute aussi son goût trop vif pour le vin,

l'ayant fait mettre à la porte, il s'engagea à la Foire
Saint-Germain; et il y comptait comme acteur dans
la troupe de l'Opéra-Comique, lorsque survint
la Réunion. N'étant pas chef d'emploi, il se trouva
sacrifié; et il venait de se résigner à reprendre son
ancien métier, quand Nicolet le recueillit. L'acquisition était heureuse et devait être très profitable :
Taconnet, ouvrier et buveur, représentait les savetiers et les ivrognes avec un si parfait naturel, que
les grands Comédiens, Préville entre autres, venaient
l'entendre et l'étudier. Mais il ne se contentait pas
de jouer, il composait aussi. Les très nombreuses
pièces, faites à la hâte, de ce gros garçon qui n'avait
jamais rien lu, rien appris, et qui cherchait son
inspiration dans le cabaret de Ramponneau, étaient
nécessairement mal conçues, grossières, écrites à la
diable; mais les personnages étaient bien vivants,
pris sur nature et reproduits avec une vérité parfois
saisissante dans sa brutalité. Certaines de ces farces,
les Écosseuses de la Halle, notamment, semblent
indiquer que Taconnet avait hérité du talent de
Vadé pour bien saisir les caractères, les caricatures,
les propos des marchands de vin et des marchandes
de marée. Dans le cabaret, où l'auteur nous conduit
d'abord, il y a beaucoup de gaîté et de chansons; et
sur le carreau des halles, où nous nous trouvons
ensuite, beaucoup de gros mots, d'injures et de
batteries. C'est le genre poissard qui, prêt à mourir,
reprend pour quelque temps la vie. Le même
entrain, une action très animée et une intrigue
mieux ourdie donnent une certaine valeur littéraire

au *Baiser rendu*, du même auteur, opéra-comique en
deux actes, tiré d'un conte de La Fontaine. Tout
Paris se pressait alors chez Nicolet. La Comédie-
Française et le Théâtre Italien restaient déserts.

Aussi, les représailles ne se firent-elles pas
attendre. Comme ces farces étaient de véritables
pièces, coupées en actes, dialoguées, écrites en vers
et mêlées de vaudevilles, les grands théâtres, abandonnés du public, s'émurent, protestèrent, et
obtinrent du duc de la Vrillière et du Lieutenant de
police une nouvelle ordonnance, très rigoureuse. Il
était défendu à Nicolet « de donner dans sa Loge
autre chose que des exercices de corde, des pantomimes, des marionnettes et des parades. Il ne devait
représenter aucunes pièces ou scènes des théâtres
Français ou Italien, ou aucune autre pièce qu'il
pourrait faire composer, soit en dialogues, soit en
vaudevilles, quand bien même elles seraient jouées
par des marionnettes, à peine de trois mille livres
d'amende envers l'une et l'autre Comédies, et de
démolition de son théâtre ». Et pour écarter
plus sûrement le beau monde de ces spectacles
populaires, on prenait soin de baisser encore le
prix des places : on ne payait que six sols au
parterre.

Pour se consoler, Nicolet pouvait contempler dans
sa caisse plus de cent mille écus, gagnés en quelques années, qui lui souriaient gracieusement. Mais
cette compensation lui parut insuffisante : il avait
une ambition plus haute. Si, sous le règne autoritaire de Louis XIV, ses grands anciens avaient pris

leurs aises avec les ordonnances policières, que ne pouvait-il se permettre, en ce temps de laisser-faire et de laisser-aller, où ce n'était pas le seul café royal qui prenait le camp? D'ailleurs, il se savait soutenu, par le peuple d'abord, pour lequel (c'est un ministre qui le disait), il fallait des spectacles, ensuite par les grands seigneurs licencieux et les grandes dames dévergondées, par Mme du Barry elle-même, qui tout à l'heure appellera à Choisy les principales troupes du boulevard du Temple. Très dédaigneux donc des lettres officielles, qui sont pour lui lettres mortes, Nicolet, loin d'interrompre ses jeux, les étend et les rend plus attrayants encore. Il augmente le nombre de ses sauteurs, de ses instruments et de ses acteurs. Il ne doit avoir que dix danseurs : il en recrute soixante; on ne lui tolère que six violons : il en prend vingt, et non seulement des violons, mais des instruments de toute espèce; tous ses acteurs sont supprimés : il en enrôle trente. Et violonistes, sauteurs, comédiens, de racler, danser et déclamer de plus belle sur le boulevard du Temple.

Il leur faut s'escrimer d'autant mieux qu'un nouveau concurrent, très redoutable, le sieur Audinot, vient de s'établir dans le voisinage, à l'*Ambigu-Comique*, désormais rival de *la Gaîté*.

Au moment de *la Réunion*, Audinot avait été plus heureux que Taconnet: acteur, lui aussi, de l'Opéra-Comique, il était entré aux Italiens. Mais forcé, à la suite d'une brouille, de quitter ses camarades, et de s'évertuer par lui-même, il était revenu au préau Saint-Germain pour y ouvrir un spectacle de ma-

rionnettes, dont le premier soin avait été de venger
l'insulte faite à leur patron. Comme Molière dans
l'Impromptu de Versailles contrefaisait les acteurs
de l'Hôtel de Bourgogne, les *Comédiens de bois*
d'Audinot imitaient, avec une étonnante vérité et la
plus malicieuse impertinence, les histrions des deux
sexes de ce même Hôtel de Bourgogne, devenu théâtre des Italiens. Cette très plaisante satire avait si
fort diverti tout le monde, sauf les victimes exaspé-
rées, qu'Audinot était devenu, en peu de temps, l'un
des entrepreneurs les plus riches et les plus populaires de Paris. Enhardi par le succès, il voulut alors
tenter de grandes choses. Il commença par adjoindre
à ses marionnettes un nain qui jouait le rôle
d'Arlequin; puis, il bâtit une salle au boulevard du
Temple; enfin, il remplaça ses poupées par des enfants. C'est à ce moment que son *Théâtre des Comédiens de bois* devint l'*Ambigu-Comique*, et que fut
inscrite sur la toile cette devise calembourienne :
Sicut infantes audi nos.

　　　Chez Audinot l'enfance attire la vieillesse,

a dit l'abbé Delille. En effet, on se porta en foule
à ce spectacle, dont l'idée parut alors très nouvelle,
bien qu'elle fût empruntée à un auteur forain oublié. Le public, qui n'a, comme on sait, ni prévention aveugle ni délicatesse ridicule, s'amusa sans
malice, et fit grande fête à ces marionnettes vivantes,
surtout à la fille du directeur, Mlle Eulalie, dont la
voix était charmante et l'intelligence très au-dessus
de ses huit ans. Les hommes et les femmes de

la Cour vinrent réveiller à ce spectacle original leur curiosité blasée, et les amateurs se féli-
citèrent de voir établi dans Paris un séminaire
où de bons sujets pourraient se former à loisir. Mais
que de hauts cris en même temps dans le monde des
austères, des dévôts et des jaloux! Cette institution
allait corrompre les mœurs dans leur source; la
licence de la scène allait créer une école de libertinage, bien plus que de talents dramatiques. N'était-
ce pas abominable, écrivait l'Archevêque au Lieutenant de police, de profaner ainsi l'enfance et l'Église?
Car le sieur Audinot s'est permis, dans une parodie
d'*Alceste*, de travestir les cérémonies religieuses,
d'affubler ses petits acteurs de costumes sacerdotaux,
copiés sur ceux des prêtres chrétiens. — Évidemment, son Éminence n'était jamais allée à l'Opéra, et
ne connaissait pas *Athalie*. On laissa crier Son
Éminence.

Plus vives encore et mieux écoutées furent les
récriminations des Comédiens rivaux. Ainsi, ce
n'était pas assez d'être sacrifié aux danseurs de
Nicolet; on allait encore se laisser supplanter par
des enfants! Comme, en vérité, cela devenait intolé-
rable, une triple alliance fut conclue entre les
grands théâtres. Les Français et les Italiens s'étaient
déjà chargés de Nicolet; l'Opéra fit son affaire
d'Audinot. Et il faut lui rendre cette justice, qu'il la
fit vite et bien. Du jour au lendemain, danses,
chants et musique furent supprimés. A l'exemple de
son voisin et concurrent, la victime allait sans doute
protester et passer outre; mais le public, c'est-à-dire

tout le peuple de Paris, avec lequel il fallait alors
compter, ne lui en laissa pas le temps. La fermenta-
tion fut telle, si soudaine, si générale et si violente,
que la police revint aussitôt sur la décision prise; et
l'Opéra, dont on avait toujours raison avec de l'argent, transigea sans difficulté. Audinot, comme les
anciens Forains, deviendrait son tributaire et lui
paierait douze mille livres par an; moyennant quoi,
il jouerait tout ce qu'il voudrait. Il y avait ainsi
bénéfice pour tout le monde : l'Académie de Musique augmentait ses revenus, le Diocèse de Paris
devait toucher pour ses pauvres une partie des
recettes, Audinot ne perdait pas son gagne-pain, et
le peuple gardait son Ambigu-Comique.

Non seulement le peuple, mais la haute bourgeoisie,
l'armée et la Cour. Plus encore que ceux de Nicolet,
ces spectacles étaient suivis par la société la plus
élégante, comme par les classes les plus humbles.
Ne vit-on pas un soir des officiers aux gardes
françaises, hôtes assidus d'Audinot, monter sur ses
planches et y donner une représentation, aussi peu
convenable que leur équipée? Et cette équipée les
aurait conduits au fort l'Évêque, sans l'intervention
du duc de Chartres, présent à cette soirée, comme
à presque toutes celles de l'Ambigu Comique. Naturellement, le roi ne pouvait se montrer en un lieu si
populaire; mais telle était la réputation de ce théâtre, comme aussi de celui de Nicolet, que Mme du
Barry, toujours désireuse de dissiper son royal
amant toujours ennuyé, voulut lui donner ces divertissements dont la Cour raffolait et parlait sans

cesse. L'un après l'autre, à quinze jours d'intervalle, les deux artistes forains furent appelés à Choisy. Quel honneur pour Audinot de pouvoir barrer son affiche de cette annonce : *les Comédiens de bois donneront aujourd'hui relâche pour aller à la Cour*! Et quelle gloire pour Nicolet de rapporter de Choisy l'autorisation d'appeler désormais son théâtre *Spectacle des grands danseurs et sauteurs du Roy*! Ils avaient fait du chemin, en dix années, les comédiens des foires et des boulevards; et, comme on voit, il n'était plus besoin, pour les présenter à la Cour, de les dissimuler dans des troupes privilégiées.

C'est à Mme du Barry qu'étaient dus cette faveur insigne et ce progrès très remarquable. Le roi avait à peine souri à des divertissements qui, paraît-il, « l'affectèrent médiocrement »; mais la favorite « avait ri à gorge déployée ». Une comédie de Nougaret, *Il n'y a plus d'enfants*, jouée à merveille par les petits comédiens que l'auguste public n'avait point déconcertés, des scènes de taverne, à la Téniers, le ballet pantomime du *Chat botté*, et la contredanse polissonne de *la Fricassée*, l'avaient prodigieusement amusée. Mme de Pompadour avait été l'amie des philosophes; Mme du Barry était celle des danseurs de corde.

Installés d'une façon fixe, commode et luxueuse dans le quartier le plus fréquenté de Paris, en paix avec l'Opéra, supportés par la Comédie-Française, et protégés par la Cour, les Forains étaient des gens heureux et des personnages considérables. On pouvait maintenant jeter un regard en arrière, mesurer

le chemin parcouru, et même déterminer les règles
d'un genre, que sa longue existence, de nombreuses
épreuves, d'éclatants succès, et des œuvres de
maîtres comme Lesage et Sedaine imposaient à
l'histoire littéraire. Ce nouvel *Art poétique*, ou plutôt
dramatique, un ami de la grande famille foraine
s'était chargé de l'écrire. *L'Art du Théâtre*, de Nougaret, fut pour les spectacles des boulevards ce que
sera pour l'école romantique la *Préface de Cromwell*.
C'est même dans cet ouvrage que se trouve définitivement consacré le titre général qui, à l'occasion, dési-
gnera désormais les différents théâtres populaires du
préau Saint-Germain, du faubourg Saint-Laurent et
du boulevard du Temple. Depuis 1762, depuis *la
Réunion*, il n'y a plus d'*Opéra-Comique* forain; à
partir de 1769, il y a un *Opéra bouffon*.

CHAPITRE IX

L'ART DU THÉATRE FORAIN

(1769)

Les spectacles forains et la critique. — Attaques et défense. Nougaret. — *La Critique de l'École des Femmes* et *l'Art du Théâtre*. — Nougaret et Boileau. — Théorie de l'Opéra bouffon.

C'est en 1769 que parut *l'Art du Théâtre en général*, ouvrage en deux volumes mal composés, où il était parlé un peu de tout, de la tragédie des Grecs, des Latins et des Français, de la comédie ancienne et moderne, de la pastorale dramatique, de l'opéra sérieux, de la parodie, mais dont l'intention véritable était de défendre, illustrer et même critiquer, pour les perfectionner, les spectacles de la Foire et des Boulevards. L'heure était bien choisie : à ce moment, les satires commençaient à tomber dru sur un genre qui, décidément, faisait irruption dans la littérature, sur l'opéra bouffon.

Jusqu'alors, les Forains n'avaient eu à lutter que contre leurs rivaux, les Comédiens Français, l'Opéra et les Italiens. Tout le long du siècle, les lettrés, défenseurs des traditions, les avaient méprisés profondément. Pour eux, ces farces grossières qui ne

charmaient, pendant quelques semaines chaque
année, que l'ignorante populace, existaient encore
moins que les mascarades du Pont-Neuf : on ne leur
faisait pas l'honneur de les malmener. C'est à peine
si Voltaire, quand une de ses pièces était parodiée au
préau Saint-Germain, leur lançait, en passant, une
épithète injurieuse.

En 1769, ce dédain et cette ignorance ne sont plus
possibles. Ouverts toute l'année et somptueusement
organisés, les spectacles forains attirent au boulevard
un nombreux public, très varié ; la Cour les appelle
et leur fait fête ; les auteurs qui les préparent sont
célèbres, et même en passe, comme Sedaine, d'entrer à l'Académie ; leurs œuvres, pour n'être ni des
tragédies, ni des comédies, ni des opéras, n'en sont
pas moins des pièces de théâtre, parfois bien con-
struites, presque toujours intéressantes, et dont la
valeur littéraire mérite d'être discutée. Bref, les
Forains ne sont plus seulement des industriels faisant une intermittente concurrence à d'autres
entrepreneurs de spectacles ; ce sont les représentants d'un nouveau genre dramatique, qui, ayant
sa place dans la vie parisienne, en réclame une aussi
dans la littérature. Ce théâtre s'imposait donc à
l'attention de la critique, comme jadis s'était imposée la farce, le jour où Molière l'avait adoptée
et réhabilitée.

On ne lui refusa pas cette attention nécessaire ; et
celle-ci, à peine éveillée, ne se rendormit plus.
Ceux mêmes qui avaient le mieux affecté d'ignorer
ces divertissements populaires, pour eux sans intérêt

ni importance, apercevaient maintenant le péril. Comment ne l'avait-on pas vu plus tôt? C'était vrai pourtant que le *théâtre nouveau*, ainsi qu'on l'appelait, se répandait partout, à la ville et à la Cour, dans les provinces et à l'étranger. « L'Allemagne en fait ses délices; peu s'en faut que l'on n'y soit tenté d'oublier, comme en France, tous les autres spectacles. » Dégoûté de la comédie, qu'on croit n'avoir plus rien à peindre, et des tragédies qui se ressemblent toutes, le Parisien, capricieux et léger, a adopté l'opéra bouffon, et naturellement les auteurs suivent la foule. Chacun veut avoir l'honneur de travailler dans ce genre, parce qu'il plaît au public, et que, coûtant moins de peine qu'une tragédie, il rapporte plus de gloire et de profit. N'est-ce pas une raison pour que tous les poètes vivants se décident à l'adopter?

Et les conséquences prochaines de ce goût déplorable des spectateurs, de cette lâche et intéressée condescendance des auteurs, comment ne pas les voir aussi et ne les point redouter? On délaissera chaque jour davantage la Comédie-Française et l'Opéra, on oubliera tous les grands écrivains, notamment Corneille et Molière, dont les pièces ne sont plus suivies comme autrefois, on amènera enfin la destruction totale des Belles-Lettres. « Si la plupart de nos auteurs n'ont plus ni force ni génie, à quoi faut-il en attribuer la cause, sinon au spectacle moderne? N'est-ce pas depuis son établissement qu'on s'aperçoit de la faiblesse de nos Muses et d'une espèce de léthargie sur le Parnasse? Les succès

du nouveau théâtre sont comme les guerres civiles
et les incursions des Barbares, qui arrêtèrent autrefois les progrès de l'esprit humain. Oui, notre littérature périra à cause de l'opéra bouffon; il la mine
chaque jour en acquérant de nouvelles forces, semblable à l'insecte qui dévore en se formant le fruit
où il a pris naissance. »

Il n'est donc que temps de protester et de réagir.
Cela doit être facile; car si les Parisiens chérissent
et encouragent ce genre détestable, ce n'est pas
parce qu'il a du mérite, mais parce qu'il satisfait
leur inconstance, les rassasie de choses frivoles et
futiles, dont sans cesse ils font leurs délices. Il faut
les tirer d'erreur, les ramener à la raison, leur montrer qu'il n'y a ni intérêt, ni utilité, ni mérite à
mettre sur la scène des êtres aussi vils qu'un savetier,
un bûcheron ou un tonnelier. Ne vaudrait-il pas
mieux les laisser dans leur obscurité? Qu'avons-
nous besoin de nous occuper des amours et des
aventures de cette canaille? Quelle instruction en
peut-on retirer? Qu'importe à nos mœurs que ces
gens-là soient sages ou vicieux? Ne se corrige-
rait-on pas mieux en voyant au théâtre un homme
d'un état un peu distingué, au lieu d'un maréchal
ferrant ou d'un laboureur en souquenille? Ceux qui
vont admirer ces répugnants exemplaires d'une hu-
manité méprisable feraient mieux d'aller les retrouver chez eux; ils goûteraient le même plaisir, puisque
ces forgerons, ces serruriers et ces harengères
donnés en spectacle sont la copie fidèle de la
réalité.

Et c'est pour cela que de pareilles œuvres, sans agrément ni valeur morale, ne sauraient avoir de mérite littéraire. Quel effort d'imagination faut-il pour concevoir et transporter au théâtre de banales aventures qui se reproduisent tous les jours, et des gens qu'on coudoie à tous les coins de rue? Quel talent exige la composition de drames bâtis en quelques heures, sans souci des règles, remplis d'insipides quolibets et de grossières indécences, écrits dans un tyle bas et rampant, à peine digne de ceux qu'on fait parler?

Les comédiens et les auteurs ordinaires des spectacles ainsi critiqués auraient vraisemblablement dédaigné ces attaques, et, comme le philosophe qui prouvait le mouvement en marchant, se seraient contentés de démontrer par de nouveaux succès et de belles recettes l'intérêt, l'utilité et le mérite de leur théâtre, si un homme ne s'était rencontré parmi eux, qui avait la manie d'écrire et de disserter sur toute chose, à tout propos, souvent hors de propos. Auteur forain, poète comique, tragique et épique, romancier, historien, archéologue, critique, écrivain militaire, chansonnier, agent secret, chef de bureau, Nougaret était de la race de ces gens qui se croient propres à tout parce qu'ils ont touché à tout, et qui s'imaginent être des génies parce qu'ils ont frôlé des grands hommes. Avec sa bienveillance accoutumée pour les débutants, Voltaire l'avait félicité d'avoir publié un supplément à *la Pucelle*, et de s'être fait, dans une héroïde, le défenseur de Calas; donc, Nougaret était un poète épique. Il travaillait pour l'Ambigu-Comique, où quelques-unes de ses pièces, *les Fourberies du petit Arlequin*, *l'Éducation à la mode*, *l'Héritage*, étaient bien accueillies; donc, il se considérait comme le successeur de Lesage et de Vadé, comme le rival d'Anseaume et de Sedaine. A la glorieuse représentation donnée chez Mme du Barry, par les comédiens de bois, on avait joué une pièce de lui, *Il n'y a plus d'enfants*; donc, c'était à lui que les Forains devaient leurs entrées à la Cour. Il était aussi romancier, le prédécesseur et l'émule en obscénités de Restif de la Bretonne, à qui il se flattait d'avoir ouvert la voie, et il sera l'imitateur de Laclos, à qui il osera même prendre le titre d'un roman célèbre[1]. Tout à l'heure, il va devenir historien. Aucune époque, aucun peuple n'aura de secret pour lui. Avec la même aisance, la même intrépidité, la même négligence, il racontera l'histoire des empereurs romains et celle du Bas Empire, la vie des apôtres, des Pères du désert, des martyrs et des saints pontifes, les Révolutions d'Angleterre, l'histoire de France, d'Allemagne, de Russie, de Pologne, d'Espagne, de la Savoie, de Genève, du Piémont, de la Sardaigne, de la Sicile, de l'Égypte ancienne et moderne, des États-Unis d'Amérique et des Indiens. De 1760 à 1823, il ne cesse d'écrire. C'est le plus grand des compilateurs, le plus universel et le plus superficiel.

Dans sa jeunesse, Nougaret avait fait jouer en province des opéras bouffons, comme *Sancho gou-*

---

1. *Les Dangers des circonstances ou les nouvelles Liaisons dangereuses*, 1789.

verneur, et *le Droit du Seigneur*, des parodies, comme *l'Incertain*, et *la Famille en désordre*, d'après Dorat et Diderot, et des pastorales, comme *la Bergère des Alpes*. Arrivé à Paris vers 1763, il était devenu un des collaborateurs les plus assidus des théâtres du boulevard, quand l'idée lui vint d'être leur défenseur en même temps que leur fournisseur. Et c'est ainsi qu'il écrivit *l'Art du Théâtre*.

Comme on l'a vu, l'ouvrage venait à point. Par malheur, il était beaucoup trop long, bourré de développements inutiles, indécis dans son plan, plus indécis encore dans l'apologie désirable. Ce qu'il aurait alors fallu, c'était un opuscule comme la *Défense et Illustration* de Du Bellay, ou comme la *Préface de Cromwell*. Au lieu de cela, Nougaret, avec une confiance que ne justifiaient ni son éducation très défectueuse, ni ses études très superficielles, et avec sa manie du développement facile, se perdait dans d'interminables dissertations sur les théâtres anciens et modernes, sur les règles d'Aristote et sur l'histoire de la musique. Et quand il arrivait au sujet attendu, il se montrait si timide, si irrésolu, si hésitant entre son respect hautement déclaré pour les saintes traditions et son désir de défendre le nouveau théâtre, qu'on est parfois tenté de se demander si c'est une apologie qu'il écrit ou une critique. A cet égard, le discours préliminaire est caractéristique. Il paraît qu'il y aura parfois de l'ironie (oh! combien dissimulée), dans les éloges adressés à l'opéra bouffon, et que çà et là, quand l'auteur se récriera sur ses beautés et son mérite, nous devrons

les trésors de la terre et qui procurent les commo-
dités de la vie.

On ferait mieux, dites-vous, d'aller les chercher
dans leur champ ou dans leur atelier. — Oh! si ces
pauvres diables attendaient votre visite, à quelle
rude épreuve serait mise leur patience! C'est un
peu parce que nous savons bien que vous n'irez pas
vers eux, que nous les envoyons vers vous, sur ces
scènes populaires que vous fréquentez avec un
plaisir moins éphémère que vous ne l'imaginez.

Et chaque fois que vous les entendrez parler ou
chanter, déplorer leur misère ou célébrer leurs joies
naïves, vous les reconnaîtrez, ces paysans et ces
savetiers; car nous ne les couvrons pas de fleurs et
de rubans; nous ne poétisons pas leurs tendres
amours et les plaisirs de la vie champêtre. Ce ne
sont point des êtres chimériques. Les vêtements qui
les couvrent à peine sont des souquenilles rapié-
cées; ils agissent, ils parlent comme s'ils étaient des
manants véritables. Ce ne sont pas des Tircis et des
Céladons; ce sont des Colins et des Lucas.

Le beau mérite, dites-vous encore, de transporter
ainsi sur le théâtre, sans même les habiller propre-
ment, le laboureur aiguillonnant ses bœufs, le forgeron frappant sur son enclume! — La preuve que cela
n'est point si facile, c'est que beaucoup d'hommes de
mérite s'y sont essayés et y ont échoué. Rappelez-
vous ces deux fameux auteurs qui entreprirent de
faire contre J.-J. Rousseau une chanson de Pont-
Neuf, dans laquelle ils devaient retracer l'histoire
de sa naissance et les aventures de sa vie. Il leur fut

impossible d'attraper le style des halles et la bêtise originale des chantres enroués de la Samaritaine. Les mots les plus distingués se présentaient au bout de leur plume; les rimes les plus riches voulaient, comme pour les narguer, prendre place au bout des vers. Ils jugèrent la chanson digne d'eux, et la jetèrent au feu. Il en est de même des pièces du nouveau théâtre. Il faut avoir un don particulier, d'autant plus digne d'estime et de respect, que les gens d'esprit qui travaillent dans ce genre sont obligés à un effort souvent pénible pour se plier au ridicule et à la bassesse du sujet.

Mais le don ne suffit pas : un talent très particulier, une science très spéciale sont aussi nécessaires. Quand la moindre chanson a ses règles, ses lois, voudrait-on que le nouveau spectacle, qui lui est attaché par des liens si étroits, ne marchât qu'au hasard et au gré de ses caprices? Non, et l'auteur du *Maréchal Ferrant*, une des pièces les plus justement applaudies au boulevard, M. Quétant, a eu raison de dire : « C'est une erreur d'imaginer qu'il faille moins d'art pour faire un opéra-comique que pour composer une grande pièce. » Dans les tragédies, dans les opéras, souvent même dans les comédies, on n'imite pas la nature, on ne copie pas la vérité. Comme Molière le disait autrefois, on n'a qu'à suivre « les traits d'une imagination qui se donne l'essor, et qui souvent laisse le vrai pour attraper le merveilleux ». Combien d'œuvres réputées sérieuses sont aussi incroyables que les contes dont on berce les enfants! Seul de tous les spectacles modernes, l'opéra bouffon obéit aux préceptes :

« Jamais de la nature il ne faut s'écarter....
Rien n'est beau que le vrai ; le vrai seul est aimable....
Que la nature donc soit votre étude unique.... »

Et, pour arriver à peindre exactement la nature,
que de travail, et combien pénible souvent! Il faut
étudier les mœurs de ces pauvres diables, mal-
propres et grossiers, les aller chercher dans leurs
quartiers lointains et leurs taudis infects, les visiter,
vivre avec eux, les suivre partout. L'artisan au
cabaret ou dans sa boutique n'est pas le même que
dans son ménage. Le forgeron qui bat le fer n'est
pas du tout le forgeron qui bat sa femme. L'amour
aussi rend tous ces gens-là très différents. Comment
saisir ces nuances multiples, si l'on n'est souvent à
côté de ces hommes, si l'on ne s'attache à leurs pas,
si l'on ne fait comme Vadé, qui fréquentait les poissardes et les bateliers, qu'on rencontrait tantôt aux
halles et tantôt sur le port aux foins, buvant avec les
écosseuses et les débardeurs? C'est un dur métier,
sans doute, mais c'est aussi le seul moyen de connaître les mœurs, de pénétrer les sentiments, de
s'assimiler les gestes et la voix de ces héros du
théâtre moderne, si nouveaux, si nombreux, si
curieux et si variés, et dont on ne saurait dire que
les caractères, comme ceux de la comédie, sont
épuisés, ni les aventures trop connues.

Voilà, semble-t-il, une apologie très nette. Peut-être
même l'est-elle trop, ainsi résumée, simplifiée et dé-
gagée des dissertations superflues et des précautions
excessives dont l'ont enveloppée le pédantisme et la

prudence de l'auteur. Voici maintenant les critiques, l'une d'ordre moral, l'autre toute littéraire.

La véritable mission de l'Opéra-Comique renouvelé devrait être de donner des pièces simples, dont l'action et les personnages n'aient rien de commun avec ceux des autres spectacles, et de profiter aussi du goût qu'ont les Français pour la musique étrangère. C'est là son but, sa raison d'être, son originalité. Malheureusement, on ne s'est pas contenté de suivre cette voie nouvelle, qui promettait de si belles découvertes. Pour mieux attirer le public, dont il semblait avantageux de flatter les mœurs détestables, on a repris les mauvaises habitudes des anciens auteurs de la Foire, et ajouté aux pièces modernes un attrait supprimé par Lesage et depuis longtemps banni de tous les théâtres. Les opéras-comiques du boulevard sont si prodigues de peintures indécentes, d'équivoques choquantes et d'expressions grossières que, pour beaucoup de personnes, la licence est devenue le caractère distinctif du nouveau spectacle. On la considère comme une de ses parties essentielles, et sans elle, prétend-on encore, il n'existerait pas. « En un mot, l'opéra bouffon semble s'être fait un genre de l'indécence. La tragédie et la comédie mettent toujours l'amour en jeu ; notre opéra, plus hardi dans ses entreprises, met l'indécence en action. »

Et voici Nougaret, père éploré de la Pudeur violée et censeur sévère d'un spectacle dévoyé, parti en guerre contre les pornographes du théâtre nouveau. Quelle vertueuse indignation et quelle éloquence ! — Ne voyez-vous pas, imprudents et dangereux séduc-

teurs, comme vous compromettez une cause si bien
défendue par ailleurs, et quels ennemis vous nous
faites! Les innocents, dont le front se couvre de rou-
geur en entendant vos pièces, les hommes respectables, ou soi-disant tels, qui prennent toujours le parti
de la modestie outragée, les femmes les moins sus-
ceptibles de honte, qui sont forcées de baisser les
yeux et de se cacher derrière leur éventail, les comédiens rivaux, trop heureux de pouvoir se faire contre
vous les défenseurs de la morale, vont se joindre aux
critiques littéraires qui, confondant les innocents
avec les coupables, saisiront avec joie ce nouveau
prétexte d'attaquer un genre dont l'originalité les
gêne et dont le succès les exaspère. Quelle nécessité
de fortifier d'une légion de Climènes le bataillon des
Lysidas que vous avez à vos trousses? Les libertins
eux-mêmes, si nombreux et si friands qu'ils soient
d'images licencieuses et d'expressions indécentes, ne
vous défendront pas. Peut-être même vont-ils crier
plus fort que les autres. Les vicieux veulent qu'on
les ménage et qu'on feigne de les prendre pour ce
qu'ils ne sont point. Ils se révoltent qu'on les traite
en libertins, comme ces malades qui s'efforcent de
cacher le mal dont ils souffrent et s'emportent quand
on leur soutient qu'ils ont perdu la santé. Si nous
haïssons la vertu, nous en chérissons du moins l'apparence. « Il est donc essentiel de ne rien offrir au
théâtre qui puisse blesser l'imagination; la bien-
séance y doit être respectée avec un soin infini. »

En lisant cette vigoureuse diatribe, cet hymne à la
Pudeur, nos pères du dix-huitième siècle devaient

bien s'amuser. Ils connaissaient en effet cet austère
prédicateur pour un des écrivains les plus polissons
de France, pour l'auteur patenté de tous les libraires
en quête de publications obscènes. C'était par le *Supplément de la Pucelle*, œuvre ordurière qui l'avait
conduit en prison, que Nougaret, dix années auparavant, avait fait, sous les auspices de Voltaire, son
entrée bruyante dans le monde des basses Lettres,
et c'était par des romans non moins licencieux,
notamment par les *Aventures galantes de Jérôme,
frère Capucin*, dont l'immoralité lui valut une nouvelle retraite à la Bastille, qu'il avait gagné sa vie et
consolidé une réputation de mauvais aloi. Mais ce
qui est encore plus piquant, peut-être, c'est qu'au
moment même où il composait son *Art du théâtre*, ce
paragon de morale se disposait à publier en Hollande
un roman, *les Jolis Péchés d'une Marchande de
modes*, dont le succès de scandale sera retentissant.
Il est vrai que ce n'est pas une œuvre dramatique, et
Nougaret pensait sans doute que ce qui ne doit pas
être entendu en public peut être impunément lu au
coin du feu, sur un sofa, et qu'il y a deux morales,
celle des livres et celle des spectacles.

Cette dernière était-elle d'ailleurs aussi gravement
offensée que le déplore ce rigoureux censeur? Qu'on
en juge par les exemples qu'il choisit lui-même afin
de nous bien montrer « les désordres où plusieurs
auteurs du nouveau théâtre se sont livrés, les images
licencieuses qu'ils présentent à l'esprit et au cœur.
On apprendra ainsi aux jeunes poètes ce qu'il faut
éviter et la réserve qu'on doit avoir en écrivant. »

*Et nunc, poetæ, intelligite; erudimini, qui ridendo
castigatis mores.*

Dans l'opéra-comique de *Cendrillon*, Anseaume
avait raconté l'histoire d'un acteur, le sieur Théve-
nard, qu'une pantoufle aperçue chez un cordonnier
rendit, à l'âge de soixante ans, éperdument amoureux
d'une demoiselle qu'il n'avait jamais vue, qu'il cher-
cha, découvrit et épousa. Voici, dans cette pièce, la
scène incriminée par Nougaret. Laissons-lui la parole.

« Le prince Azor tient dans sa main une pantoufle qui
l'enchante par sa petitesse; il s'écrie dans son transport :
        « Le joli pied! Ah! qu'il me plaît! »
Pierrot, son confident, répond à son apostrophe :
        « Oui, mais tient-il ce qu'il promet? »
Et comme si ce n'était pas assez, il ajoute :
        « Par cet échantillon
        Vous jugez d'une belle;
        Vous perdez la raison.
        Pardonnez à mon zèle;
            Mais, en honneur,
            C'est une erreur.
        Souvent le pied le plus mignon
        Sert à porter une laidron
            Une laidron. »

Voilà, paraît-il, un modèle d'indécence, une scène
qui tient sans cesse la pudeur en alarme, et salit
l'imagination. En vérité, on est tenté de répondre à
Nougaret, comme Uranie à Climène : « Il faut, monsieur, que pour les ordures vous ayez des lumières
que les autres n'ont pas[1] ».

1. Sans doute, Nougaret était allé chercher ses lumières
dans *l'Art d'aimer*, d'Ovide; mais les spectateurs du boulevard du Temple ne connaissaient pas cet auteur.

Il paraît aussi que dans *la Fée Urgèle*, une comédie de Favart imitée d'un conte de Voltaire, rien n'est plus indécent que ce dialogue de deux jeunes débauchés :

ROBERT.

« J'ai vu dans ce canton
Certaine bachelette.

LAHIRE.

Bon!

ROBERT.

Avec un regard tant modeste!
Tant doux! Son œil est si fripon!
Sa taille tiendrait là.

LAHIRE.

Son âge?

ROBERT.

Seize ans.

LAHIRE.

Peste! Ah! Monseigneur!...

ROBERT.

Sa jambe fine et leste....

LAHIRE.

Ah! Monseigneur!...

ROBERT.

Un pied mignon....

LAHIRE.

Fort bien.

ROBERT.

et des grâces naissantes....
Elle cueillait des fleurs sur le bord d'un ruisseau.
Ses charmes, ses attraits se répétaient dans l'eau.
Ses vêtements légers, ses tresses voltigeantes....

LAHIRE.

Je vois.. . Je suis tout ce tableau.

Nougaret se montre plus conciliant, et son blâme est presque toujours tempéré par de justes éloges. Même, ses reproches semblent moins inspirés par des défauts réels de l'Opéra bouffon que par le désir de rappeler et de maintenir les traditions du grand siècle, les lois édictées par Boileau. Comme Batteux, Marmontel et Laharpe, et comme tous les littérateurs de cette époque, le prudent Nougaret vénère les règles saintes de *l'Art poétique*, et c'est sur elles, le plus souvent, que s'appuie sa critique. « Soyons assurés, dit-il, que ce n'est point le caprice qui établit les règles théâtrales, mais l'étude réfléchie de ce qui est véritablement digne de nous plaire, et des événements qu'amène la nature. On a donc tort de composer des drames qui s'écartent des principes reçus, puisque ces principes sont fondés sur ce qu'éprouvent les hommes. On pourrait avancer, sans soutenir une opinion bizarre, qu'il n'y a que l'observation des règles en tout genre qui promette de véritable succès. Tout ce qui s'écartera des règles, comme, par exemple, le spectacle moderne, ne peut causer qu'un plaisir passager, et ne plait même que parce qu'on est séduit par des beautés de mode ou de fantaisie. La réflexion vient bientôt dessiller les yeux; elle fait sentir combien l'on a tort de chercher à briser les chaînes que la raison et la nature donnèrent au génie, afin qu'il pût toujours les suivre. Il doit donc m'être permis de dire aux poètes du nouveau théâtre, et à ceux des divers spectacles, que les règles sont d'une importance extrême, et que ce n'est pas sans sujet qu'on veut les voir observées. »

Or, comme c'est Boileau qui a le mieux résumé et condensé ces règles sous une forme nette, facile à retenir, à citer et à imposer, sous la forme du vers qui enfonce la maxime et grave le précepte ; comme il est encore, à la fin du XVIIIᵉ siècle, la grande autorité, c'est lui que Nougaret suivra. On devine qu'en célébrant à son tour les règles sacrosaintes, il a sous les yeux le troisième chant de *l'Art poétique*, et qu'il va des préceptes du législateur aux pièces du nouveau théâtre, collationnant et confrontant. C'était un moyen assez ingénieux de rajeunir un sujet très épuisé, et son délayage ne manque pas d'une certaine originalité, puisque, respectueux des traditions, il voudrait appliquer à un nouveau genre dramatique, très spécial, d'anciennes règles faites pour la tragédie et la comédie. « Cette alliance, ce mélange de ce qui regarde les pièces du nouveau genre et de ce qui concerne les divers poèmes représentés au théâtre, est directement ce qui donnera quelque mérite à mon ouvrage. N'ai-je pas trouvé le secret de le distinguer de la foule ? Il est impossible qu'il n'ait un certain air de nouveauté. M'aurait-on pardonné d'écrire sur le poème dramatique, dont on a tant parlé, et qui a fait naître, en tout temps, un nombre infini de volumes, si je n'avais eu quelque chose de particulier à observer, si je n'avais eu des règles toutes neuves à proposer, ou du moins de nouvelles applications ? Le spectacle nouveau me fournit tout ce que je pouvais désirer pour rendre mon ouvrage singulier, et pour faire des remarques sur le drame, sans répéter tout à fait ce que les autres ont dit. » Et c'est ainsi qu'après une rapide histoire des spectacles forains, résumé qui a le tort d'être très incomplet et bien inexact, mais qui, se trouvant en tête de la dissertation, a le mérite d'être mieux placé que celui de Boileau [1], Nougaret examine comment et dans quelle mesure les sujets, les personnages et la conduite des pièces du nouveau Théâtre se rapprochent ou s'écartent des lois chères aux classiques, des règles respectables et respectées.

Dans une tragédie ou une comédie, qui peuvent être remplies d'incidents et enveloppées d'intrigue, le sujet est la partie essentielle du drame, l'âme, pour ainsi dire. De lui dépend la chute ou le succès; et s'il est mal choisi, les efforts du plus grand génie demeureront inutiles. Au contraire, les sujets du nouveau théâtre doivent être clairs, concis, sans

1. On sait la façon bizarre dont est composé le troisième chant de *l'Art poétique*. Si Boileau avait été guidé par un esprit scientifique, il eût d'abord exposé les origines de la tragédie en Grèce, puis celles de la tragédie chez les modernes; il eût montré, en troisième lieu, l'imitation renaissante des modèles antiques, au XVIe siècle, et eût terminé par l'analyse des éléments qui, au XVIIe siècle, constituent définitivement la tragédie. Cette méthode, qui est la méthode historique, l'eût amené à cette découverte capitale, c'est qu'en Grèce, comme en France, et partout, c'est la religion qui a donné naissance au poème dramatique. L'élément religieux a prédominé tant que la nation tout entière s'est associée à la production des œuvres dramatiques; l'élément religieux a été peu à peu amoindri et éliminé, quand le théâtre, cessant d'être un divertissement national, universel, est devenu la récréation d'une société polie, aristocratique, qui imposa aux poètes ses goûts, ses idées, ses sentiments, ses manières, et son langage. La question ainsi posée, tout se suivait, s'expliquait, rayonnait. Mais ce point de vue était étranger au XVIIe siècle, dont Voltaire, son admirateur, a dit :

« Siècle de grands talents bien plus que de lumières. »

intrigue ; la simplicité en est le premier mérite. Un
seul événement, ni essentiel ni considérable, la
moindre petite action de la vie du principal personnage suffit pour animer le drame de l'Opéra bouffon.
Un paysan a dans son jardin un lièvre qui ronge ses
choux et ses navets ; il supplie son Seigneur de vouloir bien lui donner la chasse ; celui-ci vient avec
une suite nombreuse, et les potagers sont détruits.
Voilà une intrigue peu fatigante à suivre. A quoi
bon chercher des aventures et des catastrophes,
puisqu'il s'agit tout modestement de donner une
image de la vie des artisans ? La peinture naturelle
et vraie d'un ouvrier dans sa boutique tiendra lieu
de l'intrigue la mieux recherchée et composée avec
le plus d'art ; et c'est aux auteurs de l'Opéra bouffon
que s'applique surtout ce précepte :

« N'offrez point un sujet d'incidents trop chargé. »

Malheureusement, les jeunes poètes nouveaux ont
une tendance à intriguer leurs pièces à la façon des
tragiques et des comiques ; et comme ils ne trouvent
pas dans le sujet même matière à complication, les
intrigues qu'ils imaginent ne sont le plus souvent
que des épisodes sans lien avec l'action. Tels sont,
par exemple, les amours et les mariages. Nougaret
consent bien, après Boileau, qu'on lui peigne des
personnages amoureux ; mais pour que ces amours
participent à l'intrigue, il faut que ce soit le héros
du drame lui-même qui se montre amoureux. Or,
c'est presque toujours, au contraire, un personnage
subalterne. Il y a ainsi deux pièces ; on perd de vue

l'action principale, et l'attention des spectateurs ne sait plus où se fixer.

Cette attention, c'est la peinture des mœurs populaires qui doit l'attirer surtout. Les auteurs du nouveau spectacle ne doivent pas craindre de prendre des personnages trop vils ; plus ils 'iront chercher dans l'obscurité les héros de leurs drames, plus ils seront certains de nous plaire ; et, s'ils hésitent, Boileau est là pour les rassurer :

« D'un pinceau délicat l'artifice agréable
Du plus affreux objet fait un objet aimable. »

Mais ici encore, il y a un écueil trop rarement évité. Il faut prendre garde de dégoûter le spectateur par des détails trop bas. « Le bon goût a dû prescrire, en tout temps, de prêter une certaine noblesse à ces objets trop méprisables au théâtre des honnêtes gens, lorsqu'ils sont dépeints dans toute leur bassesse. C'est ce que doivent se proposer les poètes du nouveau genre qui voudront faire agir des gens obscurs, pris dans le menu peuple. Il faut au spectateur moderne un genre qui lui soit propre. Eh bien, que ce soit celui de peindre la nature, mais en adoucissant ce qui pourrait révolter. » C'est encore et toujours, comme on voit, la théorie de Boileau :

« Il n'est point de serpent ni de monstre odieux
Qui, par l'art imité, ne puisse plaire aux yeux. »

Nos yeux contemplent avec plaisir un beau tableau qui nous montre des objets repoussants ; les hor-

ribles aventures d'un Oreste parricide, d'un OEdipe
incestueux, peuvent être agréablement exposées au
théâtre; de même, si communs que soient les héros
populaires du théâtre nouveau, ils plairont aux yeux,
et ne blesseront pas les oreilles, si leurs actes et
leurs paroles, tout en étant pris dans la nature et
dans la vérité, gardent un certain tour, et ne tombent
pas dans la bassesse en courant après le burlesque.
« Notre Opéra est le vrai genre de la bouffonnerie, j'en
conviens; et pourtant, je voudrais que les poètes qui
l'enrichissent de leurs productions lui appliquassent
ce vers du célèbre auteur :

> « Il faut que ses acteurs badinent noblement. »

Que pense maintenant, et que dit Nougaret de la
conduite des pièces nouvelles, dont il s'est fait à la
fois l'apologiste et le censeur?

Dans son analyse des éléments constitutifs de la
tragédie, Boileau réserve, comme on sait, une grande
place aux préceptes littéraires. Sans doute, il énumère d'abord les lois morales du poème dramatique,
et, comme première qualité, exige du poète, lui, tant
accusé de sécheresse de cœur, l'art de faire parler la
passion émue; mais on sent qu'il a hâte d'expliquer
comment une œuvre dramatique doit être constituée
en ses diverses parties, ce qu'il convient que soient
l'exposition, le nœud et le dénouement, avec quel
respect il faut observer la règle des trois unités. Sur
ce point encore, l'auteur de *l'Art du Théâtre* emboîte
le pas derrière l'auteur de *l'Art poétique*. Mais il
aurait pu s'épargner ce voyage inutile, qu'à force de

détours et de zigzags il rend très fatigant. Puisque
les pièces du nouveau théâtre doivent être simples,
claires et rapides, à quoi bon recommander si lon-
guement de faire l'exposition nette, de ne pas com-
pliquer le nœud, et de filer le dénouement très vite?
Quelle nécessité de raconter à nouveau la fastidieuse
histoire des unités? Pourquoi, à propos de l'unité
d'action, répéter ce qui a été dit à propos du sujet,
qu'elle n'est guère observée par l'Opéra bouffon?
Pourquoi féliciter inutilement celui-ci de posséder,
mieux que les autres spectacles, l'unité de temps?
N'est-il pas dans la nature même des pièces nouvelles de respecter cette unité, puisque l'intrigue,
étant vive et simple, exige un temps forcément court?
Il ne faut pas vingt-quatre heures à un seigneur
pour tuer le lièvre de son fermier : le plus agile et le
plus malin de ces quadrupèdes ne se fait pas chasser pendant toute une journée, si bas que soient sur
pattes les chiens courants qui japent après lui. Pourquoi enfin ces longs regrets superflus sur l'unité de
lieu méprisée? Pouvait-on l'observer, quand un des
principaux attraits du théâtre nouveau était précisément dans la variété des spectacles et dans les
brusques changements de scène? Tout cela devait
être résumé en deux pages. Mais Nougaret tient à
faire montre de son érudition, lourdement portée. Il
faut qu'on sache qu'il connaît, outre *l'Épitre aux
Pisons* et *l'Art poétique*, le *Discours sur la Tragédie*, de
Sarazin, et *la Pratique du Théâtre*, de d'Aubignac,
et que même les spectacles des Chinois n'ont pas de
secrets pour lui. Or, qu'importaient aux amateurs de

l'Opéra bouffon les drames chinois et les règles d'Aristote?

Là, fut l'erreur de Nougaret. En voulant que des pièces, faites uniquement pour divertir le peuple, fussent dignes de satisfaire les critiques fidèles aux traditions, il tentait une conciliation très prématurée; et les très nombreux admirateurs des spectacles populaires pouvaient lui répondre : « Peu nous importe que les opéras bouffons pèchent souvent contre les règles, pourvu qu'ils nous amusent. Est-il nécessaire que les pièces de théâtre, qui font vraiment plaisir, renferment toutes les règles de l'art? La première loi est de plaire; quand cette loi est exactement observée, toutes les autres sont inutiles. »

Et ces gens-là avaient raison, cent fois raison.

CHAPITRE X

LES THÉATRES DE LA FOIRE ET DU BOULEVARD SOUS LOUIS XVI

(1774-1784)

Retour des acteurs forains aux Foires. — Décadence, mort
et renaissance de la Foire Saint-Laurent. — Multiplication
des Théâtres du boulevard : *Théâtre de Monsieur*; *les Nouveaux Troubadours*; *les Élèves de l'Opéra*; *les Associés*; L'é-
cluse et *les Variétés Amusantes*. — Diversité des pièces
jouées. — Reprise des anciennes hostilités.

On serait tenté de croire, si confus est son ouvrage, que Nougaret, en distinguant l'Opéra bouffon
des autres spectacles, entendait aussi distinguer les
théâtres populaires des autres théâtres, et présenter
le genre nouveau comme un privilège, presque
comme une invention des entrepreneurs dont l'histoire s'achève. S'il en était ainsi, quelle classification
simple et facile! Rue des Fossés-Saint-Germain, on
joue des tragédies et des comédies; au Palais-Royal,
des opéras; rue Mauconseil, des opéras-comiques;
aux foires et aux boulevards, des opéras bouffons.

Mais il en est tout autrement. Si la Comédie-
Française demeure à peu près fidèle aux traditions
et aux règles, l'Opéra et les Italiens suivent, depuis
surtout que la bataille est engagée entre la musique
nationale et la musique étrangère, les goûts chan-
geants d'un public divisé; et comme pour l'instant
l'opéra bouffon a toutes les sympathies des Parisiens,

ils donnent des pièces du nouveau genre. Les pro
testations des austères et des grincheux n'empêchent
pas M. de Vismes, directeur de l'Académie de Musique, de monter toute une série d'opéras bouffons,
la Bonne Fille mariée, de Piccini, *le Jaloux à l'É-
preuve*, d'Anfossi, et même *l'Idole chinoise*, de Pai-
siello, bien faite pour inspirer de l'horreur à ceux
qui voulaient conserver au théâtre lyrique sa gravité
et sa majesté, mais qui fut une grande fête pour les
yeux des amateurs de mise en scène. L'action, sans
doute, était banale et froide, le récitatif à peu près
insupportable, et la musique mal adaptée aux situations. Mais il y avait dans cet opéra bouffon une
image si curieuse des mœurs et des cérémonies chi-
noises, le spectacle était si singulier, le mouvement
scénique si prodigieux; les danses, dirigées par le
fameux Noverre, imitaient si bien les contorsions des
Chinois, ce peuple de mimes, que les spectateurs,
rendus friands par les Forains, comme on va voir,
de ces sortes de spectacles, furent enthousiasmés, et
que l'Opéra put un moment se flatter d'avoir démoli
les grandes machines et les éclatantes mises en
scène des Nicolet et des Audinot.

    L'opéra bouffon, partout à la mode alors, même
à l'étranger[1], n'était donc pas une spécialité des
troupes foraines. Celles-ci d'ailleurs, au début du
règne de Louis XVI, n'ont pas de spécialité. Depuis
la réunion des Forains, des vieux Forains classiques,

    1. « On exécute les opéras bouffons français dans toutes
les cours du nord, et même en Italie, où les plus grands
musiciens de Rome et de Naples applaudissent aux talents
de nos compositeurs français ». (*Mémoires secrets.*)

aux Italiens, et l'absorption par ces derniers de
l'Opéra-Comique, depuis aussi que les boulevards
nouveaux font à Saint-Germain et à Saint-Laurent
une concurrence victorieuse, les antiques traditions
sont brisées, et le désarroi est partout. C'est à la
Foire, comme dans l'État, le commencement de la
fin. Il faut être très au courant de leurs allées et
venues, pour savoir où trouver les successeurs des
Alard, des Francisque et des Monnet, des Lesage,
des Piron et des Vadé. Ils sont tantôt, parce qu'ainsi
l'exigent les réglements de police, aux Foires Saint-
Germain, Saint-Laurent, ou Saint-Ovide, tantôt, le
plus souvent, et dès qu'ils le peuvent, au boulevard
du Temple, leur rendez-vous favori. On ne sait pas
davantage à quel théâtre se vouer; les scènes populaires se multiplient en cette fin de siècle, comme à
la fin du nôtre pullulent les petits théâtres à côté.
Ainsi les plantes, avant de se dessécher, donnent des
fleurs plus nombreuses. Enfin, on ne se reconnaît
plus dans les spectacles offerts, moins semblables
parfois à des pièces qu'à des divertissements scéniques, et sans plus de valeur littéraire que les fleurs
des arbustes mourants n'ont d'éclat et de parfum.

Il y avait donc toujours aux foires des représentations dramatiques. Mais Audinot et Nicolet ne
songent guère à y célébrer le centenaire de leur entrée dans la grande famille des comédiens. Pendant
les premières années du règne de Louis XVI, jusqu'en 1778, c'est sans entrain et à leur corps défendant qu'ils passent la Seine ou montent au
faubourg Saint-Laurent. Ils s'attendent à de si

maigres recettes! Les distractions accumulées au
boulevard du Temple, le succès de la Foire Saint.
Ovide, si bien située, les nombreux travaux de voirie
qui embellissent la rive droite et facilitent l'accès
aux lieux de plaisirs qui s'y multiplient, surtout la
suppression de l'Opéra-Comique, ont porté aux
deux antiques foires un coup très douloureux. Celle
du préau Saint-Germain se défend encore passablement : elle a son public spécial, un public de
petites gens, de travailleurs, qui, des quartiers lointains de la rive gauche, n'a guère le temps d'aller
au boulevards du Nord. Mais celle du faubourg Saint-
Laurent, plus voisine du centre des plaisirs, est, à
chaque fête nouvelle, un peu plus désertée. En 1774
et 1775, on n'y voyait plus, paraît-il, outre les baladins en service commandé, que « quelques marchands de mousseline, d'insignifiants colifichets, un
billard et une buvette ». En 1777, on annonçait sa
mort prochaine, son anéantissement officiel; et déjà
ces Messieurs de Saint-Lazare, hommes intéressés et
prudents, avaient vendu à un marchand de planches
l'emplacement qu'elle occupait, et les almanachs
publiaient son oraison funèbre, et les acteurs forains
se réjouissaient d'être affranchis de leur corvée
annuelle, lorsque l'incendie de la Foire Saint–Ovide
la tira de son obscurité, du dernier mépris où elle
était tombée, et lui rendit la vie.

Très respectueux des traditions parisiennes, très
jaloux d'embellir la ville, très partisan surtout de la
multiplication des spectacles, le lieutenant de police,
M. Lenoir, saisit avec empressement cette occasion

de ressusciter la vieille et respectable Foire Saint-
Laurent, et de lui rendre la vogue usurpée par sa
jeune rivale de la place Louis XV. Son nouveau
propriétaire, le sieur Gévaudan, fut invité à percer
de larges rues, à ouvrir des allées plantées d'arbres;
les industriels furent encouragés à y organiser des
divertissements variés, et l'on y vit en effet des cafés
en forme de grottes, des restaurants de nuit à la
mode orientale, une salle de bal décorée de vingt-
quatre tableaux exécutés sur des dessins de Boucher, une redoute chinoise[1], et tout ce qu'on peut
imaginer dans le genre galant, même très galant.
Enfin, les troupes foraines reçurent l'ordre de respecter mieux que jamais les règlements, et de jouer
tous les jours à la Foire Saint-Laurent, comme à la
Foire Saint-Germain.

C'est ainsi qu'à partir de 1778, Nicolet et Audinot,
désireux de plaire à M. Lenoir, un lieutenant de
police très aimé des Parisiens[2], préparent au fau-

---

1. « La redoute chinoise, dit un contemporain, est un
temple nouveau ouvert à l'oisiveté absolue. Là, on se sert
l'un à l'autre de spectacle. Les Adonis au teint blafard, les
Narcisse adorant leurs images dans les glaces, les héros
d'opéras fredonnant des airs, les fats à cheveux longs, les
Laïs à la tête haute, y circulent et font foule. » (Mercier,
Tableau de Paris.)

2. A l'ouverture de la Foire, les Associés, dont il sera parlé
plus loin, le célébrèrent par des couplets, dont voici le premier et le dernier.

LA FOIRE.	UNE POISSARDE.
« Je revois la clarté du jour,	Nous n'oublierons jamais que
Et mon cœur se rouvre à l'amour.	[c'est l'y
Affreuse léthargie,	Qui nous a fait r'venir ici.
Je brave ton pouvoir.	Le portrait de sa ressemblance,
Ne crois pas que j'oublie	Cheux nous voulons l'avoir.
Lenoir. Vive Lenoir!	J'ons dans le cœur sa présence.
	Vive, vive Lenoir!

bourg Saint-Laurent des installations dont la somp-
tuosité semble devoir être pour la Foire renaissante
un brevet de longue vie. Le premier achète à Gévaudan un terrain sur lequel il fait construire un
théâtre qui ne lui coûte pas moins de quatre-vingt
mille livres, et qui fut inauguré en même temps que
la Foire[1]; et la salle organisée par le second est si
grande, si bien disposée, qu'on y peut exécuter de
vastes tableaux à machines et des pantomines militaires très compliquées.

« L'Ambigu-Comique d'Audinot a attiré beaucoup de
monde à la Foire Saint-Laurent par un spectacle à
machines intitulé : *les Quatre fils d'Aymon*, pantomime
en trois actes. La grandeur du théâtre et sa forme très
avantageuse ont permis de le rendre dans toute sa
beauté, et il faut convenir qu'on ne saurait exécuter la
foule des tableaux militaires et pittoresques que présente l'action avec plus de vivacité, de précision et de
vérité. Tous les gens de guerre ont applaudi à ce qui
concerne leur partie. Cette représentation, où tout
retrace les mœurs de l'ancienne chevalerie, ne pouvait
que plaire infiniment, et certaines situations ont attendri jusqu'aux larmes beaucoup de spectateurs, assez
froids naturellement. On distribuait un programme
étendu de la pièce, annonçant du génie dans le compo-
siteur, digne émule de Noverre et de Servandoni[2]. »

---

1. « *Les grands danseurs du Roy* donneront aujourd'hui,
pour l'ouverture de la nouvelle salle à la Foire Saint-Laurent, la première représentation de : *Vaut mieux tard que
jamais*, prologue nouveau, suivie des sauteurs ; *l'Équilibre de
la Plume et la tragédie du nouveau Paillasse* ; *Jeannette, ou
les battus ne payent pas toujours l'amende* ; la danse de corde
du sieur Placide et du Petit Diable, et pour la première
fois, *le Temple de l'Hymen, la Rose et le Bouton*, pantomime
ornée de décorations, dialogues et danses. » On voit que
les spectateurs en avaient pour leur argent.

2. *Mémoires secrets.*

Si tentantes que fussent les affiches de Nicolet et d'Audinot, ce n'est pas dans leurs salles que le lieutenant général de la police fit l'ouverture solennelle et célébra la renaissance des théâtres de la Foire Saint-Laurent. Soucieux d'encourager les entreprises nouvelles, il donna la préférence à un spectacle que le sieur l'Écluse, ancien acteur de l'Opéra-Comique, ouvrait ce jour-là même, sous le nom de *Variétés amusantes*. Ce titre, qui sera bientôt fameux, était heureusement choisi, et les pièces, à la composition desquelles l'entrepreneur conviait tous les poètes [1], allaient le justifier. Elles promettaient d'être très variées et de toucher à tous les genres. Particulièrement, le nouveau directeur se proposait de ressusciter les comédies poissardes, et de faire pour Vadé ce que le lieutenant de police faisait pour la Foire. Les encouragements qu'il reçut, la liberté avec laquelle on le laissa jouer des opéras-comiques et chanter des vaudevilles, la permission qu'il obtint, après la clôture de la Foire, de s'établir au boulevard du Temple, le récompensèrent de son initiative. Jamais artiste forain n'avait si heureusement débuté. La banqueroute prochaine n'en sera que plus lamentable.

Les efforts de la police et la bonne volonté des entrepreneurs de spectacles laissaient donc espérer

1. « Le sieur L'Écluse se propose de donner un spectacle varié de différents genres, mêlé de pièces poissardes, pantomimes à spectacle et divertissements. En conséquence, il invite les auteurs qui voudront courir ces diverses carrières à lui communiquer leurs ouvrages. » (*Mémoires secrets.*)

que les théâtres vraiment forains allaient retrouver leur ancienne splendeur. Et cette espérance renaissait juste au moment où revenait, après cent ans, l'anniversaire de la représentation de la première comédie foraine, *les Forces de l'Amour et de la Magie*. Cet espoir devait malheureusement être de courte durée. L'insouciance de M. de Crosne, le successeur de M. Lenoir, et l'indifférence, plus grande encore, du public parisien empêchèrent la Foire Saint-Laurent de revivre plus de quelques années. En 1785, elle était de nouveau si déserte, que les doléances des entrepreneurs de spectacles recommencèrent, plus plaintives que jamais, et presque impertinentes. Dans une de ces suppliques hautaines au lieutenant de police, Nicolet alla même jusqu'à menacer de résilier ses engagements avec ses auteurs plutôt que de retourner au faubourg Saint-Laurent. Force fut donc de céder et d'autoriser la fermeture des théâtres. A la veille de la Révolution, on ne voyait plus à la Foire Saint-Laurent que « quelques boutiques mesquines et mal fournies, des coureuses étalant des modes, comme les araignées tendent leurs toiles, des billards, des jeux, des cafés et des tabagies [1] ». On y voit aujourd'hui une gare, avec, tout autour, un plus grand nombre encore de cafés, de billards et de tabagies.

L'obligation de figurer aux fêtes foraines n'avait jamais empêché les comédiens des boulevards de garder ouverts les seuls spectacles capables de leur

1. Restif de la Bretonne, *les Nuits de Paris* ou *le Spectateur nocturne*. 1788.

assurer gloire et profit. Ils n'avaient, pendant ces
quelques semaines, que la fatigue d'un double travail, inégalement récompensé. Au faubourg Saint-
Laurent et au préau Saint-Germain, ils jouaient
l'après-midi, et tous les soirs revenaient jouer à leurs
théâtres favoris. De la sorte, les Parisiens qui se
refusaient à les suivre dans leur exode forcé n'étaient
point privés de leurs habituels divertissements. Ils
en avaient même à foison, et plus que jamais. Les
succès d'Audinot et de Nicolet, la bienveillance de
plus en plus manifeste de la police, éveillaient chaque jour de nouvelles convoitises et de prétendues
vocations ; et les spectacles allaient se multipliant
tout le long du boulevard. On y aurait même trouvé
les Italiens, qui se faisaient alors construire une
salle sur le terrain de l'hôtel Choiseul, si, craignant
d'être assimilés aux troupes populaires, ils n'avaient
exigé que leur théâtre fût masqué par une maison.
Et voilà pourquoi notre Opéra-Comique n'a pas son
entrée sur le boulevard des Italiens. C'est la faute à
Nicolet.

Plusieurs de ces nouveaux petits théâtres ne
devaient avoir qu'une existence très éphémère. Il en
est même un, le *Théâtre de Monsieur*, qui, si l'on
peut s'exprimer ainsi, mourut avant de naître. En
1776, des jeunes gens, ayant formé compagnie,
avaient obtenu de M. de Malesherbes l'autorisation
de construire un théâtre forain sur les boulevards
et d'y jouer des pièces « analogues au lieu ». Tout
marcha d'abord à souhait : l'architecte commença
les travaux, le sieur Pleinchesne, ancien acteur

d'Audinot, prépara des pièces et recruta des acteurs.
Mais, tout à coup, les protestations des Comédiens
Français, à qui l'on prenait l'ancien, le premier titre
qu'ils avaient porté, et des Italiens, inquiets d'une
nouvelle concurrence toute voisine, et de Son Altesse
Royale, fort mécontente qu'on se fût mis sous sa
protection sans la consulter, firent échouer l'entreprise. — Presque aussi malheureuse fut la troupe des
Nouveaux Troubadours, qui aurait pu s'appeler aussi
le *Théâtre des Refusés*; car elle se proposait de jouer
les pièces dont les autres directeurs ne voudraient
point; mais le public n'en voulut pas davantage. Ce
fut encore une tentative mort-née.

Le projet des sieurs Tessier et Lebœuf, anciens
acteurs de province, et Abraham, danseur de l'Opéra,
était beaucoup plus ingénieux : ce sont eux qui, les
premiers, ont eu l'idée de notre Conservatoire. Voulant fonder une école destinée à fournir des sujets
au Théâtre lyrique, ils ouvrirent une salle élégante et
de bon goût, assemblèrent plus de quatre-vingts
élèves, et dépensèrent plus de 500 000 livres.
Mais leurs ballets étaient si mal organisés, leurs
pantomimes si monotones, leurs pastorales si plates;
leurs rivaux, surtout Audinot, les harcelèrent de critiques si piquantes et de parodies si malicieuses,
qu'ils se virent bientôt abandonnés du public, et cri-
blés de dettes. Alors se présenta un certain Parisot,
acteur forain, qui désirait beaucoup être directeur.
« Il n'avait pas un sou, mais il fit tant et tant, que,
leurrées par son langage insinuant, plusieurs personnes lui délièrent leur bourse. Il y puisa

six mille francs, avec lesquels il entra aux *Élèves de l'Opéra* en qualité d'un des directeurs. Abraham lui cédant son droit moyennant une rente de cent louis, voilà notre remuant Parisot directeur. Il change toute la face de ce spectacle; il renvoie les uns, diminue les autres, veut jouer la comédie et ne la jouer que lui seul. Sa devise était : *Audite hæc, omnes gentes*. Il accepte des pièces de différents auteurs, qu'il donne sous son nom. Enfin, le voilà chef des *Élèves de l'Opéra*, et ce spectacle se trouve dans un dépérissement où on ne l'a jamais vu. Mons Parisot, au lieu de donner de temps en temps quelques louis aux créanciers et au peu d'acteurs qui lui restent, devient amoureux de la petite Bernard, danseuse de ce théâtre, et dépense avec elle le produit des recettes qu'il fait chaque jour. Bientôt il doit de toutes parts; les assignations l'assiègent; il se voit réduit vingt fois à se dérober aux griffes des archers, en s'évadant par une porte de derrière, une autre fois par une fenêtre, en se sauvant sur les toits, etc., etc. Quelques âmes charitables, s'imaginant bonnement que ce n'était pas la mauvaise conduite de Parisot qui le réduisait à cette extrémité, lui offrirent encore leur bourse : elles ne voyaient en lui qu'un homme malheureux de s'être chargé d'une telle entreprise. Mais combien notre Parisot se moquait de ces gens-là, quand, rentré chez sa petite Bernard, il comptait avec elle l'or qu'on venait de lui donner pour apaiser ses créanciers! *Tant va la cruche à l'eau qu'enfin elle se casse*, a dit Sancho. Il fallait que tant de friponneries prissent fin; aussi, cela ne manqua-t-il pas.

Le magistrat, étourdi et rebuté par tous les mémoires donnés contre Parisot par les acteurs et les fournisseurs non payés, interdit ce spectacle[1]. » Encore un théâtre forain qui avait vécu ce que vivent les roses. Mais l'idée de ce cabotin de province, qui s'appelait Tessier, ne sera pas perdue, et cinq ans plus tard, en 1784, le baron de Breteuil la reprendra. C'est donc aux foires et sur les boulevards que fut le premier berceau de l'*École royale de Chant et de Danse*, devenue, sous Napoléon, notre *Conservatoire de Musique*.

Ce qui distinguait le théâtre de Vienne et Sallé, ou *Théâtre des Associés*, des autres spectacles forains, c'est qu'on n'y donnait ni danses ni pantomimes, mais des opéras bouffons, des drames, notamment ceux de Mercier, et des parodies de pièces anciennes et modernes. On y jouait *Zaïre* sous le titre de *le Grand Turc mis à mort*, *Beverley*, qui s'appelait *la Cruelle Passion du jeu*, et *le Père de Famille*, qui était devenu *les Embarras du ménage*. Et que disait la Comédie-Française de cette irrespectueuse audace? Elle pro-

---

1. Voir *le Chroniqueur désœuvré* ou *l'Espion du boulevard du Temple*, recueil satirique, rempli d'ordures et de calomnies. On peut cependant citer ce passage, parce que *le Désœuvré mis en œuvre* ou *le Revers de la médaille*, riposte énergique à *l'Espion du boulevard*, en confirme l'exactitude. « Ce spectacle, dit-il en parlant des *Élèves de l'Opéra*, est tombé, et le jour de son ouverture annonça sa destruction aux gens un peu sensés et aux connaisseurs. Le choix des sujets, la plupart transfuges des autres théâtres du boulevard, le peu de discernement des directeurs, tout en un mot semblait constater son peu de durée, et sans les secours étrangers, ce spectacle eût penché plutôt vers sa ruine totale. »

testa bien d'abord, comme à son ordinaire, et dépê-
cha même un huissier. Mais elle fut bientôt calmée
par M. Lenoir, protecteur assidu des Associés
depuis qu'ils avaient, à la réouverture de la Foire
Saint-Laurent, chanté ses louanges dans de méchants
couplets; et d'ailleurs Sallé lui-même sut attendrir
les féroces privilégiés. « Messieurs, leur écrivit-il
en réponse à l'Exploit, je donnerai demain dimanche
une représentation de *Zaïre*. Je vous prie d'être
assez bons pour y envoyer une députation de votre
illustre compagnie; et si vous reconnaissez la pièce
de Voltaire, après l'avoir vue représentée par mes
acteurs, je consens à mériter votre blâme et m'en-
gage à ne jamais la faire rejouer sur mon théâtre. »
Le Kain, Préville et quelques-uns de leurs camarades allèrent voir jouer *Zaïre* au boulevard du Temple;
et ils y rirent tant, que le lendemain ils écrivirent à
Sallé pour l'autoriser, de la part des Comédiens Français, à jouer toutes les tragédies du répertoire [1]. On
continua donc à rire au *théâtre des Associés*, dont les
affaires allaient si bien, qu'ils purent faire construire
à la Foire Saint-Laurent une salle payée trente mille
livres; et le médisant Espion du boulevard avoue
qu'ils retiraient, chacun par an, près de deux mille
écus, tous frais payés, quoiqu'ils fussent, comme
Nicolet, Audinot et L'Écluse, contraints par l'Archevêque de donner aux pauvres tous les dimanches et
jeudis le quart de leur recette.

   L'heureuse entreprise des Associés devait survivre
à l'ancien régime, et, sous le titre de *Théâtre patrio-*

1. Brazier, *Histoire des Petits Théâtres*, t. I, 56.

tique d'abord, puis de *Théâtre sans prétention*, voir
naître le siècle nouveau. Mais sa célébrité timide
pâlit singulièrement à côté de celle des *Variétés
amusantes*.

Après la clôture de la Foire Saint-Laurent, témoin
de ses glorieux débuts, le fondateur des *Variétés
amusantes*, L'Écluse, s'était, comme les autres Forains, transporté au boulevard du Temple, et en
attendant que fût prête la salle qu'on lui construi-
sait au coin de la rue de Bondy, il avait pris position dans le Waux-Hall de Torré. Mais il ne profita
guère de ses succès et de la bienveillance du
lieutenant de police. Ç'était un étourdi, un
bohême, très maladroit en affaires, et qui jetait les
écus à tous les vents. Ruiné et failli au bout de quelques mois, il se voyait forcé, avant d'avoir pu inaugurer sa salle, non encore payée, de passer la main
aux sieurs Malter, danseur en double de l'Opéra, Ha-
moir, ci-devant tailleur, et Mercier, marchand de char-
bon. Du moins emporta-t-il dans sa retraite des con-
solations matérielles et morales. Ses successeurs
payaient ses dettes, lui faisaient une pension très
honnête, et lui assuraient une gratification person-
nelle, toutes les fois qu'on jouerait une pièce de
lui, intitulée *le Postillon*. Il devait avoir aussi,
pendant plusieurs années, la joie de voir le théâtre
qu'il avait fondé garder son nom et prospérer. Les
Parisiens ne perdirent qu'à la longue l'habitude
d'appeler les *Variétés amusantes*, *théâtre de l'Écluse*;
et ce théâtre, grâce à l'acteur Volange, plus connu
sous le non de Jeannot, et inimitable dans les rôles

de niais[1], grâce aussi aux pièces très libres, parfois
très inconvenantes, qu'on y jouait, devint très vite à
la mode dans tous les mondes. Les jeunes gens, les
filles et les soldats s'y bousculaient; les femmes les
plus qualifiées et les plus sages en raffolaient; la
reine même, et la famille royale, ne pouvant
décemment venir en ce lieu, où les spectateurs
échangeaient les propos les plus lestes et même des
coups[2], mandèrent la troupe à Versailles. « Non
seulement le peuple y court en foule, lit-on dans
les *Mémoires secrets*, mais la ville et la Cour. Les
plus grands en sont fous; les graves magistrats, les
évêques y vont en loge grillée; les ministres y ont
assisté, le comte de Maurepas surtout, grand ama-
teur de farces…. Il n'y a point d'exemple d'un succès
aussi extraordinaire. »

Cette popularité d'une troupe nouvelle ne semble
pas avoir un seul instant troublé les deux grands

---

1. Les Comédiens Français, qui vinrent l'entendre, le
jugèrent le premier dans son genre et songèrent à l'engager; mais les Italiens prirent les devants. Agacé bientôt par
la hauteur méprisante de ses nouveaux camarades, Volange
retourna au boulevard, aimant mieux, comme César, être le
premier dans son village que le second à Rome. Il y
retrouva les mêmes succès. Son portrait, en marbre, en
bronze, en stuc, en albâtre, était sur toutes les cheminées,
même à Versailles.

2. « Il y a souvent des querelles aux *Variétés amusantes*. Ces
lieux ne sont que sous la garde du guet, peu respectée des
militaires. Dernièrement, des officiers ayant occasionné
beaucoup de tumulte et menacé d'ensanglanter la scène, si
l'on arrêtait quelques-uns d'entre eux, auteurs du désordre,
le prince de Montbarrey a cru devoir faire un exemple, et
deux ou trois connus doivent être cassés à la tête du régiment ». (*Mémoires secrets.*)

maîtres forains, Audinot et Nicolet. Ils avaient derrière eux une célébrité trop ancienne et trop solide, et le souvenir flatteur de leur visite à Choisy, et la protection efficace de hauts personnages, tels que le prince de Conti ; autour d'eux se pressait un public trop fidèle, et ils méditaient enfin trop de projets nouveaux, pleins de belles promesses. Depuis quelques années, d'ailleurs, ils avaient su se faire une spécialité qui les distinguait heureusement de leurs confrères : ils évitaient les indécences et les grossièretés, surtout Audinot. « Avant lui, disent les *Mémoires secrets*, qui exagèrent la répugnance du public, les honnêtes gens n'osaient aller à ces spectacles ; ils étaient réservés à la canaille, aux filles, aux libertins : les turlupinades, l'indécence, la crapule y régnaient. Audinot a monté le sien, peu à peu, sur un ton plus honnête. Ses confrères (c'est de Nicolet surtout qu'il s'agit) se sont piqués d'émulation, et le boulevard est presque devenu l'école des bonnes mœurs. »

Quels étaient donc alors les spectacles préférés de Nicolet et d'Audinot ? La troupe du premier, s'appelant toujours *les Grands Danseurs du Roy*, se devait à elle-même de présenter chaque soir des sauteurs et des acrobates. « On venait, en effet, admirer ces hommes prodigieux : leur adresse et leur vigueur, presque surnaturelle, excitaient dans le public la plus vive curiosité. On y éprouvait en les admirant tout le frémissement de la crainte. On en sortait tout ému des sensations qu'ils avaient causées, le sang glacé par la terreur : et le lendemain on y

retournait en foule. Voilà l'effet[1]. » Malheureusement,
un beau jour les meilleurs de ces équilibristes,
Dupuis, Placide et le Petit-diable, s'avisèrent d'aller
troquer les suffrages français contre les guinées de
l'Anglais. Comme l'enseigne de Nicolet promettait
des danses et sauts, il fallut bien remplacer les
déserteurs; et des acrobates espagnols, dont les
tours de force étaient extraordinaires, les firent
aisément oublier. Mais ce fut pour l'ambitieux
Nicolet une occasion, vite saisie, de varier son
spectacle, et d'ajouter à ses divertissements ordinaires, traditionnels et obligatoires, une distraction
nouvelle. Il hésita d'autant moins, que l'exemple de
son rival Audinot était là pour le stimuler. On
trouva donc chez lui, comme à l'Ambigu-Comique,
une variété très intéressante qui fixa la multitude,
augmenta sa fortune et sa considération.

Les plus estimables parmi ces divertissements,
sérieusement adoptés à partir de 1776, furent des
comédies, de vraies comédies, si fines parfois et si
distinguées, qu'elles semblèrent d'abord *dignes d'un
autre lieu*. « Audinot, écrivait alors un Parisien à
un de ses amis de province, possède un répertoire
charmant de pièces agréables qui annoncent le
germe du talent, et font voir que la vraie comédie
n'est point perdue. Je ne m'amuserai pas à les citer;
je nommerai seulement la dernière, *la Musicomanie*.
Quant à Nicolet, qui croupissait dans la fange
par des pièces absurdes et dégoûtantes, M. l'abbé

---

1. *Le Désœuvré mis en œuvre*, attribué au comédien
Dumont.

Robineau l'a fait ressusciter par ses pièces char-
mantes. » Deux des comédies nouvelles, l'*Amant en
Capuchon* et la *Vénus pèlerine*, jouées par Nicolet
en 1777 et 1778, auraient fait bonne figure à la Comédie
Française qui, paraît-il, s'en montra jalouse et songea
à protester : elle s'y décidera tout à l'heure. La première de ces pièces est fort aimable, remplie de
gaîté ingénieuse ; et les quelques allusions légères
qui s'y glissent n'y sont risquées qu'avec beaucoup de discrétion et de délicatesse. La seconde
avait d'abord été présentée aux Italiens ; mais ceux-
ci « n'ayant pu en faire usage », comme écrivait
Anseaume à l'auteur, l'abbé Robineau la porta à
Nicolet. Il avait bien d'abord hésité, ses amis lui
ayant assuré que « sa comédie si bien écrite et si
vivement dialoguée ne pouvait plaire qu'au petit
nombre », et lui-même ayant encore ce préjugé,
qu'on ne pouvait jouer aux boulevards que des
pièces excitant le gros rire, le rire du peuple, public
ordinaire des chambrées de ces spectacles ; mais le
désir de voir sa pièce représentée (une pièce non
jouée ressemble à une jolie femme sans toilette),
dissipa bien vite ses scrupules, et l'accueil qu'on lui
fit le réconcilia avec les Forains. Il fut prouvé, ce
jour-là, que les malpropretés n'étaient pas les conditions essentielles d'un succès populaire, et qu'au
temps de Nicolet, comme à l'époque de Lesage,
les Parisiens des faubourgs s'intéressaient aux
histoires mythologiques, même aux satires voilées,
même aux critiques littéraires. Ils étaient vraiment
malicieux, les traits dont l'auteur piquait les reli-

gieux fainéants, les officiers vaniteux et fats, et la fameuse thèse de J.-J. Rousseau sur l'état de nature.

LE SAUVAGE, *au parterre.*

« Que n'ai-je toujours eu commerce avec les habitants des forêts!

ARLEQUIN, *au parterre.*

Sans doute, c'est un chasseur. En tout cas, il est bien crasseux.

LE SAUVAGE.

Avec leur rustique franchise, je jouirais de leur bonheur.

ARLEQUIN.

Quel bonheur? Manger de l'herbe comme des lapins, et boire de l'eau comme des grenouilles, sans macaronis encore!

LE SAUVAGE (*il déclame*).

O homme! quel que soit ton rang, ton pays, tes mœurs, si tu n'es sauvage, écoute et réforme-toi.... Le premier qui se fit des habits se donna en cela des choses peu nécessaires.

ARLEQUIN.

Il me semble cependant que mon habit me sert bien à couvrir ma nudité, et que, lorsqu'il fait froid, un bon manteau sur les épaules et un bonnet fourré sur la tête me sont choses nécessaires.

LE SAUVAGE.

Le premier qui se bâtit une maison fit très mal.

ARLEQUIN.

Et moi, j'ose dire, monsieur Sauvaget, qu'il fit très bien; car où se mettre à l'abri, quand il pleut?

LE SAUVAGE.

Sous les arbres.... Le premier qui inventa des sabots devait être puni comme fauteur du luxe et corrupteur de la société.

ARLEQUIN.

Un moment, monsieur Sabot. Si je marchais sans souliers, je me piquerais la plante des pieds avec une épine ou un morceau de verre.

LE SAUVAGE.

Plus on y réfléchit, plus on trouve que l'état de nature est le moins sujet aux révolutions, le meilleur à l'homme....

ARLEQUIN.

Et à la femme.

LE SAUVAGE.

Que cet état est la véritable jeunesse du monde, et que tous les progrès ultérieurs ont été en apparence autant de pas vers la perfection de l'individu, mais, en effet, vers la décrépitude de l'espèce.

ARLEQUIN.

Monsieur le décrépit de l'espèce, dans tous vos discours je n'y vois pas de macaronis.

LE SAUVAGE.

Non, encore une fois, ce n'est point là l'état originel de l'homme; c'est le seul esprit de la société qui change et altère ainsi nos inclinations naturelles.

ARLEQUIN.

Mes inclinations naturelles, à moi, c'est de boire et de manger.

LE SAUVAGE.

Boire et manger seulement, dis-tu?

ARLEQUIN.

Oui, je le dis, parce que c'est vrai. Il m'arrive quelquefois de dormir après.

LE SAUVAGE.

Dormir après! L'homme heureux! Tu ne médites jamais?

ARLEQUIN.

Médites! Je ne connais point cet animal-là.

LE SAUVAGE.

Méditer, c'est faire des réflexions.

ARLEQUIN.

Je n'en sais point faire, monsieur Sauvaget. Mon père
ne m'a point appris ce métier-là.

LE SAUVAGE.

O homme digne des premiers siècles, digne d'habi-
ter les bois! Apprends de moi que l'état de réflexion
est un état contre nature, et que l'homme qui médite
est un animal dépravé. »

C'est au moment même où l'auteur du *Contrat
social* allait mourir, qu'on se moquait ainsi de lui.

Le succès de ces comédies très décentes piqua
d'émulation les ambitieux auteurs des *Variétés amusantes*, qu'on appelait la troisième grande troupe
foraine, et qui rêvaient de devenir second Théâtre
Français. Renonçant donc à la farce grossière et
libertine, dont *les Battus payent l'amende*[1], joués
cent quarante deux fois de suite, étaient le modèle
misérable mais très goûté, ils se mirent à donner des
comédies capables de satisfaire les spectateurs les
plus pudibonds. L'accueil que reçurent *Ésope à la
Foire* et *les Deux Sœurs* prouvèrent bien, comme
l'Amant en capuchon et *la Vénus pèlerine*, qu'il n'était
pas nécesssaire, pour garder le public, de flatter ses
plus bas instincts. *Ésope à la Foire* est une petite
pièce charmante, du meilleur ton, pleine de délicatesse, de finesse et de goût. Elle contient, en outre,

1. Nicolet riposta par *Jeannette* ou *les Battus ne payent
pas toujours l'amende. Jeannette*, paraît-il, s'y montrait supérieure à *Jeannot* (Volange).

une morale louable, une philosophie douce et sensible, et des allusions aux anecdotes du jour qui la rendent très piquante. C'est une joie de voir l'auteur, M. Landrin, un modeste commis aux fermes, exécuter comme il le méritait, l'abominable Espion du boulevard ; et la critique dirigée contre *les Jardins*, le nouveau poème de l'abbé Delille, est vraiment ingénieuse, comme toutes les fables débitées par l'esclave de Phrygie. Celle du grain de poudre à canon avec un grain d'encens est d'une tournure neuve et d'une vérité frappante. — La petite pièce des *Deux Sœurs*, œuvre d'une femme, Mlle de Saint-Léger, n'attira pas moins de monde, et de la meilleure compagnie. C'était une bagatelle morale, où il n'y avait pas le plus petit mot pour rire, mais en revanche beaucoup de sensibilité et de naïveté. Le but était de corriger les mères aveugles qui, éblouies par quelques qualités brillantes d'un enfant, le préfèrent à un autre, d'un mérite plus solide, mais plus concentré. D'aimables moralités présentées avec succès par une jeune fille sur cette même scène des *Variétés amusantes*, qui venaient de jouer la facétie malpropre des *Battus payent l'amende*, voilà qui symbolise bien cette société de la fin du xviiie siècle, si sentimentale et si dépravée.

On trouvait aussi chez les Forains un autre genre de pièces qui font aujourd'hui la fortune de nos théâtres à grands spectacles. Les pantomimes du xviiie siècle sont la première ébauche de nos modernes féeries. Nicolet était arrivé, dans l'art de la mise en scène, à une habileté si prodigieuse, que, par son jeu de machines très bien combiné et très précis, par la magnificence des décorations, le bon goût des costumes, la pompe du spectacle, le nombre des acteurs et l'exécution très parfaite, il faisait paraître l'Opéra tristement pauvre, mesquin et maladroit. Aussi, la jalousie de ce dernier fut-elle vivement excitée, comme l'était en même temps, à cause des comédies foraines, celle du Théâtre Français; et là encore grandit une rancune violente qui ne tardera pas à éclater une dernière fois.

Ces pantomimes, luxueusement montées, étaient aussi très variées et très divertissantes: Audinot et Nicolet rivalisaient d'ingéniosité. Tantôt gaies, et tantôt sérieuses, le plus souvent les deux à la fois, elles représentaient des scènes mythologiques, historiques, des féeries, des anecdotes récentes. Un soir, c'était, chez Nicolet, *l'Enlèvement d'Europe*, sujet héroïque et burlesque, et bientôt après, chez Audinot, *la Belle au Bois dormant*, ou bien *le Géant désarmé par l'Amour*, un vrai géant, haut de sept pieds deux pouces, et un petit Amour enfant, qui n'avait que trois pieds. De même, *les Héroïnes*, jouées par l'Ambigu-Comique, répondaient au *Siège d'Orléans*, représenté par les *Grands Danseurs*, pantomime patriotique où la glorieuse Jeanne d'Arc était bien vengée des odieuses plaisanteries de Voltaire. C'étaient encore quelquefois des leçons de physique amusante, comme dans *les Forces d'Hercule*, qui attirèrent l'attention et l'admiration des savants eux-mêmes : un seul homme couché en portait vingt-quatre en équilibre sur une table, qu'il soulevait avec ses pieds.

« M. Sue, célèbre professeur d'anatomie, est allé,
ces jours-ci, avec ses élèves aux *Grands Danseurs
du Roi* pour voir cette merveille et la leur expliquer
ensuite, si c'est possible, car les plus anciens partisans de ce spectacle conviennent n'avoir jamais rien
vu de pareil. On a compulsé les chroniques littéraires
de la Foire sans en trouver d'exemple. L'Hercule
moderne est un Hollandais d'environ trente ans ; il
n'a guère que cinq pieds et demi, il est trapu, a
quelque chose de féroce dans le regard et la physio-
nomie, et ressemble plutôt à un sauvage échappé
des forêts qu'à un humain de l'espèce ordinaire[1]. »

Ce n'était pas seulement en représentant le courage héroïque de Jeanne d'Arc, la vaillance et la
bienveillance de Henri IV, et l'innocence victorieuse
de Sophie de Brabant, que les pantomimes foraines
intéressaient, touchaient, attendrissaient le public ;
c'était aussi en célébrant et popularisant les actes de
courage contemporains. Toujours au courant des
moindres anecdotes parisiennes, Audinot et Nicolet
savaient tirer parti de ce qui pouvait piquer la curiosité. Une année, on s'entretenait beaucoup d'une
aventure, dont le héros était un maréchal des logis
aux dragons de la reine. Une jeune et jolie fille tra-
versait seule la forêt de Villers-Cotterets, quand elle
fut arrêtée par deux voleurs, dépouillée et attachée
à un arbre pour y subir les plus affreux traitements.
Mais, par bonheur, un soldat passait qui, ayant entendu les cris de la victime, courut à elle, mit les vo-

1. *Mémoires secrets.*

leurs en fuite, la détacha et la reconduisit respectueusement à ses parents. Cet exploit avait été raconté par toutes les gazettes, illustré dans un tableau exposé au Salon, et la reine, ayant mandé le dragon, l'avait généreusement récompensé et fait entrer aux Invalides. Audinot eut l'idée de représenter cette aventure dans une pantomime et d'inviter le héros à y assister. Quelle chambrée, ce soir-là, et quelles recettes ! « Non seulement les amateurs s'empressèrent d'avoir des billets pour entrer à ce spectacle, mais une foule compacte se pressa sur le boulevard pour voir passer le personnage qu'il s'agissait de célébrer ; on eût cru que le roi ou la reine allait venir. Enfin, il est arrivé, précédé d'une trentaine d'Invalides, ses camarades. Tout l'état-major de l'Hôtel s'était fait un devoir de s'y rendre, et le directeur avait amené le héros du jour dans sa voiture. Il a été reçu aux acclamations de toute l'assemblée, et afin que personne ne pût le méconnaître, on était convenu qu'il resterait, durant tout le spectacle, le chapeau sur la tête, avec une cocarde blanche. A la fin de la pantomime, intitulée *le Maréchal des Logis*, qui n'est que la représentation de sa glorieuse aventure, on l'a fait monter et asseoir sur le théâtre pour entendre deux couplets à sa louange[1]. »

Ainsi, dans les pantomimes de la Foire, comme dans les comédies, on voyait autre chose que des malpropretés indécentes.

Ces divertissements salutaires et cette épuration,

1. *Mémoires secrets.*

dont blasés et libertins se moquaient volontiers,
exaspéraient l'Opéra et la Comédie Française. Le
premier luttait en vain contre des machineries
superbes qui défiaient toute concurrence[1], et l'autre
se voyait dépossédée non plus seulement de son public, mais de son répertoire. Elle tenait cependant
entre les mains une redoutable arme défensive : elle
avait le droit d'examen sur toutes les pièces des
théâtres forains, soumis ainsi à une double censure,
celle de la police et celle de leur ennemie séculaire.
Or, quand même on n'aurait pas les aveux écrits[2]
des censeurs comédiens, Molé, par exemple, et Préville, il serait facile de deviner dans quel esprit et
avec quel parti pris les pièces des boulevards étaient
lues et critiquées. Avaient-elles quelque valeur littéraire, vite, on les défigurait et massacrait cruellement. Au contraire, on restituait avec empressement,
et sans coupures, celles qui se distinguaient par leur
indécence[3]. C'était un moyen très pratique, sinon
très loyal, de maintenir les distances, et d'empêcher de
se combler le fossé qui devait séparer les privilégiés
des tolérés, les Comédiens du Roi des baladins de la
Foire.

Mais ceux-ci, fidèles à leur vieille tactique, et toujours récalcitrants, respectaient les décisions des

1. « Il essaya de les faire interdire ; mais le lieutenant de
police crut de son équité de défendre les Forains contre des
sollicitations aussi injustes. » (*Ibid.*)
2. Lettre de Molé à M. Lenoir (1781).
3. Voir aux archives du Théâtre-Français le registre des
décisions rendues par Molé (1784-1789). Voir aussi *les Spectacles forains et la Comédie Française*, par M. Bonnassies,
p. 64.

censeurs comme ils avaient, depuis cent ans, respecté les exploits des huissiers, c'est-à-dire qu'ils n'en
tenaient aucun compte. Les scènes supprimées
étaient aussitôt rétablies, et les Grands Comédiens
avaient le double désagrément de voir leurs justi-
ciables mépriser leur autorité, et offrir au public des
pièces de plus en plus semblables à celles qu'ils
jouaient eux-mêmes.

A cet ennui un autre s'ajoutait, dont les Forains
n'étaient pas responsables, mais dont ils allaient devenir les victimes expiatoires. A cette époque, la
Comédie Française subissait de rudes assauts. Chaque
jour et de tous les côtés on[1] lui reprochait de jouer
trop souvent des platitudes, de refuser les bonnes
pièces nouvelles, de consigner à sa porte les jeunes
auteurs sans appui, et de se poser, dans son comité
devenu une sorte de tribunal sans appel, en juge
infaillible. « Une assemblée de caillettes, disait l'un,
de singes, de taupes, jouant le Sénat. délibérant par
scrutin, décidant impérieusement, voilà ce qu'est
l'assemblée des Comédiens à la lecture d'une pièce[2]. »
— « N'est-il pas ridicule, écrivait un autre, et même
indécent, de voir des histrions juges des pièces que
les auteurs leur présentent? En effet, ce sont des
gens la plupart sans études, sans connaissances,
sans esprit, et l'axiome reçu, *nemo dat quod non ha-
bet*, a lieu ici plus que jamais. Néanmoins, le tripot
comique a le droit, quoique mal acquis, d'accepter

1. Surtout Linguet, Palissot, Mercier, Fréron, le chevalier
du Coudray, etc.
2. *Les Baladins*, ou *Melpomène vengée*.

ou de refuser les drames, et l'homme de lettres ressemble à un vassal de fief qui va faire foi et hommage à son seigneur suzerain. A-t-on jamais vu l'horloger porter au serrurier grossier, faiseur de tournebroches, son chef-d'œuvre de mécanisme[1]? «Les avenues du théâtre, gémissait un troisième, bien loin d'être bordées d'orangers, de citronniers et d'arbres odoriférants, ne sont garnies que de ronces, épines et feuilles de houx. L'homme de lettres essuie mille désagréments, dont le refus de son ouvrage est le moindre; ce qui décourage un galant homme sur le chemin du temple de Thalie[2]. »

Ce qui rendait ces doléances et ces attaques plus désobligeantes et plus dangereuses, c'est qu'elles se terminaient toutes par le même refrain : il faut fonder un second Théâtre Français. « De la sorte, tous les abus disparaîtront, le bon ordre régnera, et tout le monde sera content. Les auteurs dramatiques n'attendront plus dix ans pour avoir les honneurs de la représentation, ni six mois pour obtenir le quart d'heure d'une simple lecture. Les spectateurs ne seront plus ennuyés de l'éternelle jouerie d'anciennes pièces. On verra enfin paraître cette foule innombrable de tragédies et de comédies qui restent inscrites sur le répertoire des Comédiens, exposé dans le foyer[3]. » Enfin, autre danger, un mouvement très vif, encouragé par les philosophes, s'accentuait

1. *Il est temps de parler.*
2. *Avertissement* de *Henri IV et Sully*, ou *le Roi et le Ministre*, drame en 4 actes.
3. *Il est temps de se taire.* Voir aussi Rochon, *Observations sur la nécessité d'un second Théâtre Français.*

contre les monopoles et les privilèges, depuis surtout que Turgot avait provoqué la suppression des
jurandes et maîtrises. Pourquoi les Forains ne profi-
teraient-ils pas, eux aussi, des idées libérales de plus
en plus répandues et conquérantes ? La concurrence
n'est-elle pas un bien ? Elle perfectionne les arts
comme l'industrie, multiplie les œuvres en assurant
aux poètes des débouchés, empêche une troupe de
refuser ou d'enterrer dans ses cartons des pièces
que d'autres joueraient, facilite le recrutement des
acteurs qu'elle encourage et qu'elle stimule, combat
la nonchalance, entretient l'émulation, permet au
public de faire des comparaisons qui forment son
goût, et garantit à tous le plus précieux des biens, la
liberté.

Ainsi attaqués et menacés, l'Opéra et les Comédiens Français coururent au plus pressé, là où les
appelait une rancune séculaire. C'étaient les Forains
qu'ils détestaient le plus ; c'étaient Audinot et Nicolet qui leur faisaient le tort le plus direct et le plus
immédiat ; c'était une des troupes du boulevard,
celle des *Variétés amusantes*, qui prétendait au titre
de second Théâtre Français : il fallait donc écraser
d'abord tous ces gens-là.

Et voilà une guerre de cent ans pour la dernière
fois allumée.

CHAPITRE XI

DERNIÈRES TRANSFORMATIONS DES THÉATRES
DE LA FOIRE ET DU BOULEVARD

(1784-1789)

L'Opéra et les Forains. — Dernière incarnation de Nicolet
Le *Théâtre de la Gaîté*. — Les *Variétés amusantes* au Palais-
Royal. — Résistance, défaite et victoire d'Audinot. — La
Comédie Française et les nouvelles troupes foraines. Gail-
lard et Dorfeuille. — Conclusion.

La guerre déclarée, ce fut l'Académie de Musique
qui, en juillet 1784, ouvrit les hostilités. Enlevée depuis quatre ans déjà à la Ville de Paris, et administrée
par un directeur que le roi nommait et qui dépen-
dait du secrétaire d'État, l'Opéra venait, par un
arrêt récent, d'être maintenu dans toutes les anciennes prérogatives consignées aux lettres patentes
de Louis XIV. Il pouvait seul donner des concerts,
et tous ses droits sur les bals et théâtres de Paris
étaient renouvelés.

C'est fort de ce décret royal que, le 11 juillet 1784,
l'Opéra obtint sans peine du Conseil, très désireux
d'améliorer la déplorable situation financière d'un
établissement subventionné, le privilège de tous les
spectacles des foires et remparts, avec la licence de

les exploiter, céder et affermer à son gré. Quelques
semaines après, les soumissions étaient reçues.

A cette heure critique, le plus résigné en apparence,
en réalité le plus prudent et le plus avisé, fut Nicolet, chef reconnu des Forains et leur doyen respectable. Tout de suite il comprit combien de temps, de
peine, de tribulations et d'argent lui coûterait une
lutte vraisemblablement inégale. Ne' valait-il pas
mieux composer et tâcher de se rendre à l'amiable
adjudicataire de son théâtre menacé? Il y avait grande
chance pour qu'il ne se rencontrât pas de concurrents, téméraires au point de prendre un théâtre
dont l'élément premier, comme l'indiquait son titre,
était, comme au temps des primitives troupes foraines, des danses de corde et des sauts périlleux,
et qui devait à sa raison sociale, *Nicolet*, une grande
partie de sa célébrité, consacrée par vingt-cinq ans
de succès. Nicolet offrit donc à l'Opéra vingt-quatre
milles livres annuelles, et fut agréé sans débat ni
surenchère. Désormais, rien ne troublera plus sa vie,
soir d'un beau jour. A la veille de la Révolution, il
laissera, en mourant, à sa veuve et à son gendre une
maison bien montée, en pleine prospérité, et toute prête
à profiter des libertés nouvelles. Sur la scène des
Grands Danseurs, devenue d'abord *Théâtre d'Émulation*, et bientôt après *Théâtre de la Gaîté*, on jouera
des pièces républicaines, *Brutus, Fénelon, les Victimes cloîtrées*, et, sous l'Empire, des mélodrames et
des fééries, *le Pied de Mouton*, par exemple. En 1808,
le vieux théâtre, bâti en 1760 et témoin de tant d'efforts, sera abandonné pour une belle salle nouvelle,

qui, brûlée en 1835 et reconstruite aussitôt, puis démolie pour faire place au boulevard du Prince-Eugène, s'élève actuellement au square des Arts-et-Métiers. On y placera peut-être un de ces jours une statue de Nicolet avec cette devise: *De plus en plus fort.*

En septembre 1784, au moment des soumissions, les directeurs des *Variétés amusantes* se montrèrent de composition encore plus facile. Comme ils étaient las de leur entreprise, ils ne demandaient qu'à passer la main, et virent sans regret les anciens directeurs du théâtre de Bordeaux, les sieurs Gaillard et Dorfeuille, se rendre adjudicataires. Ils se retiraient d'ailleurs avec tous les honneurs et de bons bénéfices : on achetait leur salle, leur mobilier, leurs décors et leurs costumes; on leur payait une indemnité ; tous les marchés conclus par eux étaient maintenus et devaient être exécutés ; ils recevaient enfin des pensions très honnêtes. Il est doux, lorsque dans sa partie on a fait son devoir, de vieillir et de mourir en rentier respectable.

L'ardeur guerrière et la tactique savante des Forains d'autrefois se retrouvèrent chez Audinot. Il fit semblant d'abord de vouloir s'entendre avec l'Opéra ; mais l'inadmissible conciliation qu'il proposa ne pouvait réussir. Il comptait bien sur cet échec, ayant ses idées de derrière la tête. Le jour où, chez maître Margantin, notaire, l'inspecteur général de l'Académie de Musique procéda à l'adjudication des spectacles forains, Audinot ne se dérangea pas, et, son théâtre acquis par Dorfeuille et Gaillard, il ne bougea pas

davantage. Il attendait, patient et souriant, les nouveaux propriétaires. Ceux-ci, ne pouvant se procurer
du jour au lendemain une salle, des décors et des
costumes pour leur nouvel Ambigu-Comique, allaient
évidemment venir à lui, faire des ouvertures, et proposer l'achat de sa salle, de ses décors et de ses costumes. Ils vinrent en effet, mais pour s'en retourner
bien vite, suffoqués par les conditions inacceptables
qui leur étaient imposées. Et Audinot, convaincu que
ses spoliateurs allaient renoncer à leur entreprise et
lui laisser ses spectacles, de rire en se frottant les
mains. Sa joie fut courte. Non contents de s'installer
dans le théâtre des *Variétés amusantes*, qu'ils venaient
aussi d'acquérir, Gaillard et Dorfeuille, affranchis de
l'obligation d'aller aux foires, inauguraient quelque
temps après de nouvelles *Variétés amusantes* dans
cette salle du Palais-Royal qui, en 1791, donnera
asile à une escouade des Grands Comédiens, les
Rouges, amenés par Talma, salle qu'occupait, avant
l'incendie d'hier, la Comédie Française.

Cette riposte inattendue jeta Audinot, honteux et
confus, dans la consternation et les alarmes. Il se trouvait pris à son propre piège. Comment se défaire
maintenant de ses deux salles du boulevard et de la
Foire Saint-Laurent, et de son matériel, et de ses
acteurs engagés? Et même comment vivre, après
avoir imprudemment dissipé à mesure presque tout
ce qu'il avait gagné? « Il ne lui restait plus, dit
un contemporain pitoyable et malicieux, que de quoi
subsister bourgeoisement; ce dont ne se contente
pas aujourd'hui le plus mauvais farceur. » Ce fut

donc une triste soirée que celle où la troupe de
l'Ambigu-Comique prit congé des Parisiens affligés.
On joua, au milieu d'applaudissements frénétiques
et exaspérés, *la Fin couronne l'œuvre*, et *les Adieux*;
et tout le monde fut attendri jusqu'aux larmes quand
Audinot, un mouchoir à la main, entouré de ses acteurs déconfits, vint faire au public son dernier compliment, et jouer sa dernière scène de comédie lar-
moyante[1].

Cependant, il ne se tenait pas pour battu; et tout
en organisant, près de la porte de Passy, un petit
théâtre nouveau, il lançait mémoires sur mémoires,
auxquels répondirent des mémoires, et des mémoires
encore. Cette affaire fut « une hydre de mémoires »,
d'ailleurs intéressants, parce qu'on y trouvait exposées et discutées une foule de questions d'ordre général, dont l'opinion publique se montrait alors
préoccupée, et dont prochaine était la solution. La
valeur des arguments présentés par les avocats d'Audinot, la lassitude de Gaillard et Dorfeuille, surmenés
par leur double entreprise et menacés par la Comédie Française, les démarches d'une actrice recon-
naissante, Mlle Masson, qui, dans *la Belle au Bois
dormant*, avait attiré le public deux cents fois de

1. Il emportait cependant une petite satisfaction. Il avait
pu, dans *les Adieux*, lancer contre ses spoliateurs cette
apostrophe, très applaudie :

« A l'or de l'intrigant l'honnête homme est vendu. »

Il en eut une autre, quelques jours après. Pour le venger,
les Parisiens, qui l'adoraient, forcèrent les Italiens à jouer
le Tonnelier, la principale œuvre dramatique d'Audinot. Ce
fut une grande représentation à bénéfice... moral.

suite, et dont la beauté recevait les hommages des plus puissants et des plus riches, la protection du comte d'Artois, élève des sauteurs forains, qui menaçait de faire construire une loge à Audinot dans l'enclos réservé du Temple, et celle de la reine, qui avait voulu visiter à la Muette le *Théâtre du Bois de Boulogne*, et, par-dessus tout, l'entêtement de l'entrepreneur, très décidé à ne pas céder, finirent par avoir raison de la triple alliance Dorfeuille-Opéra-Comédie Française. Audinot avait réclamé une indemnité de quatre-vingt mille livres, le prix de ses salles et de son matériel, le payement de ses dettes, l'exécution de tous les marchés et engagements signés par lui, une pension pour lui, ses acteurs et ses actrices, et quelques petites choses encore. Il eut davantage, puisqu'on lui rendit son théâtre. En 1785, il couchait sur les positions ennemies, c'est-à-dire qu'il jouait sur la scène reconquise de l'Ambigu, où les Parisiens revinrent avec joie, et qu'ils aiment toujours.

La Comédie Française n'avait pas attendu cette insolente victoire, sur laquelle les meilleurs amis des Forains n'osaient guère compter, pour entrer dans la bataille. Aussitôt après l'arrêt de juillet 1784, si favorable à l'Académie de Musique et si désastreux pour elle, une grande émotion l'avait prise; et quand elle vit l'Opéra, par des adjudications successives, mettre la main sur les théâtres du boulevard, elle jeta les hauts cris, et adressa au baron de Breteuil un mémoire d'autant plus éploré, qu'il n'était plus possible de songer désormais à la suppression complète, si longtemps réclamée, de ses ennemis héréditaires. Les Forains, accaparés par l'Opéra, lui échappaient, comme lui avaient échappé, en 1762, les Forains réunis aux Italiens. Au moins, tenta-t-elle d'obtenir quelques garanties nécessaires, rappelant ses antiques privilèges et maintenant sa suzeraineté. « Qu'on la mette à même, disait son mémoire, d'exercer une censure efficace sur le répertoire des Forains ; qu'on défende à ces derniers les loges à l'année, ou même quotidiennes ; qu'on leur interdise de commencer à la même heure que la Comédie ; d'intituler, sur les affiches, leurs pièces *comédies* ; d'y mettre le nom des acteurs qui jouent ou débutent, et le quantième des représentations ; qu'on leur défende les ouvrages en vers, *si ce n'est en vers burlesques* ; qu'on les oblige à donner l'entrée libre aux censeurs des deux Comédies (la Française et l'Italienne), et que, selon leur acte d'autorisation, les *Variétés amusantes* ne puissent faire jouer que des marionnettes. »

Rédigé et remis à qui de droit, trois semaines avant l'adjudication faite par l'Opéra, ce mémoire était à l'adresse des Forains, pas encore dépossédés, mais il fut reçu par leurs successeurs, Gaillard et Dorfeuille. Ce n'était donc plus seulement Nicolet, resté maître chez lui, ni Audinot, dont le procès avec ses *spoliateurs*, comme il les appelait, était pendant en la Grand'chambre du Parlement, qu'il s'agissait de soumettre et de détruire ; il fallait aussi mettre à la raison les nouveaux adjudicataires des spectacles forains. En réalité, ce furent eux surtout que visèrent désormais les mémoires, consultations et som-

mations des Comédiens Français, que la nouvelle
salle du Palais-Royal exaspérait singulièrement.
C'est qu'aussi les directeurs avaient bien fait les
choses, et hardiment manifesté leur intention de
singer leur rivaux et de mériter le titre de second
Théâtre Français. La salle, très élégante, quoiqu'un
peu longue, et terminée en verdure, était éclairée
par un lustre modelé sur celui de la Grande
Comédie; l'installation était pareille, et pareils aussi
les prix, au grand déplaisir du public. Il y avait
orchestre, parquet assis, parterre debout, loges à
l'année, premières loges, galerie au lieu d'amphithéâtre, secondes loges, paradis. Il était difficile de
répondre aux réclamations anciennes et récentes
des ex-privilégiés par un dédain plus manifeste. La
représentation d'ouverture, donnée le 1ᵉʳ janvier 1785,
fut elle-même une réponse indirecte, dont les allusions ingénieuses furent sans peine saisies par un
nombreux public, composé non seulement des amateurs ordinaires, mais des curieux de toute espèce,
courant après la nouveauté. On joua *le Palais du
Bon Goût*, et ce palais, comme bien on pense, était
le Palais-Royal et la nouvelle salle des *Variétés
amusantes*. Parisiens, qui voulez vous distraire et
vous instruire, venez chez nous; c'est ici, dans ce
Palais-Royal illustré par Molière, que vous trou-
verez la véritable école du bon goût, des plaisirs
et du monde.

C'était donc surtout, malgré le caractère général
de leur protestation, au nouveau théâtre que les
Comédiens Français en voulaient, lorsqu'en juin 1785

ils demandèrent au Parlement que « défenses fussent
faites aux Forains et *à tous autres*, de ne plus à l'avenir
employer leurs théâtres à d'autres usages que ceux
pour lesquels ils sont établis, ni d'y jouer autre
chose que des jeux et danses de corde, de simples
parades et pantomimes, telles qu'elles se jouent au
dehors de leurs spectacles ; que défenses fussent
pareillement faites de prendre à l'avenir plus de
douze sols pour les premières places (on les payait
trois livres aux *Variétés amusantes*), et d'avoir plus de
six violons et dix danseurs (Nicolet avait alors trente
danseurs et vingt instruments) ; le tout à peine de
trois mille livres d'amende, et de démolition de leurs
théâtres. » Comme il était vraisemblable qu'on
allait démolir la salle à peine achevée des *Variétés*,
et le principal ornement du Palais-Royal, si fort
goûté des Parisiens !

Gaillard et Dorfeuille comprirent sans peine qu'ils
étaient spécialement visés, et que « les tyrans dramatiques de la Comédie Française » voulaient surtout étouffer dans son berceau la troupe foraine
transplantée dans le nouveau centre de la Ville, tout
près de l'ancienne maison de Molière. Menacés de
deux côtés à la fois, par Audinot et par les privilégiés, ils composèrent, comme on a vu, avec le premier, et vivement se tournèrent contre de plus
redoutables ennemis. Aux sommations de ceux-ci ils
répondirent par un mémoire qui est à la fois une
défense, une attaque, un projet de réformes nécessaires, et un exposé de principes.

L'établissement des *Variétés amusantes* est abso-

lument régulier et légal. Ce spectacle a été fondé avec
l'autorisation même du souverain, puisque, par l'arrêt
du Conseil en date de juillet 1784, le privilège a été
accordé à l'Académie royale de Musique avec la
faculté de l'affermer, et que les sieurs Gaillard et
Dorfeuille s'en sont rendus adjudicataires pour
quinze années. L'ordonnance de 1680 ne saurait être
envisagée comme une loi, en vertu de laquelle les
Comédiens Français puissent prétendre au droit
exclusif de jouer la comédie dans la capitale, soit
parce qu'elle n'est due qu'aux circonstances du
moment, soit parce que Louis XIV, en défendant
par cette ordonnance à tous autres comédiens français de s'établir dans Paris *sans son ordre exprès*,
s'est par là réservé la faculté d'accorder ou de
refuser cet ordre, suivant les raisons de convenance
ou de disconvenance qui pourraient s'offrir. Sait-on
si, revenant au monde, il ne donnerait pas aux
Forains l'*ordre exprès* de jouer tout à leur aise?
En tout cas, c'est à son successeur et à ceux qui rendent la justice en son nom de décider si la vieille
ordonnance doit être maintenue; et la récente adjudication manifeste nettement leur avis sur ce point,
et leur volonté.

Au lieu de chercher à persécuter des gens qui ne
s'occupent pas d'eux, MM. les Grands Comédiens
feraient bien de surveiller un peu ce qui se passe
dans leur maison, d'y travailler davantage, de
donner par an plus de huit pièces nouvelles, et de
mieux choisir celles qu'ils jouent. Les unes tombent
à plat, les autres n'ont qu'un succès de scandale,

Très sottement et très injustement, on reproche aux Forains leur obscénité ; et voici vingt pièces des Français plus licencieuses qu'aucune des farces jouées sur les théâtres des boulevards. La Comédie n'annonce-t-elle pas, en ce moment même, pour la soixante-quatorzième représentation, une pièce (*le Mariage de Figaro*), remarquable sans doute par son originalité, mais aussi par la hardiesse de ses sarcasmes contre tous les états, et qui ne donne que des exemples dangereux, sans aucun mot pour la vertu? Il est regrettable qu'on ne connaisse pas à la Comédie Française la parabole de la paille et de la poutre.

Il faut arrêter cette décadence, empêcher la ruine prochaine d'une institution qui fut autrefois glorieuse. Il faut fonder un second Théâtre Français dans cette capitale de la France qui en comptait huit jadis, à une époque où le goût des spectacles était beaucoup moins répandu. C'est là le vœu général ; c'est la demande, non seulement des gens de lettres, mais des gens du monde. Les écrits sans nombre pour prouver la nécessité de ce théâtre, honorable à la nation, utile pour les mœurs, inondent la ville et la Cour. Les directeurs des *Variétés* ne dissimulent pas leurs prétentions à ce sujet. Ils demandent hardiment au ministère de les ériger en seconde troupe, très désirée par les auteurs et par tous les amateurs qui s'intéressent au progrès de l'art dramatique, et qui seule peut encourager la concurrence, mère de l'émulation.

En attendant, qu'au nom de la liberté, chaque jour

plus chère aux Français, on laisse en paix les Forains :
ce sont eux qui permettent au public d'attendre avec
moins d'impatience une création nécessaire. A une
population aussi nombreuse que la nôtre, il faut de
nombreux spectacles. Comment! Londres a plusieurs théâtres qui ne se font aucun tort, et Covent-
Garden vit avec Drury-Lane dans la meilleure intelligence ; Florence vient d'abolir des privilèges qui
n'avaient abouti qu'à rendre ses quatre spectacles
plus chers et plus détestables : dans cette ville,
chacun peut représenter à son gré, en toute saison,
des tragédies, des comédies, des drames, et autres
pièces en vers ou en prose ; et Paris, bien plus
peuplé et bien plus éclairé, serait privé de cette
liberté! On y trouve plusieurs jeux de paume et de
noble billard ; pourquoi n'y verrait-on pas plusieurs
jeux scéniques? Grâce à eux, le public jouira de
plaisirs honnêtes, dont il est très friand, et sera
moins tenté d'aller se divertir dans des taudions.

Tous ces arguments, plus développés ici et plus
rigoureusement enchaînés qu'ils ne le sont dans
le *Mémoire en réponse* présenté par Me Vermeil
au nom des entrepreneurs du spectacle des *Variétés*,
ont l'avantage de rappeler et de résumer les critiques
qui, longtemps retenues par le respect des traditions et d'ordonnances surannées, tombaient alors,
de plus en plus fréquentes et vives, sur la Comédie
Française. Il faut bien les répéter, ces justes critiques, puisqu'elles-mêmes se répétaient sans trêve.
Et leur répétition devait finir, et finit en effet par
rendre impossible, là comme ailleurs, la lutte du

monopole contre la liberté. La guerre cessa bientôt devant l'opiniâtreté des Forains, soutenus par la bienveillante indifférence d'un gouvernement sans énergie. A la veille de la Révolution, *les Variétés amusantes* sont, en fait, un second Théâtre Français, où viendront se réfugier tout à l'heure ceux des Grands Comédiens qui aiment la République.

En même temps, à la Foire Saint-Germain et sur les boulevards, les Forains, ayant conquis l'indépendance et conservé la faveur des Parisiens, jouent tout ce qui leur plaît, sans être troublés ni menacés; et ils préparent à nos modernes théâtres de genre, qu'ils achèvent de fonder, des destinées plus tranquilles que les leurs.

FIN